# 写作自由谈

李文娟 著

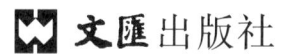

文汇出版社

**图书在版编目(CIP)数据**

写作自由谈 / 李文娟著. —— 上海：文汇出版社，
2017.1
 ISBN 978-7-5496-2005-0

Ⅰ. ①写… Ⅱ. ①李… Ⅲ. ①作文课－中小学－教学
参考资料 Ⅳ. ①G634.343

中国版本图书馆 CIP 数据核字(2017)第 007049 号

## 写作自由谈

| | |
|---|---|
| 作　　者 / | 李文娟 |
| 责任编辑 / | 熊　勇 |
| 封面装帧 / | 张　晋 |
| 出 版 人 / | 桂国强 |
| 出版发行 / | 文汇出版社 |
| | 上海市威海路 755 号 |
| | (邮政编码 200041) |
| 经　　销 / | 全国新华书店 |
| 印刷装订 / | 上海惠敦印务科技有限公司 |
| 版　　次 / | 2017 年 2 月第 1 版 |
| 印　　次 / | 2017 年 2 月第 1 次印刷 |
| 开　　本 / | 700×1000　1/16 |
| 字　　数 / | 280 千字 |
| 印　　张 / | 14 |

ISBN 978-7-5496-2005-0
定　　价：42.00 元

# CONTENTS 目录

## 上 编

| | |
|---|---|
| 阅读与写作 | 1 |
| 当代读者 | 5 |
| 写作是什么 | 11 |
| 想象力 | 27 |
| 观察力 | 36 |
| 思维能力 | 43 |
| 写作的兴趣 | 53 |
| 写作状态 | 59 |
| 生活 | 63 |
| 灵感 | 70 |
| 构思 | 77 |
| 立意 | 78 |
| 拟题 | 84 |
| 人称 | 87 |
| 结构 | 90 |
| 细节 | 95 |
| 语言 | 106 |

## 下 编

| | |
|---|---|
| 散文 | 122 |
| 随笔 | 152 |

诗歌 ……………………………………………………………… 161
说明 ……………………………………………………………… 187
短评 ……………………………………………………………… 193
儿童题材的小说 ………………………………………………… 202

# 上 编

## 阅读与写作

阅读与写作是基础教育的重要内容,也是通识教育的组成部分。

通识教育包括知识与能力,即广博的非专业知识和读与写的能力。

北大毕业生耶鲁大学博士薛涌谈大学教育时说:大学学什么,正确的专业意识,读和写,以及辩论。

郑也夫在演讲稿《大学教育教什么?》中将大学教什么归纳为三个方面:读书、写论文和思考,理工科还要加上实验。

薛涌将中美精英大学作了比较,在对中国大学的专业意识作了精彩的论述时,特别指出这种重专业教育轻通识教育对中国学生的影响,这种影响与人才培养目标相关联。

通识教育对阅读的要求很高,因为通识教育的知识体系相当广泛,它是各类专业的通俗化之普及,涵盖各领域的学术成果。

通识教育对写作能力的要求亦较高,因为它要"造就更多有创新潜能的复合型人才",写作能力是创新必不可缺的,是复合型人才必备条件。

广泛地涉猎吸收知识、进行跨学科的思考、融会贯通从而有所创造,并能将创造的成果表述出来,付诸于文字,这才是人才培养的目标,是全面文化素质提升的标识。

通识教育提供的广博的知识对专业知识来说是属于间接知识。间接知识的作用不容忽视,它不仅可以丰富人的知识宝库,同时还作用于人的意识,对创造型人才的形成起着不可估量的作用。

关于这方面美国学者博兰霓作过研究。他认为凡具有原创型能力的人其知识可分两部分——直接知识和间接知识。

在人的创造过程中,间接知识作为直接知识的支援知识而发生作用。如果一个人只有专业知识,即直接知识,他的创造能力就很有限,只能局限于专业范围内的小修小改;唯有用专业知识之外的"间接知识"来打击你的"直接知识"(专业知识),才可能在专业领域取得大的突破。他把这种"支援"直接知识的间接知识看作是激发创造力的源泉。他说:"在支援意识中可以意会而不可以言传的知的能力是头脑的基本力量。"

博兰霓谈的间接知识对创造的影响不在具体的知识层面上,而是在知识基础上形成的"支援意识",即从间接知识中所获取的理念、方法和"感悟"。

在"支援意识"中可意会而不可言传的知的能力是头脑的基本力量,是激发创造力的源泉。

这种可以意会不可言传的知的能力既包括知识基础上形成的理念、方法,也包含了在无意识层面上的想象力、直觉等不可言说的东西。

获得广博的间接知识主要通过课外阅读,独立自觉地阅读书籍,尤其是对经典原著的阅读,因为经典原著传承着人类文明的成果,是优秀的文化遗产。

阅读对写作的作用有哪些?

阅读引发写作的兴趣。

在阅读的形象再创造过程中,进入了读者的经验视野后,什么状况可能引起读者的写作兴趣;诱发写作的欲望;激起创作的冲动?

经验视野不同,情感体验不同,同一个文本引起的反响也会不同。

淡然的进入,漠然地放下,阅读未溅起涟漪浪花;热切地兴奋地投入,情感随着阅读起伏变化,不经意的瞬间在经验视野中找到了切合点,于是想尝试一下,写出来的欲望与冲动涌现,角色转换,由读者变换成作者。

阅读的心理是微妙的、复杂的、因人而异,写作的欲求也许是在赞赏、羡慕、敬仰中产生;也许是在质疑、否定、批判中产生。顺势而作、逆势而作均有可能,无论是怎样的情景,阅读都是写作的前奏、导火索。

由阅读别人的文本到创作自己的作品,只有一步之遥,迈出这一步,跨进写作的门槛也并非易事。

阅读的语言熏陶功能,对培养"语感"起了潜移默化的作用,即为写作的实现,为个人写作的语言风格的形成奠定了基础。

阅读沉浸在颇为出色的,规范化、标准化的语言中无疑是语言的受益者。无可讳言,文本的语言示范,尤其是优秀的经典作品的示范是无可估量的,它们熏染着陶冶着一代又一代的文学爱好者,是他们写作的楷模,是他们学习掌握语言的先驱。

青少年时期是语言学习的最佳时期。模仿力强、敏锐聪慧的年龄特征,为他们接纳、吸收语言提供了条件,阅读中,作品的语言很容易影响他们的"语感",影响他们的语言风格的形成。

语言是写作的第一要素,掌握了语言,有良好的"语感"进而能形成自己的语言风格,即向写作迈出了坚实的一步。

阅读中,想象力、思维能力、审美鉴赏力、表述能力……均得到发展,它们都为写作这一创造性活动作好了铺垫。

写作从阅读中受益。

阅读与写作关系密切,相互作用,相辅相成,但两者绝对不能混同。读与写是两种不同的精神活动,是两种不同的技能。

就信息而言,阅读是接受信息,写作是传递信息;就知识而言,阅读是储备知识,写作是应用知识;就思路而言,"读书只是走别人的思想路线,而写作是要走自己的思想路线。"

就难易的程度而言,写作较阅读难度更大一些。

写得好,一般来说读的都多;读的多不一定写得就好。

学富五车而笔下艰涩的例子,古今有之。

曹聚仁在《从读书到作文》里就例举了诸多例子说读的多,学问博通的,文章却不高明。因而在讨论读书与作文的关联上,他主张"开宗明义"把"读书"和"作文"打成两截。

我在幼年时候,就听说一位姓陈的乡人,他读了一肚子四书、五经,负"书箱"的盛名,可是他的文章,三行都写不成器。后来我知道金华有一姓郭的,他所读的更多,听说连《资治通鉴》都背得出,可是他写一张取伞的便条,一写就是五千多字,比天书还难懂。我一生也经过了许多名师,其学问博通的,文章都不怎样高明;文章高明的,学问又未必博通。其实呢,多读书莫如清代的朴学家,而其文章可观的,却是寥寥可数。所以我们讨论读书与作文这问题的关联,只能开宗明义,大喝一声,先把"读书"和"作文"打成两截。("清汪凝载少聪明,读书一再过,辄便记忆,故《十三经》、《史》、《汉》,皆能滚滚暗诵。及试作破题,瞪腊未就。薄视之,'然而'两字也。其师曰:'巧冶不能铸木,工匠不能斫金,是子已矣。'"事见《明斋小识》,可引作多读书未必能作文的佐证。)

那种认为阅读可以自然而然地成就写作,重读轻写,以精细的阅读教学替代细水长流的写作训练,显然是不妥的。

所谓"熟读唐诗三百首,不会作诗也会吟"的古语是鼓励多读的,并非是说不作诗歌的写作练习,只读诗自然就会作诗。

一味地依赖读、背,不去动手写,阅读能力再提高,也是眼高手低。

阅读与写作是两种技能,隶属两个领域,迈进阅读的大门不等于踏进了写作的门槛。

一步之遥,也需脚踏实地去迈。

写作的里手是写出来的,这是确定无疑的。

# 当代读者

读者在当代文学活动中处于什么地位？新时期的文学创作，突破了传统的写作规则，采用现代写作方式的多样性写作需要怎样的解读？当代读者要具备怎样的素质？

20世纪60年代兴起的接受美学将研究的中心转向了读者。

康斯坦茨学派的领军人物汉斯·罗伯特·姚斯与沃尔夫冈·伊瑟尔分别从宏观和微观两方面入手。

姚斯受加达默尔的诠释学的影响，从文学史的角度探讨；伊瑟尔受"现象学"特别是罗曼·英加登的美学著作的影响，从读者与具体文本的关系，从阅读现象的角度探讨。

姚斯认为文学史是一个审美接受和创造过程，是由作家、作品、读者共同完成的；一部文学作品不是"自言自语地揭示其永恒本质的纪念碑。它倒更像是一部管弦乐曲，总是在它的读者中激起新的反响，并将文本从文字材料中解放出来，使之成为一种当代的存在"。

读者的地位不只是显现于现实的存在，还将对文学史发生影响：

在作者、作品和读者的三角形中，读者并不是被动的部分，并不仅仅是反应的锁链，而是一种对历史有重大影响的力量。没有作品接受者的积极参与，一部文学作品的历史生命便是不可想象的。因为只有通过其媒介过程，作品才进入一个连续的变化的经验视野，在其中发生着从简单的接受到批评的理解，从消极的接受到积极的接受，从公认的审美规范到超越这些规范的新创造的永恒转变。

读者自身有审美感受，有阅读经验和社会体验……由它们组成的"经验视野"，在阅读作品时，都可能被唤起。读者在对作品接受时是以这种审美感受、经验视野为前提，为背景。

这种经验背景构成了一个读者的特定的"期待视野"。

姚斯提到"期待视野"的形成是"来自于对体裁的前理解，来自于已熟悉的作品的形式和主题，来自于诗歌语言和实用语言之间的对立"。

在接受美学，读者既定的期待视野与新阅读的作品之间的审美距离决定一部文学作品的艺术特性。距离越小就越接近于娱乐性艺术，因为阅读者的接受意识无须转向未知经验视野，仅仅满足复制的欲求；距离越大就越能打破熟悉的期待视野，最初也许难以接受，随着新的期待标准形成，作品即会被关注，受

众便逐渐扩展起来,这该是读者认可的,难忘的,超越了期待视野有审美价值的艺术作品。姚斯认为:

"一部作品的艺术特性……永远不会在其最初出现于其中的视野中被即刻感知,更别说在新旧形式的纯粹对立中被即刻穷尽了。对一部作品的最初实际感知与它的实在意义之间的距离,换言之,新作品对它的最初受众的期待所作的抵抗,可能非常大,以致需要一个漫长的接受过程,才能使最初视野中未预料的和未运用的得以理解。因此可能发生这种情况,作品的实在意义长期未被认识,直至通过一个更新的形式的实现,'文学演进'才达到这样一个视野,它现在第一次允许人们去寻求对被误解的旧形式的理解。"

接受美学要求读者把握文学的历史性,即在文学经验的上下文中识辨某一作品的历史地位和意义。

因为读者在阅读时,其自身的社会生活体验也是背景之一,所以不仅在文学期待视野内感受作品,也在更广阔的生活经验视野内感受它。这即是文学的社会造型功能。

姚斯认为文学的这种社会造型功能既有审美感受一面,也有对道德内省的召唤——伦理领域一面。

新作品不断更新读者的"期待视野""审美经验"的同时,也在不断更新读者的生活实践的期待视野。

姚斯理论中我们可以听到席勒当年的人道主义呼声:

"如果文学史并非单纯描述作品所反映的一般历史过程,而是在'文学演进'的过程中发现真正属于文学的社会造型功能,因为文学与其他艺术和社会力量正在竞相把人类从自然的、宗教的和社会的束缚中解放出来,那么,文学与历史、美学知识与历史知识之间的鸿沟便能得以沟通。"

伊瑟尔从现象学的角度考察阅读的过程。他发挥了英加登的观点,把阅读活动描述为一个由期待、预测和回忆构成的"万花筒"。文学作品只是一个由各种"未定点"的图式化结构,只有在阅读过程中将审美"具体化",并生成文本的意义,作品的"未定点"才得以完成。

伊瑟尔认为"未定点"有两种基本结构,即"空白"和否定。"空白"需要的不是填补,而是对文本的各个不同部分加以联结。现代小说利用"空白"这一技巧来激发读者的想象,"在他们片断式的叙述中增加了如此大量的空白,而那些缺失的联系正是不断激发读者的想象建构功能的源泉"。

"未定点"的另一个基本结构是"否定"。伊瑟尔认为否定是一种激发读者去建构想象的力量,它不意味着对以往熟悉标准的全盘拒绝,只是对存在问题部分加以质疑,从而对旧标准进行重新评价。

"空白"与"否定"构成了文本与读者之间进行交流的相互作用。

正如伊瑟尔所说:

空白和否定以它们各自不同的方式控制着交流的过程:空白使文本中各种视点之间的联系保持开放,换言之,它们引导读者在文本中完成基本运行。各种类型的否定只是将各种熟悉的或确定的因素加以取消。然而,被取消的因素仍然依稀可辨,从而改变了读者对熟悉的或确定的因素的态度,换言之,读者被导向了一个与文本相关的立场。

姚斯、伊瑟尔从不同的角度阐明了现代主义文学的美学内涵。接受美学与审美反应理论均改变了读者在文学活动中的被动地位,提升了读者在文学史的地位。文学史是由作家、作品及读者共同完成的审美创造与审美接受的过程,是由读者参与的文学活动、审美体验的结晶。

结构主义批评家、"文学符号学家"罗兰·巴特在1970年写的著作《S/Z》提出了一整套关于解读文本代码的理论。关于读者阅读方面,巴特提出了可读性文本与可写性文本的区别。

可读性文本即古典写作;可写性文本即现代写作。可读性文本的代码是读者所熟悉的,读者对这类文本来说只是被动的消费者。

阅读时,读者"无法将自身的功能施展出来,不能完全体味到能指的狂喜,无法领略到写作的快感,他所有的只是要么接受、要么拒绝文本这一可怜的自由罢了"。

可写性文本的代码却是读者一时难以卒读的,但具有吸引力,兴趣盎然的,充满了诱惑和挑战。

可写性文本要求读者积极参与到写作活动中去,这样"使读者成为文本的生产者,不再做它的消费者"。从某种意义上,可写性文本"就是我们自己在写作"。

由法国理论家克里斯特娃首先提出的被后现代、后结构主义视为开山之说的"互文性"将写作的层面推向了更广阔的领域。

"互文性"指文本与文本的交互关系,与其他文本的互相连缀。即是说任何文本都无法独立存在,都置身于众多文本之间的关系网络中。

文本的意义在这种相互关系中不断生产、修正、变换、蔓延。

从创作的角度,互文性更具开放性,它冲破了传统文学作品具有唯一的明确的意义的观念,也突破了结构主义将文本作为独立封闭的符号系统进行内在研究的思路。

互文性通过创作主体与文学传统、文学记忆及之前的既有文本的相互关联性,彼此交锋,彼此消长转换。文学传统的影响不再是传承的因果逻辑关系,而纳入了横向互认的框架之内,后续文本对之前文本施展记忆、重复、修复、对抗乃至征服。多个文本通过词语、修辞、主体、形式的相互借鉴、模仿或戏拟,彼此激活文本意义的生成。

从文本的创作的内部机制看,创作者与创作内容的关系也发生了变化,扭转了传统文学理论中作者对文本的绝对控制。文本本身具有自主性与原发性,可以逃出作者的管制范围,甚至能够与创作主体进行对话,进行分辨争论。

互文性的理论渊源于三位大师:瑞士语言学家费迪南·德·索绪尔;英国杰出的诗人和批评家托马斯·斯特恩斯·艾略特;俄罗斯学者米哈依尔·巴赫金。是他们的理论为互文性奠定了理论基础。

索绪尔是符号学的创始人,是现代语言学、符号学和结构主义的创始人。索绪尔的理论奠定了文本层面符号学基础。

索绪尔将语言视为一套符号体系,"语言是一种表达思想的符号系统""语言只是符号系统的一个部分"。语言符号与其他符号系统有共同的特点,即任意性和习惯性。符号可分割为概念的"所指"与作为音响形象的"能指"。能指与所指之间的联系是任意性的,语言的意义产生于语言符号体系中各种符号之间的区别与差异。明确了语言的本质与研究语言的任务——把语言作为一个单位系统和关系系统来分析。

克里斯特娃将相对封闭的符号体系向社会历史与现实,向文化空间等"超语言"领域扩展,推演出互文性理论。

艾略特的诗歌的非个性化理论是与当时的反浪漫主义思潮一致的。他也是将文学批评的重心从诗人转向诗歌文本的先行者之一。

艾略特认为"艺术的感情是非个人的",他用"催化剂"来比喻诗歌的创作过程。诗人的头脑"能够消化和点化原是它的材料的那些激情",促成文本的多元化合反应,最终创作出完美的作品。

艾略特认为每一位诗人都在传统的制约下写作,诗人应具有一种自觉的历史意识。在写作时"不仅对他自己那一代了如指掌,而且还感受到从罗马以来整个欧洲文学,以及包括自己国家的整个文学有一个同时的存在,组成一个同时的秩序"。

艾略特同时认为这个文学传统也是一个动态的开放的体系,充满自我更新的活力,即"过去因为现在而改变,正如现在为过去所指引"。

艾略特扭转了人们在浪漫主义影响下对文学史形成的看法，对英国诗歌史、对文学传统作了重新评价。

艾略特关于文学创作与文学传统的理论已昭示了文本与传统经典文本之间的互文性关系，它是具有共时性的横向关联，从而改变了线形文学史观，成为建立互文性的共时性交互应答的新型文学史观的先驱。

俄罗斯学者米哈依尔·巴赫金早在20世纪就以他的创造性的文学理论享誉世界。

巴赫金关于"对话理论""复调小说""狂欢化"诸理论是互文性理论的前身。

克里斯特娃是在巴赫金文学思想的基础上提出"互文性"这一概念的。

巴赫金在《陀思妥耶夫斯基诗学问题》著作中提出陀思妥耶夫斯基创造了一种全新的"复调小说"或称"多声部"，它完全不同于传统的"独白小说"的模式。

"有着众多的各自独立而不相融合的声音和意识，由具有充分价值的不同声音组成真正的复调——这确实是陀思妥耶夫斯基长篇小说的基本特点。在他的作品里，不是众多性格和命运构成一个统一的客观世界，在作者统一的意识支配下层层展开；这里恰是众多的地位平等的意识连同它们各自的世界，结合在某个统一的事件之中，而互相间不发生融合。陀思妥耶夫斯基笔下的主要人物，在艺术家的创作构思之中，便的确不仅仅是作者议论所表现的客体，而且也是直抒己见的主体。"

传统的"独白小说"，作者以全知全能的上帝视角进行叙述，主人公的自我意识被限定在作者的意识范围里，在作者统一的意识掌控之下，是作者的个人独白。

在传统的"独白小说"的写作中，作者置身于外部对人物进行观察、描绘与评定。作者的视野遮蔽了人物本身可能有的视野。

"复调小说"是建立在对话关系的写作层面。文本中的人物形象逃离了作者主体意识的控制，具有自己的声音。陀思妥耶夫斯基笔下的主人公不再是作者任意摆布的客体，而是能够与作者地位平等的、能够直抒己见的主体。主人公对自己、对世界的议论和作者的议论具有等同的价值，它可以发出与作者不同的声音，以完全独立自由的姿态与作者交锋，相互分裂、斗争构成复调，或经过融合形成"多声部"。

陀思妥耶夫斯基的小说就是"复调小说"，其中充满了主人公的自我争辩以及与缺席人物的交谈式的对话，这正是作者与小说人物之间的争论与对话。

在陀思妥耶夫斯基的复调小说里，作者对主人公取一种对话立场，这一新的艺术立场确认了主人公的独立性,内在的自由,未完成性和未论定性。

巴赫金提出的"文学狂欢化"带来了文本对话的普世性与开放性。小说语言的狂欢性使粗俗的民间俚语,瓦解了等级制和"单一的真理语言",颠覆了传统语言,实现了语言的狂欢。它涵盖了不确定性、支离破碎性、非原则性、无我性、反讽性等。

文学的狂欢化所确立的文本中,对话的普世性以及文本的持续变动性即成为了互文性理论的直接理论的来源。

"互文性"在半个世纪中对西方文学领域具有激烈的冲击特性与叛逆品格。

互文性文本的开放性使它在与众多文本的交汇激荡中立身;意义指涉在与其他文本的交接、贯通中,不断转换、生产、流变,从而播散出开放生产的意义之网;语言层面向外在的逻辑层面开放;文本与文本之间的交往无一个既定标准,具有多种可能,使一个文本能够投身于文本的汪洋大海中,在由众多文本组合的广阔领域内显现。

面对这样的创作,读者自身素质需相应的改变,提升是自然的。

读者的"经验视野"当然是越开阔越丰厚越好;读者被眼前的文本唤起的阅读积累,文学记忆、生活体验,文学史的知识储备……都成为阅读的背景资料,成为一个参考性的文本。它们与所读的文本交流、汇织,相互阐发,其结果文本不断发生意义的增殖、替换,在文学史的长河之中游弋,将使文本的意义多维度、多层面地无尽繁衍生发——阅读与写作岂不同样具有"生产性"?

传统文学研究主要以作品和作者为中心,读者被置于被动的接受理解的地位,所谓的剖析作品的蕴涵,体会领悟作者的写作意图而已。

互文性文学理论将读者视为文本意指生产的重要一维。阅读与写作具有同等的地位,阅读与写作具有同样的生产性意义。

阅读新型文学作品对读者的要求显然提升了许多,不仅仅是理解力、鉴赏力、承接与连贯,还必须具备深层的挖掘能力,有自己的独到见解,或者是完全不同于作者的见解。这种阅读直接考验着读者的思维。由点与点的连接到面与面的连缀,由某一文本到另一串文本的联系,从特殊的文学现象到普遍的恒定的规律,这将是一个无穷尽的探索过程,一个充满着阅读乐趣的艰辛的冒险的历程。可敬的读者,对这样文本解读你可作好了准备?

# 写作是什么

写作是什么？

如果从理论方面去寻求答案，课本、教科书关于写作有铨释。

高等学校写作教材曾为写作下过种种定义。

写作是运用语言文字反映客观事物表达思想感情的一种社会实践活动。

(《写作与作文评改》朱伯石主编 1996 高等教育出版社出版)

唯物主义认识论认为一切意识形态均为客观事物的反映，写作作为意识形态也是客观事物的反映。

写作的特点是运用语言文字作为工具来反映事物表达感情的。它是一种社会普遍应用的实践活动。

写作是人们运用语言记写思维成果的行为活动，从本质上说，写作不仅是个人感情的宣泄和抒发，也是为交流思想、传播信息进行精神生产的创造性劳动过程。

(《现代写作教程》董小玉 刘海涛主编 2008 高等教育出版社出版)

定义增加了写作在交流思想、传播信息上的功用，并将写作与思维联系起来，突出了写作是创造性的精神生产的特点。

写作是人的思维本质的必然体现；写作是人的语言本质的必然体现；写作是人的社会本质的必然体现。

(《写作》张杰 萧映主编 2009 北京大学出版社出版)

定义从三个方面来阐释写作。写作是思维、语言、社会这三个方面的体现。这三个方面都是人的本质，即人的本质是会思维、能使用语言、具有社会性。

17世纪法国思想家帕斯卡尔在《思想录》中说："人是能够思想的芦苇。"

人脑的左半球司抽象思维，右半球司形象思维，联系两个半球的"胼胝体"由两亿根神经纤维组成的，它以每秒40亿次之多的速度在左右两个半球传递神经冲动，川流不息的信息联系使两个半球以整体结构发挥其功能作用。

在写作中，偏重发挥右半球思维即形象思维，偏重发挥左半球思维即抽象思维。

写作时，形象思维与抽象思维迅速切换相互融合，以其整体结构在发挥作用。

人类的思维活动的丰富成果，深厚积淀是依靠写作依赖语言文字记载而得以"薪尽火传"。

人的思维本质是永无止境的寻求发现追求创造，这就是写作的生命和价值的所在。

因之，写作是人的思维本质的必然体现。

语言的约定俗成这一属性为人的不同类型的思维、写作提供工具，同时也为思维为写作成果的交流提供有效途径。

任何一种语言都是以典型性文本作为语言的规范。语言的约定俗成是无形规范，书面语言则使之变为有形规范。语言的约定俗成使思维、写作及其交流成为可能，这样就决定了写作具有一种悖论性质，既要遵守语言的约定俗成的规范性又要有创新性。

约定俗成是与语言的民族性、地域性联系在一起的，是文化的深厚积淀、文化的鲜明特征的体现，写作受文化制约使文化得以展现。

因之，写作是人的语言本质的必然体现。

人的社会性，人作为社会存在，就意味着人们的协同共存，而要使它有效运作、有序发展就离不开写作，尤其是实用文体的写作。

社会中人与精神互相依存需要交流，写作使交流得以实现。写作是人的思维、语言的本质的必然体现，是需具有独创性的，这种独创性恰恰是建立在人的社会本质的基础之上的，社会本质包括种族、环境、时代三个因素。

写作作为人的社会存在的一种方式是我们无可逃避的，写作作为人类现实精神交流的一种精神文化创造活动是我们必须面对的。

因之，写作是人的社会本质的必然体现。

写作是写作者为实现写作功能而运用思维操作技术和书面语言符号对表达内容进行语境化展开的修辞性精神创作行为。

——操作性定义

写作是人类运用书面语言文字创生生命生存自由秩序的精神生产活动。

——本体性定义

（《高等写作学引论》马正平主编 2011 中国人民大学出版社出版）

**关于操作性定义：**

思维操作技术认定写作本质上是一种语言生成行为，而语言生成活动是一种写作思维的活动过程。

美国唐纳德·奎得说："在整个写作过程中，写作和思维是同时产生的，写作的过程也就是思维的过程。"

写作思维是对某一社会心理现象不断分析与综合的过程。

写作是在十分具体的当下语境中进行的，这即是定义中的"语境化"。这些语境因素包括：

具体的读者对象；

具体的时代地域；

具体的写作功能；

具体的文章体裁图样；

具体的写作意图、文章主题。

写作思维分析与综合的文章内容应与上述语境因素保持一种对话性、商量性、协调性、得体性关系。

写作是运用书面语言符号进行表达的，因而称之为修辞性的精神创作行为。

**关于本体性定义：**

卡西尔在论及人是世界秩序的创造者时说：科学在思想中给我们以秩序；道德在行动中给我们以秩序；艺术则在对可见、可触、可听的外界把握中给我们以秩序。美学理论确实很晚才充分认识到这些基本原则。

写作的终极本质不是模仿生活、反映生活，不是抒情言志，不是书面语言的表达，也不是信息的传播，而是作者对精神秩序（情思理想、价值取向）与书面语言符号秩序（语流符号结构）的创建缔造而已，即人对自由生存秩序的创生与建构。这里的秩序并非就是对现成既定秩序的维护，而是一种批判、否定、一种创造，是对一种新的人类生存秩序的憧憬与筑构。这也是对语言之家、存在之家的"筑构"。

这里深刻地揭示了人类写作行为的人文性创造性的人性本质。

上面列举的各个时期几部关于写作理论的著作中对写作所作的铨释、所下的定义可以为我们从理论上了解写作是什么作参考。尽管列举并不全面，但对几十年来写作理论发展的脉络大致有个了解。

从 20 世纪 80 年代的反映论工具论到信息论思维论到写作体现人的本质的人文说,再到写作对精神秩序、书面语言符号秩序的创建的秩序说,写作理论研究日趋深入,对写作的阐释日臻完善,逐步靠近写作的实质,成果可谓显著。

但是理论总归是理论,对写作这一精神创造活动,对写作的色彩纷呈、变化莫测的形态,理论往往是无能为力的。

无论它怎样透辟、详尽,无论它如何"前沿"、"科学",写作的定义永远也难以穷尽写作的内涵。

写作涉及的范围实在宽泛、写作牵连的学问委实宠杂。现有的写作理论恐怕还囊括不了,涵盖不了。

写作涉及生理学(脑科学)、心理学、思维学、逻辑学、信息学、传播学、语言学、文学、美学、哲学、社会学、民俗学……众多的学科均隶属于写作研究的范畴之内。

写作是人的精神创造活动,凡是与人相关联的问题写作都有指涉。

写作中既包括智力因素,又包括非智力因素,意识与无意识交替作用。

写作是思维的物化。作品是有形的,思维是无形的。这个物化过程又是经过了多重转化。从感受外界生活(内化)起始,到将其意象化(意化),再到运用语言符号去表现(外化)。这个动态流程是综合了多种因素形成的,它经历了人的复杂的心灵轨迹,它综合地体现了作者的生活体验、生平阅历、知识储备、兴趣爱好、气质性格、思维方式、表达能力、语言技巧……这其中的奥妙并非都能说得清楚。

作品是写作的成品,文本是写作这一创造性的意识行为的结果。鉴赏作品,评论研究文本是从成品上去推测、探究写作,由结果去推论原因,岂不是本末倒置?

真正要了解写作,揭开写作的面纱还是要从成因入手。即写作是怎样发生的,作品是如何诞生的,然后论及结果,为写作找到合情合理的解释。

写作是怎么开始的?什么因由触发了写作?写作发生时作者那里呈现怎样的状态?在什么状态下灵感降临,又在什么状态下写作得以继续?

对这些具体的可感的内容作些了解,也许会让我们抵达写作的实质部分。

其实真正了解写作,对写作有所领悟的人应该是那些具有丰富的写作经验的作家,是那些久负盛名的大师们,从他们那里我们也许会找到答案,找到接近写作原质的东西。

"写作,那是我生命中唯一存在的事,它让我的生命充满乐趣。我这样做

了,始终没有停止过写作。"杜拉斯说:"写作让人变得孤僻,在生活之前重又回到未开化状态。"(《杜拉斯文集·写作》)

杜拉斯买下了诺夫勒城堡,一所四百平方米的大房子,她一个人形单影只,而这种孤单是作家自己造就的。为了写作。写作时,杜拉斯是一个远离一切的孤独人。作者在屋子里写作,朋友来了,有时她竟没能认出他们。杜拉斯如身处一个洞穴之底,身处几乎完全的孤独之中。她说:这时你会发现写作会拯救你。写作,除了写作什么都不做。就这样,杜拉斯在这座房子里一待就是十年。

福楼拜说:写作是一种生活方式。换句话说,谁把这个美好而耗费精力的才能掌握到手,他就不是为生活而写作,而是为写作而生活。

写作是生活的全部,是生命的全部,是作家生命意义之所在。写作是作家自己选择的一种生活方式。

作家与写作休戚相关,生死与共,写作既是为自己,也是为别人。为自己,因为是自己的生活与爱好;为别人因为要鼓励人前进。

罗曼·罗兰在他的随笔《我为谁写作》中说:"我为什么写作?因为我不能做别的事。因为即使我不在纸上落笔,我也会在脑子里写作,让脑子思考。因为写作是我自言自语和行动的一种方式。因为写作对我来说,就是呼吸,就是生活。"

"我总是为前进的人写作,因为我总是在前进,我希望自己到死才止步。"

2010年诺贝尔文学奖的获得者秘鲁作家马里奥·巴尔加斯·略萨在他的关于写作的书《给青年小说家的信》里讲了绦虫与蠕虫的故事,十分有趣,它生动地说明了发生在作家身上的创作意味着什么。

19世纪某些贵夫人,因为害怕腰身变粗,为了恢复美女一样的身材就吞吃一条绦虫。这些夫人是"了不起的女杰",是为美丽而牺牲的"烈士"。

在巴黎作者有一个好朋友,一个西班牙青年,画家和电影工作者。他患上了这种寄生虫病,绦虫在他的身体内安家落户,很难驱逐。这个青年整天吃喝不停却日渐消瘦。这位青年说:我做这些事情(吃喝、看电影、逛书店、谈话……)是为了它,为这条绦虫。我现在的感觉就是:现在我生活中的一切,都不是为我自己,而是为着我胃肠里的这个生物,我只不过是它的一个奴隶而已。

作家选择了创造生涯,其处境就如同这位患上寄生虫病的青年,生活的一切都为了寄生在他体内的绦虫。作家的写作是以生命为代价,身体的全部营养都是供给它的。

马尔加斯认为,写作是源于文学抱负,作家因为有文学抱负而爱上写作。文学抱负是一种专心致志,具有排他性的献身,是一种自由选择的奴隶制,作家心甘情愿作文学抱负的奴隶,文学抱负是以作家的生命为营养的。

福克纳的老师托马斯·沃尔夫,这位文学巨匠、著名作家,把自己的写作才能描述成在他心中安家落户的蠕虫:"……这蠕虫在这之前就钻进我的心中,它蜷曲在那里,用我的大脑、精神和记忆做食粮。……一个发光的细胞将永远闪耀,日日夜夜地闪耀,闪耀在我生命的每时每刻,无论是清醒还是在梦中;我知道那蠕虫会得到营养,永远光芒四射;我知道无论什么消遣,什么吃喝玩乐,都不能熄灭这个发光的细胞;我知道即使死亡用它那无限的黑暗夺去了我的生命,我也不能摆脱这条蠕虫。"

托马斯·沃尔夫的蠕虫的比喻同样生动地描述出写作如何在人体内吸髓吮血,滋养成一个发光的细胞——创作的细胞。它日夜时刻闪耀,永不熄灭,伴随生命到尽头。

巴尔加斯在讲述完这两个故事后得出了这样的结论:只有那种献身文学如同献身宗教一样的人,当他准备把时间精力勤奋全部投入文学抱负中去,那时他才有条件真正成为作家,才有可能写出领悟文学为何物的作品。

作家,从事写作的人应该是最富有献身精神的人。

诺贝尔文学奖像一颗颗璀璨的明珠,光彩熠熠,为世人仰慕。获奖者是杰出的优异的文学家,他们将最美的篇章献给人类,他们是写作的典范。

2011年诺贝尔文学奖的获奖者,托马斯·特朗斯特罗姆的写作信条是:写得少,但写得好。他只发表了200多首诗,是诺贝尔文学奖获奖者中作品数量最少的诗人,但却是含金量最高的一位。世界上研究他作品的专著已超出他作品数量页数的千倍。

"用凝练透彻的意象,打开了一条通往现实的新径。"这是诺贝尔文学奖评委给他的评价。

特朗斯特罗姆被称为象征主义和超现实主义诗人,"他的诗,尤其早期的诗,往往采用一连串意象和隐喻来塑造内心世界,并把激烈的情感寄于平静的文字里。"(摘自《特朗斯特罗姆诗全集》译者序)

特朗斯特罗姆的诗是凝练艺术的典范,他的每首诗都具有阅读价值,让人品味咀嚼,享受优美的文学作品给人带来的愉悦与幸福。

我们在特朗斯特罗姆的诗卷里随便拾一片叶、一片花瓣都立时让我们感到清新宜人、香溢心间。

诗人 18 岁创作了诗歌《果戈理》,似乎是"一出场就已达到了顶峰",其意象的奇妙、语言的精美不能不令人赞叹。

## 果戈理

外套破旧得像狼群。
面孔像大理石片。
坐在书信的树林里,那树林
因轻蔑和错误沙沙响,
心飘动像一张纸穿过冷漠的走廊。

此刻,落日像狐狸潜入这国度,
转瞬间点燃青草。
空中充满犄角和蹄子,下面
那马车像影子滑过我父亲
亮着灯的院子。

彼得堡和毁灭在同一纬度
(你看见倾斜的塔中的美人了吗)
在冰封的居民区像海蜇漂浮
那披斗篷的穷汉。

这里,那守斋人曾被欢笑的牲口包围,
而它们早就去往树线以上的远方。
人类摇晃的桌子。
看外边,黑暗怎样焊住灵魂的银河。
快乘上你的火焰马车离开这国度!

熟悉俄国作家果戈理,了解灾难深重的俄罗斯大地的读者,在解读诗人笔下的果戈理时将感到多么丰厚的意象与深刻的意蕴。

让我们再读一首写音乐的诗。

## 活泼的快板

黑色的日子走后我演奏海顿

　　　　手上感到一阵简单的温暖

　　　　琴键愿意。轻柔的锤子在敲打
　　　　音色苍翠,活泼而宁静

　　　　音乐说世界上存在着自由:
　　　　有人不给皇帝进贡

　　　　我把手插入海顿口袋
　　　　像海顿那样平静地看着世界

　　　　我升起海顿的旗帜,这意味着——
　　　　我们不屈服,但要自由

　　　　音乐是山坡上的一栋琉璃房
　　　　山坡上石头在飞,在滚

　　　　石头横穿过房屋
　　　　但每块玻璃都安然无恙

　　智者的聪慧透过趣味盎然的珍珠般的诗句给人以心灵的慰藉,抚平上面的伤痛,让你有足够的平静去面对那喧嚣、纷扰、悖理的现实。

　　清晨,诗如鸟儿婉转的吟唱、如泉水流淌;
　　夜晚,诗让人恬然进入梦乡。
　　特朗斯特罗姆的诗真的为我们的世界添了几分姿色,添了几多美好。
　　这才是真正的文学,这才是文学作品的魅力。

　　写作者就应像特朗斯特罗姆那样以自己的本色,以自己的才华照人,淡出世俗的名利虚荣,也才能赢得世人的敬重。看看诗人在荣誉前的表情:
　　"所有的人都在称赞他,他却像雕像一样坐在那里,用超脱疏离的眼神看着这一切,好像浮在半空中,躲在人群之外,看一场盛大的庆典。"(《那个特别倔的老头》南方周末 2011.10.13)
　　特朗斯特罗姆因他的诗作而荣光,而并非是因为获诺贝尔文学奖。如北岛所说:"特朗斯特罗姆大于诺贝尔奖。把今年文学奖授予他,与其说是托马斯的骄傲,不如说是瑞典文学院的骄傲。托马斯在世界文学的地位是公认的,多个奖少个奖并不能改变什么。这一点人们最好不要本末倒置。"

巴尔加斯·略萨说:"写作就是一种坚持,是一种执著。要完成一个作品就一定要坚持把它写出来,要用破釜沉舟的心情去完成写作。"

写作人一应如学风严谨的学者,对写作所涉及的领域作缜密的调查了解,几十年如一日地铺设写作的道路,并在这条路上有新的探求与发现。

潘鸣啸先生就是这样一个作者。

法国汉学家潘鸣啸先生用了三十年、差不多是一个人的大半生,写出了一本有关中国知青上山下乡的书《失落的一代》。

为了完成这部著述,潘鸣啸不断地往来于法国、中国香港之间,阅读了大量的文献、书稿、日记、访谈录、回忆录等原始材料,呕心沥血地进行分析、研究,终于探明了真相,提出了颇具历史价值的见解,作出了令人信服的答案。

关于作家,关于那些文学大师,他们的写作趣闻轶事有许多是耐人寻味的。他们的写作经历、写作状态、写作经验……是具体的、生动的,它们或许能更有力地说明写作是什么。

诉说,向人倾诉是人的生理需求也是心理需求。写作,用书面形式倾诉亦是人的生理和心理需求。

诉说面向听众,写作面对读者,就如同心灵的一个出口、一扇窗子,说与写都可以敞开心扉,与人交流互动,它是社会成员在现代文明时代生存的一种方式,也是一件很自然平常的事。

写作是人的潜力的发掘,写作促进人的潜力的发挥。

谈到人的潜力,著名的心理学家、哲学家威廉·詹姆斯认定:"普通人只用了他们全部潜力的极小部分,与我们应该成为的人相比,我们只苏醒了一半。我们的热情受到打击,我们的蓝图没有展开,我们只运用了我们头脑和身体资源中的极小一部分。"

人的宝贵的潜能为什么没有得到发挥而流失了呢?

美国心理学家马斯洛指出人性中有两种趋势,一种是惰性,害怕发现自己,无视自己的潜力,逃避自己的能力,放弃自我实现的机会;一种珍视自己的潜能，寻求发展和实现自我，有实现自我的愿望和冲动。前一种趋势是后天生活环境所受教育消极影响所致；后一种趋向则是人的天性，人的天性就有施展才智发展自我的因子。

人的"创发性"在儿童时就显露出来。

如马斯洛所说："从某种意义上看每一个新出生的婴儿都有可能成为一个柏拉图。每个孩子都有对美、真理、正义等高级价值的本能需求。"

潜能的发挥就在于天性未泯。

写作需要像婴孩那样对生活对周围的事物对世界保有一种新鲜感，保有儿童与生俱来的好奇心、探知欲、想象力……

写作让你勤奋上进，努力去实现自我，并不断地超越自我。

写作时人的成就感在增强。有谁不憧憬成功的时刻？有谁不向往自我价值的认同？

写作中人的自尊、自信、荣誉感都在递增。

写作是生命的述说，鲜活的用终生心血凝成的感悟在启迪感动他人的同时也丰富了个人的人格魅力。

写作抱慰心灵，在全力张扬真善美的同时也是自我的精神救赎。

"卡夫卡将写作作为自我解救之道，是一种自我救赎。"

写作这一精神层面的创造是真正意义的自我实现与自我超越。

写作的过程即是一个大脑潜力的开掘过程，是一个自我实现与自我超越的过程。

在写作过程中，人的体验是美妙无比的。

从未有过的兴奋、震撼、心的颤动、情绪的高亢，写作将这一切推向极致。人如痴如醉，仿佛血液将凝固，精神与肉体全部融化在创作中。人向极限挑战，向完美超越。

心理学家称这种状态为"高峰体验"，那是写作的最佳状态，是灵感闪现，写作达至高潮的瞬间。

写作过程中的个体体验是丰富多彩的。

巴尔扎克曾说："艺术家在思想探索过程中所经历的那种美妙境界是难以描绘的。"

写作是无止境的。写作的路途漫长而又遥远。萨特在《为什么写作》中说："作品是永远处于一种悬而未决的状态，我们总是可以改动一下这根线条，改动一下那个阴影，或者改动某一个词。绘画何时才能达到完善无缺的地步？……"

写作人对自己的作品永不满意,于是一次又一次修改,向完美推进。
　　这一次又一次的修改即是向自己内心的至善至美靠近,即是自我实现的历程。
　　一次修改就是一次超越。超越过去的我;超越现在的我。
　　这正如1979年诺贝尔文学奖的得主奥季塞夫斯·埃利蒂斯所说:"美是在一瞬间——也许是唯一的一瞬间——引导我们向未知领域超越自我的道路。这也是诗的另一个定义:使得我们得以超越自我的艺术。"
　　艺术即超越。

　　艺术家的心灵,作家的精神似乎神秘,又确乎是无比广阔深幽的。
　　生活也许是平庸卑微的,然而写作却让思想伟大崇高,让头脑刮起风暴。
　　写作让一个生活在孤独、无望、疏离的人群中的葡萄牙作家费尔南多·佩索阿的心大于宇宙。
　　"一个人离去多年,但他还在字里行间行走、生活,你就感受到他的气息,你就为他所营造的世界所感动。"
　　"佩索阿说:'我逝去又留存,像宇宙。'"
　　"生活并没有厚爱佩索阿,但他也没有因此消耗掉能量。他用写作来除掉生活中所有压抑的魔影,他的写作就成为抵抗恐惧生活的力量。在庸常生活中,他窥见智慧,抛出一些你暗中期待的东西,那样一个闪着一丝恶意的环境里,他并没有贻误自己的才华,这该是命运的眷顾吗?他灵魂的家园居住着真理、正义,还有仁慈的使者。"
　　"写作拯救了他哪怕短暂的人生,写作让他的世界奇异地出彩。佩索阿在现实世界中过着形单影只的生活,但在他的诗歌、散文、戏剧里却是如此灿烂夺目。"
　　"……佩索阿的诗集《我的心略大于整个宇宙》,我们看到他被称为20世纪伟大的诗人,应该是没有异议的。"
　　(《全然孤单地留存在世上》黄礼孩)

　　佩索阿1888年生于里斯本,五岁丧父,七岁跟随母亲与继父迁居南非,直到十七岁时佩索阿才得以回到故乡里斯本。在此后的三十多年他没离开过。佩索阿仅仅是一个小职员,做会计工作。
　　他写道:"也许,永远当一个会计就是我的命运,而诗歌和文学纯粹是我头上停落一时的蝴蝶,仅仅是用它们的非凡美丽来衬托我的荒谬可笑。"
　　"写下就是永恒!"佩索阿就是有这种天赋与胆识的人,一个让无数读者向他脱帽致意向他高贵的心灵致敬的作家。

中年就离世的佩索阿留给人类的是有价值的精神财富,佩索阿的头脑风暴"刮起人类心灵的风潮",让人类在内心深处的"沉沦"与"觉醒"搏斗,最终获得精神的自由与升华。

短暂的生命如一颗耀眼的流星划过天空;

永恒的写作则是一个浩瀚无边的新宇宙。

写作是生命的超越,精神的超越!

新世纪以来随着互联网的迅猛发展而兴起的网络和网络文学为文学爱好者们开拓了一方写作与发表的新平台,这是一个更新、更快捷的,更自由、更平民化的写作与阅读互动的平台。

网络写作,即以网络媒介为平台的写作。

网络写作——一种新的写作方式的诞生对传统的文学创作体制和写作方式形成了巨大的冲击,引起了文坛总体格局的改变。

网络在现代传媒中的作用不容忽视,作为传播载体与方式的网络已成为文学发展的第五级。

传统的文学发展四要素是美国现代学者M·H·艾布拉姆斯提出的。他在《镜与灯:浪漫主义文论及批评传统》中提出了作者、世界、读者、作品文学四要素的说法。其中包含了体验、创作、接受三个过程,由此构成了完整的文学活动。

艾布拉姆斯的解说:每一件艺术品总要涉及四个要点,几乎所有力求周密的理论总会大体上对这四个要素加以区别,使人一目了然。第一个要素是作品,即艺术品本身。由于作品是人为的产品,所以第二个共同要素便是生产者,即艺术家。第三,一般认为作品总得有一个直接或间接地导源于现实事物的主题——总会涉及、表现、反映某种客观状态或者与此有关的东西。这第三个要素便可以认为是由人物和行动、思想和情感、物质和事件或者超越感觉的本质所构成,常常用"自然"这个通用词来表示,我们却不妨换用一个含义更广的中性词——世界。最后一个要素是欣赏者,即听众、观众、读者。作品为他们而写,或至少会引起他们的关注。

在创作与读者之间需要一个传播环节——现代传媒。

在世界与作家之间需要现代传媒提供信息,作家从"信息世界"获取创作资源。

在作家与作品间也有现代传媒介入:编辑部与出版机构的工作。

总之,在四要素的三环结构中现代传媒都扮有重要角色,作为传媒的网络自然便成为文学第五级。

从媒介要素看,网络写作从语言文学向数字化转变,文本由"硬载体"走向"软载体",创作以键盘鼠标替代笔墨,界面操作更替了书写语言。

网络为写作提供的这个平台,是一个平等自由,交互性的平台,也是一个更便捷的传播渠道。

网络写作,作品的问世不再受媒体刊登的束缚。只要有写作的意愿,谁都可在网络进行界面操作。是诉说、是宣泄、是评论、是进行文学创作……作品立时问世顷刻传播与数以千计万计的网民见面,并与之互动,作者很快得到反馈,作品的反响也立时知晓。

网络写作改变了传统写作的格局,是言说的一个畅通无阻的出口,一扇宽敞明亮的窗子。

网络写作的匿名性,使写作十分放松、十分畅快、十分自由,像流水一样一泻无余。

网络极大地改变了人们的阅读与写作的习惯,自由快捷是网络写作与阅读共同的特征。

网络读者选择的幅度无限,网站、网页、博客……鼠标肆意窜行,选择淘汰在几秒钟几分钟完成。

网络作者因自由度而丰产,文思异常敏捷,用词随意无顾忌、诙谐鲜活。内容贴近现实生活,思想开阔活跃,笔锋犀利。速度快捷,发帖、回帖、跟帖……在极短的时间完成。

网络写作朝气蓬勃、狂欢喧腾,让写作走入千家万户,让文化进入普通人群,让文学冲出亭子间、象牙塔成为公众的事业。

网络写作、网络文学是民众的一次集体"下水",网络文字的平民化使创作不再神秘,作家不再神圣,文坛不再高不可攀。

网络写作使交流沟通超越时空,超越语境,步入全球化更为开阔的天地。

量与质总是一个冲突的两面,量的过剩与质的优秀不一定能并驾齐驱。

网络文字如膨胀的经济实体速度惊人。

未经深思熟虑的作品,一味为吸引眼球、聚集人气必然是易诞生亦易流于粗俗化、同质化。

速度快,追求长度,沉缅于玄幻、穿越、盗墓等网络文学,以想象作为创作的资源,固然发展了文学创作的想象力,但与此同时因缺少对现实生活的深度挖掘与思考,理论的高度欠缺,致使其作品蕴意浮浅、陈旧、虚无……在心灵寄托、情绪渲泄、欲望满足之余,也会滋生一些负作用。

向子乌虚有之境逃遁,用狂欢戏谑麻醉。无论是文学的价值,还是人生的价值在网络文学中反映出来的问题都有待思索。相信随着网络创作与评论的发展，上述问题会被重视并得以改进。

网络写作方兴未艾，写作的新生一代正在成长，网络写作的自由境界必将催生预期不到的创作繁荣。

有关写作还要提及巴特的《写作的零度》和《文本的愉悦》。

法国的结构主义或后结构主义批评家罗兰·巴特于 1953 年的《写作的零度》是对萨特的《什么是文学》的隐含的回应。

萨特在《什么是文学》中指出写作是作家用文字作为表达工具的，因而是与意义打交道的。

什么是写作？写作就是行动，从事文学创作就是介入社会生活。萨特完全是从作家的社会角色和社会职责来论述写作的。

巴特的"零度的写作"与"白色的写作""中性的写作"同称。是一种"直陈式写作"，也是一种"新闻式写作"。是"摆脱了特殊语言秩序中的一切束缚的写作"：

"一种直陈式写作……一种新闻式写作……这种中性的新写作存在于各种呼声和判决的汪洋大海之中而又毫不介入，它正好是由后者的'不在'构成。但这种'不在'是完全的，它不包含任何隐蔽处或任何隐密。……这是一种毫不动心的写作，或者说是一种纯洁的写作。"

为了澄清他的"写作"即"什么是写作"，巴特讨论了语言结构、风格及两者的关系。

"语言结构是一种行为的场所，是一种可能性的确定和期待……"人，作家都受制于无所不在的语言结构。风格和私人性的生物学联结在一起，"形象、叙述方式、词汇都是从作家的身体和经历中产生的，并逐渐成为其艺术规律的组成部分"，从而构成了作家的风格方式。

巴特认为，语言结构和风格都不是作家所能选择的，唯有写作才是从历史可能性中选择的结果。

写作是"思考文学的一种方式"。

在《写作的零度》最后一节"语言的乌托邦"中巴特展示了他对文学、写作的最终看法：文学应成为语言的乌托邦。可是作家只能使用过去的语言，尽管作家们认识到新世界的种种新颖性。

"一位作家不可能在寻词索句时不采取一种过时的、混乱的或模仿的、无论如何是规约性的和非人的语言所具有的特殊立场"。

作家的"所为"与"所见"永远存在着某种差异,历史提供给他的是他无法逃避的写作方式。

一种写作悲剧出现了:"因为自觉的作家从此以后应当与祖传的、强而有力的记号抗争,这些记号来自十分不同的过去,却把一种作为仪式规约而非相互调和的文学强加于他。"

如果自觉的作家的"抗争"坚忍不拔,最终获得胜利呢？文学及语言的乐观前景即在前方？

巴特《写作的零度》没作回答。

巴特写《文本的愉悦》是在1973年,此时巴特转向了后结构主义批评。巴特由此得到了一个新的称呼:享乐论者。

巴特将文本的愉悦分为两种:一种是给人带来"愉悦"的文本,一种是给人以"极乐"的文本。

愉悦文本就是读者知道如何阅读的文本,即巴特所说的可读性文本;极乐的文本就是那些我们一时难以卒读的文本,即巴特所说的可写性文本。

巴特解释道:"愉悦的文本就是那种使欣悦得以满足、充实、获准的文本;是源自文化而且没有与之分离的文本,因而是与一种惬意的阅读实践相联系的文本。极乐的文本是一种使人陷于迷失的文本,是令人不适的文本(甚至达到某种令人厌烦的程度),动摇了读者的历史的、文化的、心理的假设,扰乱了他的趣味、价值观、记忆的连贯性,并将他与语言的关系带入了危机。"

愉悦的文本让阅读体验发生变化,是身体在体验享受着一个文本,它发生在身体与文本的交互作用中。

巴特在描述他阅读时写道:"我在某个叙事中所享受的,并非直接来自它的内容,甚至也不是它的结构,而是我在这完美的外表上所划下的擦痕:我读下去,我省略,我抬头凝望,我再次沉浸于其中……"愉悦的文本又译作快乐的文本,愉悦或快乐均属心身的体验。

快乐的文本与阅读的舒适紧密相连。萨特认为阅读的快乐源自某些断裂(或碰撞);对立编码之间建立联系(如高贵与平庸);一些夸张与嘲讽的新词的创造;……"语言被重新分配"。巴特借精神分析学说,间断具有色情,是种显现——消失的表现状态在诱惑。快乐文本只能是短的、散碎的、反常的;享乐文本既反常又极端,它在不确定的时间来到,是早熟的,一切均在一次性激发,在第一次见到的时候。一切的喜悦、一切的享受,均在初见文本之时,没有什么文本可让读者第二次感兴趣。

引起快乐的文本不一定是讲述快乐的文本;引起享乐的文本从来就不是讲

述享乐的文本。

巴特将享乐和求新联结起来，认为世界是新与旧的对立，为了逃避社会的异化，只有向前逃遁。既定的语言活动是俗套在反复重复，而它的对立面是新，新才是享乐。例外的、新颖的或过分重复，进入所指的损耗与零度中（推向音乐的边缘），这两种情况具有相同的享乐原理。

总而言之，文本的快乐理论始终离不开读者，"文本这一神物，期待着读者，读者在文中也期待着作者的形象"。创作与阅读呈现一种密切的互动关系。

巴特曾告诫，对于今天的作品，"不要暴食，不要吞咽旧时阅读的空闲时间，而要咀嚼这种时间，细心地修剪它，并重新发现它：要当富有贵族气派的读者。"

巴特推崇的享乐主义美学观对古老的传统的美学观是一个挑战，是一种颠覆。巴特堪称结构主义和后结构主义的一代宗师，其在文学批评理论领域的影响颇为显著。在写作日渐步入多元化的时代，我们不能不对巴特的写作观念有所了解，以便更好的理解当今色彩斑斓多种多样的文学现象及文学创作。

随着文学理论的发展，新的创作理念的形成，写作将面临怎样的挑战？

随着当代读者，由接受美学、互文性文本等文学艺术理论装备起来的新时代的读者，写作者将以什么样的姿态出现？

可以断言的是读者阅读欣赏水平的节节提升，必定对创作有新的诉求，对创作者及其作品有新的衡量标准。

写作将成为一个更为开放、猛烈冲破传统创作理念束缚的新的网络系统。互文性的理论必将为写作开辟更广阔的天地。罗兰·巴特所提倡的"可写性"文本或许将风靡世界……写作一成不变的局面定然难以维持。

科学对人脑奥秘尚在探索中，人文科学将向更深层探求写作——这一人类颇具价值的精神活动。

写作是什么，将有更为精粹、更为多元、更具开拓性的解说。

# 想象力

想象力乃是对已有形象的追忆、加工而形成新的形象的能力。

想象力作为一种创新的认识能力,是一种强大的创造力量,它从实际自然提供的材料中,创造出第二自然。(《西方文论选》上集)

想象就主体意识状态而言可以分为无意想象和有意想象。

无意想象指没有预定目的不由自主地产生的想象。例如作梦就是无意想象。

有意想象指有一定目的、自觉地进行想象。例如为了艺术创作所作的想象。

按照想象所具备的创造性,可分为再造想象与创造想象。

再造想象是依据某种语言文字或图样、模型、符号等的示意在脑中形成新的形象的心理过程。

例如阅读鉴赏作品时依据文本所进行的一种想象。在阅读的过程中脑海会呈现出文本所描述的人物、画面……这种想象就属于再造想象。

创造想象是在记忆表象的基础上进行推测、假设、加工改造而创造出的新的形象、形成新的心理意象。

创造想象是一种高级的思维活动,它的魅力在于将人带入一个虚拟世界,即所说的第二自然。那是一个宏阔的、妙不可言的、现实生活无法与之比拟的世界。

科学发明也好、文学艺术创作也好都离不开创造想象。表象与意象的存储量决定了一个人的想象力丰富与否。看的、听的、感觉到、体验到的越多,情感经历、思路历程愈丰盛繁复,想象力愈丰富。

创造想象是文学创造的主要思维活动。

俄国诗人冈察洛夫说:"我主要是在想象的影响下生活和写作的,而且没有想象,我的笔杆就少有力量、就不能发挥效力。"

杜威认为想象是"心灵与外界的接触点","想象使艺术成为第二自然,艺术真实比生活真实更真实。"

作家的超乎寻常的想象力,正是他们创作旺盛的表现。德莱顿在《奇导的年代》一书的序言中,对作家的想象力作了这样的描述:

"作家的想象力……就像一只灵敏的猎犬,在记忆的田野里搜来嗅去,直到惊起追获猎物。"

作家运用创造想象,创作文学作品,其中重要的构思是虚构。文学作品离不开虚构。

文学的模糊性、暧昧性,文学形象的概括性与虚幻性决定了文学的虚构这一特征。而虚构则与作者的想象相连。假如把虚构理解为对现实疆界的跨越的话,那么虚构对现实的越界,就为想象对现实的越界提供了依据,使想象尽展其魅力。虚构充当了想象与现实之间的纽带。虚构的作用对于文艺创作,对于文本至关重要。

文本可以顺理成章地看作是虚构、现实与想象相互作用和彼此渗透的结果。尽管上述三要素在文本中各司其职、各尽其妙,共同担负着文本的意义功能,但是,相比之下,虚构化行为是最为重要的。因为,它是超越现实(对现实的越界)和把握想象(转化为格式塔)的关键所在。正是虚构化行为的引领,现实才得以升腾为想象,而想象也因之而走近现实。在这一过程中,虚构将根据已知世界编码(transcode),把未知世界变成想象之物,而由想象与现实这两者重新组合的世界,即是呈现给读者的一片新天地。(《国际美学前沿译丛》第一辑《虚构与想象·文学人类学疆界》)

虚构与想象尽管都源于现实、源于真实性,却都超越现实。

这两种情况都存在着越界现象:现实栅栏被虚构拆毁,而想象的野马被圈入形式的栅栏,结果,文本的真实性中包含着想象的色彩,而想象反过来也包含着真实的成分。(《国际美学前沿译丛》第一辑《虚构与想象·文学人类学疆界》)

虚构的文本呈现给读者的真实只是一个貌似的真实,只是一个现实的模拟。文本世界只是一种"貌似真实"的世界。就是这一个"仿佛"如此的世界激发了读者驰骋想象,也就是说虚构为想象提供的是一个缥缈而辽阔的空间,引发了读者的无尽遐想。

在《国际美学前沿译丛》第一辑《虚构与想象·文学人类学疆界》一书中是这样阐释的:

一方面,文本要准确地反映世界就必须在叙述的基础上加入描绘的成分(例如,使文本世界看上去"仿佛"真的一样);另一方面,如果文本世界注定只能是貌似("仿佛")真实,那么,这实际上就剥夺了叙述原有的功能,即准确地再现世界的功能。通过把叙述转化为比喻("仿佛"),文本世界借助于描绘性手法实现了预示的目的。当描绘作用得到了叙述的有力支持时,文本世界的二重性就会更加突出了。一方面,文学文本是极为具体的,它足以让人们感知大千世界和芸芸众生的存在,另一方面,这世界和众生不过是一个具体化的标本,一个貌似真实的替代品而已。因为它毕竟只是虚构的产物。

由想象与虚构共同营造的文本世界能够最大限度地激发读者的想象力,再造想象又在读者脑海呈现了各式各样的,渗透与融合着读者自身因素的现实世界的新版本,是由作者所制造的"貌似真实"的世界衍生出来的。

再造想象进行形象的再塑造,让文本的人物、场景、故事、细节……栩栩如生地再现在眼前,映现在脑中的银幕上。那种痴迷是创作者未预料的,它的魅力、它的感染力远非歌星、明星所能比拟的。它是持久的、挥之不去的,直逼内心、震撼灵魂,或者干预了、扰乱了一个人的生活。明知是虚构,是作家营造出来的海市蜃楼,是子虚乌有,却硬是深陷其中,醉心于它,眷恋于它——这就是创造想象诞生的效果,生动有力地印证了创造想象的价值。

心理学家荣格曾把文学创作和梦幻等量齐观,与虚构等量齐观。

拉丁美洲的许多魔幻小说中,想象之奇妙会令人唏嘘惊叹,其虚构大于纪实,远远地跨越了现实的疆界。像幽灵般起落无迹、徘徊萦绕,一种超自然的力量紧紧攫住读者眼睛,扼住喉咙,让你只有屏住呼吸阅读。

哥伦比亚作家加夫列尔·加西亚·马尔克斯创作的长篇小说《百年孤独》就是一部想象力极其丰富的魔幻现实主义代表作。曾于1982年荣获诺贝尔文学奖。

广袤的拉丁美洲,一个世纪以来的风云变幻,加勒比海沿岸小镇的百年兴衰,一个家庭七代人的传奇故事,让这部小说有着异乎寻常的吸引力与历史的厚重感。

作品几乎写遍了拉丁美洲的山川河流,涉及的动物植物400余种,光怪陆离、神秘诡异的人与事充满地域风情,又都笼罩在魔幻的灯影中。

布思迪家族,一代一代出现的都是神秘古怪、特立独行的人物。有的以食墙角泥土为生,有裹着白布单子飞走,有的死而复生,有的患上不眠症失忆……而他们个个都无法摆脱孤独的命运。人物事件组成了十个庞大的隐喻体系。它以夸张的魔幻的手法,深刻地展示了人类原始的落后的民族的自我意识,那是愚者的自我表述,浸染着无比的哀伤悲痛。

这部被称为"再现拉丁美洲历史社会图景的鸿篇巨著"将神话、民间故事、传说及宗教典故等融合在一起,真真假假、亦虚亦实,传达了拉丁美洲百年变幻中人们的精神状态。百年兴衰,百年孤独。

巴尔加斯·略萨这样评价这部小说:"百年孤独在马尔克斯构建的虚拟世界中达到了顶峰。这部小说整合并超越了他以前的所有虚构,从而缔造了一个极其丰饶的双重世界,它穷尽了世界,同时自我穷尽。"

有多少小说文本就有多少虚构故事,有多少虚构故事就有多少瑰丽的想象,大胆的自由驰骋的想象力是文学的生命。

文学创作,小说、戏剧、诗歌虚构的状况显然与作家的想象力紧密关联,虚构的彰显使人对超凡的想象力钦服。

散文、随笔、游记、文艺小品一类偏重纪实的文学类别,亦需要丰富的想象。

耐人琢磨的优秀之作总是异想天开地给人以惊喜,想象使形象产生不能预知的魅力。

想象向你打开的是一幅可能存在的绚丽图景,是你不曾想到过的未知世界。

作家的想象并非是无根之草、空穴来风。它是根植于作家的独特的人生体验、常识、阅历,它融进了作家的灵与肉,是深邃的思想与浓厚的感情的产物。它是深埋于记忆中的日积月累在某一时刻的闪电,是情感的岩浆在某个契机的迸发。

作家的现象力是与其观察力相匹配的,具有细致入微的观察是产生想象的前奏。

俄罗斯杰出的散文大师普里什文就是一个范例。

米哈伊尔·米哈伊洛维奇·普里什文(1873—1954)原是一个农艺师,后弃农从文,从事文学创作。他是属于把科学融入散文创作的作家行列的,但在众多作家中他有着特殊的地位。由于普里什文学识渊博,在他对大自然的实地考察中,显示出了他超凡的洞察力。在细微的观察中,他与大自然亲密无间的接触,使他享受着"层出不穷的新发现的无限的欢乐",于是他的散文便将这发现与乐趣传导给读者。

广泛、博大的知识群使他在以自然及人与自然的关系为对象的散文中得心应手、独占鳌头。普里什文可以轻而易举地列出树木花草、飞禽走兽的名称、习性,对自然界的一切,他娴熟于心,如数家珍、信手拈来。

他曾自称"一位视万物比似人的泛灵论者",而文学史学家则称他为"大自然的歌者"。

普里什文的游记式特写、抒情哲理散文、散文长诗……文笔凝炼、优美、情趣盎然,语调亲切,节奏从容舒缓,充满了诗意与哲理的思考。

如屠格涅夫评论乌斯宾斯基的散文:"这不是诗,但也许超出诗。"

普里什文博学广识,丰富的阅历,对自然的深厚的如同对母亲般的感情,对事物的哲理性探究沉思再加上他天赋的洞察力……为他的诗般的想象插上了强劲的翅膀,为他的想象的羽翼点缀上色彩斑斓的丰姿。普里什文的散文,即使是纪实性的、游记体的记叙都充满了奇特的令人惊羡的想象。大自然在普里什文的笔下,精彩而灵动,蕴藏着无穷的诗意,一切都笼罩在亲昵的氛围中,如同在慈善的人间,亲密的亲友中。

《一年四季》里收着这样两篇短文:《伊凡和玛丽娅》和《降落伞》,足以让我们鉴赏到上述的一切。

## 伊凡和玛丽娅

晚秋往往同早春一模一样:有的地方积有白雪,有的地方裸露出黑土。只是春天化冻的地方散发的是泥土气,而秋天却是雪的气息。一冬下来,我们已习惯了雪,于是春天便给我们送来泥土气。而夏天我们闻惯了泥土气,所以晚秋给我们送来雪的气息。没有一年不是这样。

太阳偶尔才露面一两个小时,这是多么欢乐的时刻呀!那里柳树上一二十片在暴风雪中幸免于难的冻僵了的叶子,或者脚边一朵蓝色的小花就能给予我们莫大的乐趣。

我向那朵蓝色的小花伛下身去,惊奇地发现那是伊凡。人人都知道的成双结对的伊凡和玛丽娅,如今只剩下伊凡一个,形单影只。

其实伊凡并不是真正的花朵。它是由几片非常小的卷曲的叶子构成的,因呈紫色,所以被当作花。黄颜色的玛丽娅才是真正的花,有雌蕊和雄蕊。是玛丽娅把花籽洒落在秋天的土地上的,好让伊凡和玛丽娅在新的一年里又能遮没大地。玛丽娅做的事要艰巨繁难得多,也许正因为如此,她比伊凡凋谢得早。

我很高兴,伊凡能经受住严寒,变成了蓝色。我目送着晚秋的这朵蓝色的小花,悄声问道:

伊凡,伊凡,你的玛丽娅如今在哪里?

普里什文学会了去理解每一朵小花。在他的心目中,"每一朵小花都是一轮小太阳,都在叙述阳光和大地相会的历史"。

这是一朵在晚秋的寒气中,在雪的气息里挺立的不起眼的小蓝花,还不是真正的花朵,由几片非常小的卷曲的叶子构成的,只因呈蓝色,被当作花。

在太阳偶然露面的暂短时光,在作者看来对自然万物即是"欢乐的时刻",树上尚未凋零的叶子,脚边的一朵花都给人莫大的乐趣,因为它们是坚韧的生命,透着勃勃生机。

在作者伛下身去面对这朵小花时,奇妙的想象瞬间发生了——一个惊奇的发现:这朵蓝色的小花原来就是俄罗斯家喻户晓的民间故事的主角伊凡。想象似乎是"异想天开",但花与人竟然如此相通,想象如此合情合理。

伊凡与他的妻子玛丽娅相亲相爱,勤劳、勇敢相依为命,是美满的一对情侣,他们的美德与爱情深受人们的拥戴,这是个美丽动人的故事。

小蓝花与小黄花,雄花、雌花也是美满的一对。他们不就是民间故事的主人伊凡与玛丽娅吗?

想象显然是由温情,由关爱而来的。

普里什文向小花倾注的是血肉相连的真情实意,是"亲人般的关注",正如他对民间故事中的主人伊凡与玛丽娅一样。爱自然,爱人类,爱普普通通微小的薄弱的生命——这是怎样的博大的胸怀,是怎样高尚的、纯朴的情感。

想象是伴随情感而来的,是无限的深情、轻柔的温情引发的奇妙的想象。

"我向那朵蓝色的小花伛下身去",人并没有倨傲,人即使是面对小花——仿佛是微不足道的小生命也依然是卑谦、温柔地……

这和"感时花溅泪"不一样,主观的感伤移情于花,花已然溅起泪珠。人是主人,花是陪衬。

普里什文笔下,自然界的一草一木都是宇宙的创造者,都是宇宙的一分子,都是主人,都是可贵的生命。

普里什文说:"我感到同所有这些能飞、善游、会跑的生物都有着血缘关系。每个生命都在我心中留有记忆的底片,数百万年后才骤然从我的血液中浮出:只要看看就会明白,这一切都曾是我生命中的存在。"

这里人类在自然界的位置是怎样的? 人与人的关系又是怎样呢?

这里没有居高临下,没有疯狂的占有,没有个人的私欲——这是否该引起良知的发现? 是否会激起真情的回归?

普里什文卑微地伛下身子,细声细语地向着形单影只的小蓝花伊凡,人人都知道的故事的主人,悄声地问道:

"伊凡,伊凡,你的玛丽娅如今在哪里?"

短文深情地交代:玛丽娅为了"把花籽洒落在秋天的土地上",为了繁殖后代,让鲜花在新的一年开满大地,太艰巨繁难,而过早地凋谢了。

温情的道一声问候,美丽而坚强的小蓝花在作者的目送下或许会感受到一丝暖意,忧伤的爱情故事在亲切的问候声里落幕……谁能不为之怦然心动?

短文中普里什文的细腻的情愫与他的深邃的思想,借想象的图像得到了完美的展现。

短文《降落伞》,"我"干脆加入了森林动植物大家庭,成了树木花草鸟虫中的一员。

想象让这个童话般的故事妙趣横生,精彩绝伦。

## 降落伞

是那样的静,静得草地里虽没有蟊斯,可自己的耳朵里却有蟊斯在叫,这时从一棵被高大的云杉挤到一边的白桦树上,缓缓地飘下一片黄叶。这片黄叶是在连山杨叶也不颤动的极端静寂的氛围中飘落下来的。黄叶的飘落引起了大家的注意,所有的云杉、白桦、松树,连同它们的叶子、节疤,所有的灌木丛,以及灌木丛下边的杂草都大为诧异,问道:"在这样的寂静中,这片树叶怎么可以不安分地离开原址,往下飘落?"于是我应大家的要求,前去了解这片黄树叶是不是自己要离开原址的,我走到它跟前,弄清了情况。不,不是黄叶擅自飘落,而是一只蜘蛛想到地上去。它跳到这片黄叶上使黄叶受不住它的重量,而成为它的降落伞,那只小小的蜘蛛乘着这片黄叶降落到了地上。

没有比森林里更寂静了。"是那样的静"是故事的开始,极端静寂的氛围是故事的背景,事件发生的条件。

怎样的静呢?草地里没有螽斯(一种颤动翅膀能发出声音的昆虫)却能幻听到虫叫,用幻觉的声响来衬托"静";连最爱哗哗作响的山杨树叶也不颤动。

在森林草木都处在极端寂静之中,白桦树上的一片黄叶飘落下来,打破了林间的寂静,引起了大家的注意。这里作者将林中的草虫树木都变成了能言善辩、有情有意的人。森林中的所有成员,所有的云杉、白桦、松树,连同叶子、节疤,所有的灌木丛、杂草都大为诧异,它们同声质问:这片树叶怎么可以擅离职守,不安分地飘落?怎么可以随便打破林间的寂静?

"我"此时应众人的要求,受大家的委托,前去调查,黄叶是否自己擅作主张离开原址的——啊! 森林中的成员也不是可以随意指责人的,在没了解状况前。

"我"前去弄清了情况:蜘蛛想从树上到地上去,把黄叶当成了自己的降落伞。黄叶不堪重负飘落下来的——"不是黄叶擅自飘落",小小的蜘蛛乘着黄叶安全降到了地上。真相终于大白。

简直就是一篇童话,这篇短文有静、有动、有人物、有对话、有悬念、有情节,一波三折最后亮出了底牌。

普里什文的想象充满了童趣、孩童般的好奇、孩童般的天真,纯洁无瑕、晶莹剔透。

洁净的文字是洁净的内心的写照;丰富的想象是耐心细致的观察的结晶。

文学离不开想象,科学也离不开想象,一切发明创造都有想象参与。

爱因斯坦是这样评价想象力的:"想象力比知识更重要,因为知识是有限的,而想象力概括着世界的一切,推动着进步,并且是知识进化的源泉,严格地说想象力是科学研究的根本因素。"

爱因斯坦躺在长满青草的山坡上，眯起双眼，观察天空的太阳。阳光像一束金线，穿过空气和睫毛射入他的眼睛，爱因斯坦的脑内正在进行海阔天空的想象，"假如我沿着这道光束前进的话，结果将会怎样？"最后他在一闪念中得到了问题的答案，创立了崭新的相对论时空观。

马克思认为，想象力是人类的伟大天赋，是它创造了神话、传说等原始文学。

想象力是人与生俱来的天性。

儿童的丰富的想象力令成人惊讶。儿童的想象几乎从很小的时候就表现出来了。

当儿童呀呀学语时就开始发问，问这、问那、问世上他感到新奇的事物。成人有时会感觉"不着边际"，那正是儿童想象的无边无际。

想象是伴随着语言机制的发达而不断地丰富多姿。

两岁的孩子抱着玩具熊说："我的糖哪去了？是不是让小熊吃了？"

三岁的孩子问："月亮走，我也走，月亮为什么总跟着我走？月亮什么时候能走到地球下面？好让地球那面的小孩看到月亮。"

四岁的孩子夜里突然哭起来："大灰狼是不是来敲门了？"

五岁的孩子询问，外星人会来地球上访问吗？

儿童喜欢充满新奇想象的童话、神话、科幻、卡童片、动漫游戏，为其中的想象而无比激动、快活，从而久久地沉浸在里面，以至于分不清哪是幻想、哪是现实。

幼童会将童话故事中的人物引进现实生活。

看着鱼缸里来回游动的金鱼，他会说："金鱼娘娘来来回回找什么？她对旁边鱼缸的小鱼说了什么？我乖，金鱼娘娘会答应我的愿望吗？"

儿童会把梦到的讲给大人听，因为梦常常是离现实生活很远的想象，梦是更自由地畅想。

儿童有时分不清梦与现实，将梦与现实混为一谈。"对他们来说，梦只是醒时的一个插曲。"

在《博尔赫斯谈艺录》里记着这样一个关于儿童和梦的故事：

我有一个外甥，那时只有五六岁——日期我总是记不住的——每天早上要给我讲他的梦。我记得有一天早上，我问他梦见什么啦。他知道我有这个嗜好，便很乖地对我说："昨天我梦见自己在树林里迷路了。我很害怕，但是我来到一个明亮的地方，那里有一座白房子，是木头的，有个楼梯环抱着，台阶像走道一样，还有一扇门，你从那扇门里走出来。"他突然停住，问我："你说，你在那座房子里干什么呀？"

显然对这个孩子,"醒与梦是在同一平面上发生的。这种突破梦幻与现实的欲望只有在儿童那里会如此强烈。"

当他们安静地坐在一角发呆时,便会有连续不断的遐想,想象将他们带进了神秘的童话世界,带进了绚烂的梦境:他们相信圣诞老人从小屋的烟囱里钻出来,给他们送上一份节日礼物;他们期盼美丽的仙女下凡,彩虹为她们搭桥;他们期待点金术灵验,火柴盒变成宫殿。

儿童的心灵就是一个宇宙,星辰日月闪耀、闪电雷鸣,山河城镇变幻莫测,一切都笼罩在魔幻中,一切都在梦境里。

儿童的想象力惊人的丰富,他们舒展开那还柔弱的翅膀,自由自在地在蓝空飞翔……

儿童渐渐长大,翅膀日渐饱满,却童心不泯,想象力经久不衰,在他们各自的领域将会有许多新发现,将会有许多创造,想象力将成就这一切。

如果随着时间的流逝、世事的变迁、环境的熏染……在成长的过程中想象的翅膀,因受到抑制、阻割、禁锢而折断了,丰富、美好的想象永久地沉寂在童年的记忆里,那将是人生的怎样的憾事呀!

确实有这样情形。现实生活中,人们的想象力非但没因知识的增长、阅历的增多而增强,反而逐渐地削弱了、泯灭了。

《走进思维的新区》一书里列举了这样一个实例。

面对眼前画的一个圆圈,中文系的大学生说那是"零";初中生说那是英文字母O;小学生说是月亮、鸡蛋;幼儿园的孩子说:"是老师生气的眼睛,老师发脾气啦!"

测试的结果:年龄越小、想象力越丰富。

为什么?这是一个回避不了的问题,这是一个教育领域需要认真思考的问题。

是什么让受教育者把人类宝贵的天赋、与生俱来的想象力滞留在了童年?当想象力尚没伴着他们走进探索旅途,没给他们带来发明创造,就这样消匿了。

## 观察力

　　观察即对自然、环境、事物、人物……形状、颜色、光线、音乐、声响……一切宇宙存在的观看、察觉。

　　观察力即对宇宙存在的万物的观察的能力。

　　观察的视角因身份、职业的不同而不同,不同身份、不同职业观察的侧重点是不一样的。

　　观察从注意开始,注意力集中点就是观察的对象。观察又常常伴之以判断,判断引导观察继续,向深度和广度延伸。继续,延伸的观察将印证已作出的判断,或推翻初步的判断直到得出接近真相自己满意的结论为止。

　　显然,一个科学家与一个政治家,他们注意的方向是不同的。科学家中研究物理、化学、生物、医学……各自的观察侧重点也会不同;政治家中的官员、社会活动家、社团领导人……各自注意的侧重面也不尽一样。

　　同属文学艺术,作家与画家、雕塑家……他们观察的角度、观察的侧重面亦是不相同的。画家除了注意物体的形状外,还特别注意颜色、光与影、线条……雕塑家则更多注意形态、线条、质地感等方面。作家则是全方位的多角度的观察,较之前二者,作家的观察更为全面和动态。

　　注意是观察的前奏,注意了才着意观察,注意力集中观察才能细致入微,有新的发现。

　　观察时,判断紧紧跟随。

　　冬去春来,首先注意到枯树枝仿佛呈现绿意,远远望去一抹淡淡的绿在灌木林里,这时你判断,树发芽了;近前细看,一个个枝头果然冒出小小的"骨朵"。小桃红、杏树、桃树……含苞待放。整个儿观察过程都有判断参与。

　　说明这点最好的例子是侦破案件。

　　侦探是最出色的观察者,而且每一步观察都有犀利敏锐的判断,随着观察活动的延续而接近"真相大白",随着观察结束而得出结论。

　　记者是最快的观察者与决判人,又是最快的写家。关于侦探和记者下面有一段生动的记述与论说。罗柏特·T·加拉格尔是一位私人侦探,在纽约警界待过18年。他曾在1200多名持械暴徒拔枪之前卸下他们的武装。加拉格尔是凭借他观察的神奇能力认出罪犯的。他总结出两个线索:一个是"典型的凸出部分"。多数街道犯罪分子把枪放在腰部。因此,他们行走时,有枪一边的腿迈的步子要短一些,胳膊摆动的幅度也小一些。另一线索:"安全感"。那些带枪的人会不由自主地伸手摸武器。他们下车、上下楼梯和跳过路边围栏时都会调整枪的位置。

加拉格尔还注意到罪犯的夹克穿在身上的方式。纽扣扣紧,一边比另一边更紧贴大腿。加拉格尔的观察细致而全面。特别是观察到罪犯的异乎寻常的地方才让加拉格尔作出了准确无误的判断。

记者运用观察法找到可能成为报道核心的重要信息。记者的每个任务就是一个有待解开的秘密。最后 30 秒胜负已分晓的篮球赛与那些最后 1 秒钟才分出高下的比赛有何不同。在一次起诉案中,什么是重要的证据?众多证人中谁才是辩方的关键证人?在法官的判决评论中,最重要的引语是哪些?在向公众提供有限的内容之前,记者首先要知道如何对重要、关键及相关的情节进行观察。

记者作为一个撰稿人,他的报道必须让人对事件"看得见",描写要细致入微。

"成功作品的最佳境界就是让你的读者如临其境。它是伟大作品的本质所在。"

"要做到这点,做到准确而生动的报道,就必须观察得很清清楚楚,而且是从整体上来看待问题。"([美]梅尔文·门彻《新闻报道与写作》)

观察力不仅与个体的职业相关联,与个体的资历、知识范围也密切相关。

渊博的知识储存,尤其是跨学科的知识影响着一个人的观察力。

许多作家善于把科学观察运用到自己的文学创作里,即得力于他们的丰富的科学知识。

俄国作家普利希文,知识相当丰富而开阔。丰饶的跨学科知识活在普利希文身上,使他能够在观察中洞悉种种科学现象。普利希文的散文创作因之而开辟了新的美的领域——科学之美与文学之美的结合。我们从他的散文里读到了科学的奥秘。

巴乌斯托夫斯基在《金蔷薇》中举了这样一个例子。

在奥卡河的草地上,巴乌斯托夫斯基早就注意到,有一条茂密的同一种野花的弯弯曲曲的花垄,在飞机上都能看得清楚。他年年都观察这些芳香的花垄,却不知道这现象是怎么回事。

在普利希文的散文集《一年四季》中,一篇叫做《花朵的河》的散文,使巴乌斯托夫斯基终于找到了解释。

"在春洪奔流过的地方,现在到处是花朵的洪流。"

原来野花繁茂的地带,正是春汛的地方,春汛过后,留下了肥沃的淤泥。这好像用花来标志的春洪的地图。

普利希文的广泛的科学知识,帮助他观察到了别人不曾了解的特殊的自然现象,并在自己的创作中描绘了进去,使他的作品充满了大自然清新的气息与神秘的韵味。

普利希文的散文集《一年四季》写到的花草树木都生机勃勃且具有人的血肉生命。

普利希文散文所独具的魅力正是由于他的洞察力。

"这是那种在每一件小事中能发现有意思的东西,在周围现象的令人讨厌的掩盖下能看出深刻的内涵的洞察力。"

"一切都迸射出诗的光辉,就像小草上晶莹的露珠一样。一片最渺小的白杨的叶子,都有它自己的生命。"

普利希文的散文完全可以称作 разнотравье(花朵盛开的草原),正是因为普利希文有天赋的洞察力与渊博的学识。

与观察力相关的还有好奇心与关爱。

好奇与关爱亦可以说是观察的驱动力。人们由于对某种事物好奇而去观察它,探个究竟。好奇心是探索的起点,由好奇而去观察,由观察和判断而有所发现。

关爱、关心、爱护,包括同情、怜悯这些感情因素都是观察的驱动力。有关爱才有兴趣去观察。一个对周围世界淡漠无情的人怎么会耐心持久地去作一项观察呢?

美国女作家安妮·迪拉德是一位对大自然怀有激情而且接近宗教式冥想的作家。她对美丽而充满灾难的自然界怀有浓厚的兴趣,既关爱又好奇。她对大自然进行了细微的观察与深入地探求。如她自己所说:她是一个探险家,同时也是一个猎人。她的猎获物即是她的作品。她关于大自然的描绘生动而精当。

1974年安妮·迪拉德以观察自然为内容的著作《廷格河湾朝圣记》获得了普利策非小说作品奖。

下面一段文字选自此书。记述她观察一只青蛙被巨型水甲虫吞噬的情景。

## 目瞪口呆

前年夏天我在这岛上,曾沿着水边行走,想看看在水里能见到什么,主要目的是想恐吓青蛙一下。青蛙,常常是在岸边,正好在你脚步前不显眼的地方跳出来,行动很笨拙,极度恐慌,"哇"的一声叫,然后跳入水中。我对这很感兴趣,说出来使人难以置信,就是现在也还感到有趣。那个时候,在岛上我沿着铺满青草的岸边行走时,搜寻水中及岸边青蛙,愈干愈巧妙。我放慢步伐,学会了如何识别泥岸、溪水、野草或青蛙反射回来的光线纹理如何的不同。许多青蛙从我身边轰然逃窜。在岛的一端我看到一只小的绿色青蛙。它正好一半在水上,一半在水底,好像两栖动物图上所画的那样,它竟然不跳。

它不跳;我就偷偷走近。最后,我跪在越冬冻死的草地上,注视着离我 4 英尺远的小河湾里的青蛙,顿时我吓得目瞪口呆了。这是一只很小的青蛙,一对大而无神的眼睛。当我注视它的时候,只见它慢慢地崩溃了,变得越来越衰弱。眼睛失掉了神采,像蜡烛被掐灭一样。皮肤内陷,头骨下塌,像个空支起来的帐篷。我眼睁睁地看着它像个泄气的足球一样渐渐收缩。我注视着那肩部背部褶皱处的发亮而绷紧的皮肤,不久一部分皮肤瘪得如同一只刺穿的皮球,像残渣泡沫一样漂浮在水面上,那怪样子实在吓人。我由于惊讶困惑而发呆了。一个椭圆形影子在沉没的青蛙身后悬浮着,随即悄然消失了。空皮袋一样的青蛙开始沉没到水底。

我曾经读到过有关巨大水甲虫的故事,但从未看到过。这种生物名为大水甲虫,实在当之无愧,它是一种巨大的,体型笨重的褐色甲虫。它吃各种昆虫、蝌蚪、鱼类及青蛙。用来猎取食物的前腿强劲有力,向内弯如钩状。它用这对前爪抓住牺牲物,将它紧紧抱住,在狠狠叮咬它的同时,注入一种生物酶,使猎获物麻痹。猎物这样被叮一口后,仅仅一口,注入的毒性酶就使猎获物的肌肉、骨骼和内脏溶化——但皮肤仍然保留——通过叮入这一下,溶化的汁液就被吸吮出来。这种情景在温暖淡水中是很常见的。我跪在小岛的草地上观察着;当这只青蛙皮(它已变得认不出来了)沉下去并在水底摆动的时候,我方才站起身来,拍掉膝盖上的泥土。我的心情极不平静。

这段文字对青蛙死亡的过程和状态描摹极为逼真而生动:眼睛大而无神、失掉了原有的光彩,像蜡烛被掐灭一样。骨架塌陷像空支起的帐篷。皮肤瘪得如同一个被刺穿了的气球……漂浮水面,随后沉没到水底。

作家安妮精彩细腻的描绘是来自她对自然的细致纤微地观察,一种带有儿童童稚的好奇心,她追踪青蛙,之后她发现了令她目瞪口呆的奇怪的现象。在进一步地观察后,她弄清了真相,当然也是书籍上关于大水甲虫的知识帮助了她。于是她把她在廷格河湾的见闻写了出来,把这段令她心情极不平静的经历写了出来。

好奇心、兴趣引她去观察,超凡的观察力使她的写作获得成功。这里应该强调的是安妮·迪拉德对大自然、对宇宙万物的情感。除了好奇与兴趣,她的近似宗教式的普爱众生的情感，促使她对一个弱小的生命十分注目、关爱。

中国古代作家很重视体察事物，认为文思是由对万物的体察而产生的，情感因景而生，文辞即是这情感的抒写。

"遵四时以叹逝，瞻万物而思纷；
悲落叶于劲秋，喜柔条于芳春。"（陆机《文赋》）

"瞻万物而思纷"说的即是观察万物而思绪纷纭。

人的情感追随着四季变化而变化，秋悲春喜源于对落叶体察、对芳春的体察。

在体察中古代作家十分注重个人独特的感受和发现。

"作诗者陶冶物情，体会光景，必贵乎自得。"（魏庆之《诗人玉屑·品藻古今人物》）

"贵乎自得"，在自然景物中陶冶性情，体察景象贵在自己的独特的感受，自己不同于他人的发现。

王国维在观察方面的认识则更进了一步。他认为观察时主观不要受外物的约束，才能驾驭外物役使外物，又要重视对外物作深入地观察，并融进自己主观的感受，这样才能够与外物融为一体。

"诗人必有轻视外物之意，故能以奴仆命风月。又必有重视外物之意，故能与花鸟共忧乐。"（王国维《人间词话》）

观察力的训练对作家异乎寻常的重要，这是古今中外作家的共识。

阿·托尔斯泰说过："在艺术里，一切都取决于具有重大意义的艺术家的观察力。"（《阿·托尔斯泰谈文学创作》）

列夫·托尔斯泰的观察力是惊人的，他能在一面之识之后将人的外貌特征迅速捕捉住，牢记在心底。

列夫·托尔斯泰的名著《安娜·卡列尼娜》的主人翁安娜，是以普希金之女玛丽亚·普希金娜为原型的。那是在十年前一次舞会上，托尔斯泰见到一个年轻的女人，得知是普希金娜，十年后，他所刻画的安娜的外貌竟酷似普希金娜，令所有人吃惊。

蒲宁长期锻炼自己的观察力，他也有个故事。

据说，高尔基和他同时期的俄国另外两个作家——安德烈耶夫和蒲宁，曾在意大利那不勒斯一家饭馆里作过一次观察力比赛：见一个人走进来，限定对此人只观察三分钟，然后说出各自的看法。高尔基观察后说，这是个脸色苍白的人，穿的是灰色西服，长着一双细长的发红的手。安德烈耶夫胡诌了一通，连西服颜色也没说对。蒲宁观察得最细致,从这个人的服装说到他结的是一条带小点的领带,以及小指的指甲有些不正常,甚至连此人身上的一个小痣子也给详细地描绘出来。他还断言,这是个国际骗子。他们当即找来饭馆的招待询问,此人果然来路不正,经常在街头游逛,名声很糟。阿·托尔斯泰叙述过此事,他认为这是蒲宁锻炼眼力的结果。(龙协涛《艺苑趣谈录》)

观察与看不同,许多事物人人都看了,但常常熟视无睹,观察是要注意地去看,长时期、长时间的看。

洞察则又进了一层,它观察得清清楚楚。所以我们说作家有超强的洞察力,就是指他们对观察对象的观察既清楚又详尽,由此所做的判断当然是准确的,所得的素材也是丰富的。

所以从事写作的人应当像作家那样从训练自己的观察力开始,观察不仅要细致入微,还应有自己的发现,独特的发现,是别人不曾发现的。

作家福楼拜指导莫泊桑学习写作的一个例子,很是生动有趣。

莫泊桑学习写作时,他的导师福楼拜首先就教他学会细致地观察生活。

有一次,他们俩在街上散步,迎面来了一辆牛车。福楼拜指着这辆牛车,要莫泊桑以此为题材,写出几篇内容各不相同的散文。莫泊桑很为难,福楼拜就开导他说:拉车的牛,早上和晚上神态不一样;赶车的人喝醉了酒和没有吃饱饭,对牛的态度也不一样;牛饿着肚子上山岗和饱着走崎岖的路,神情也不一样……如果你能细致地观察这些不同的情况,就是写好多篇也不难。

福楼拜曾教导莫泊桑说:"对你所要表现的东西,要长时间很注意去观察它,以便能发现别人没有发现和没有写过的特点。任何事物里,都有未曾被发现的东西,因为人们用眼观看事物的时候,习惯于回忆起前人对这事物的想法。最细微的事物里也会有一点点未被认识过的东西。让我们去发掘它。为了要描写一堆篝火和平原上的一株树木,我们要面对着这堆火和这株树,一直到我们发现了它们和其他的树,其他的火不相同的特点的时候。"他还要求莫泊桑,如果走到一个马车站,"请你只用一句话就让我知道马车站有一匹马和它前前后后五十来匹是不一样的。"(龙协涛《艺苑趣谈录》)

从这段趣闻逸事中,我们可以了解到福楼拜所说的细致地观察生活是指对具体事物的多方面、多角度地观察,注意时空的变化,外界条件与自然状况的变化对事物的影响。

福楼拜认为长时间很注意去观察,要能发现别人没有发现和没有写过的特点。

福楼拜断定任何事物里,都有未曾被发现的东西,因为人们观看时只习惯回忆前人对这个事物的想法,"先验"影响了一个人的独立观察与判断,就不容易有自己的发现。

　　福楼拜教导莫泊桑,要去开掘,哪怕是最细微的事物里,也会有未被认识过的东西。观察还要敏锐,并迅速将结果用语言概括地表达出来。

　　写作所需要的观察与观察力都必须远远地超过一般人。所以对于从事写作的人来说,严格的训练自己的观察力是至关重要的。

　　作家左拉就曾把创作比喻为百眼巨人和百手巨人的工作。他说:"一百只眼是为了能看到一切,一百只手是为了握住笔杆,记下一百只眼的见闻。"(《为正义而斗争的作家——左拉》)

# 思维能力

古罗马哲学家塞尼卡说:人是会思维的动物。

思维能力是智力的核心。

智力是认识活动的综合能力,包括观察力、想象力、注意力、记忆力、理解力、思考力、语言能力……

其中思维能力是智力的核心部分,思维的发展是智力发展的标志。

思维是人脑行为的一种;是意识的一部分。

语言是思维的表现形式。

恩格斯说:一个民族想要站在科学的最高峰,就一刻也不能没有理论思维。

愚昧、混沌是未开化状态。

人类历史是一部文明发展史,从原始的蒙昧混沌到聪慧明朗,人类始终在朝着科学、理性的方向不断探索前进。

民族先进与否的标志不仅仅指其经济发展的速度,国民生活状况,其文明发达的程度是重要的显著的标志。

而一个民族的文明发达程度,不仅仅包括科技的发展,还包括国民的普遍的文化素养、文明程度,其中知识信息的储存与应用也仅仅是一个方面,智力状况,思维能力的发展亦是十分重要的一个方面。

国民的智力优越、思维素质高、普遍的聪慧文明,由其组成的民族才是有发展的民族,由其组成的社会才是一个理性的有序的社会,也才是一个有光明前途的社会。

思维能力对个体来说亦非同小可。

它影响着一个人的许多方面,诸如某些观点的形成即与其思维能力、思维方式有关。这些观点又影响着一个人的人生态度,影响着其学业、研究成果,影响其价值观、人际关系,及其在社会中所发挥的作用。

现今的一些学者深陷于谬误悖理的泥潭,误人误己当然是别有企图,但其思维能力的低下及思维方式的偏颇不能不说也是一个原因。

伪学者假道学最能让人发现纰漏抓住把柄的莫过于其思维的缺乏逻辑性。思维的凌乱、不成体系、自相矛盾,即使再进行文字上的修饰、姿态上的装扮也无济于事,反而暴露了冠冕堂皇的高调遮掩下的愚蠢。

揭穿那些伪学者假权威的犀利武器恰恰也是思维的力量,科学的严密的推理很容易揭穿荒谬的理论悖理的文字。

最欺骗不了的就是一个人的思维。理性的科学的思维将帮助人拨开重重迷团认清事物的本质。

形象思维是以形象为主要思维手段的思维活动。形象思维的特点:

据以作出结论的前提是思维主体通过直感得到的感觉形象。由前提过渡到结论的媒介是形象形式或具体经验形式。即从前提推导至结论均不是抽象形式,不是逻辑形式。

形象思维过程一般是多态形象同时展开,因而思维进程不是线性的,而是呈面形展开状态。形象思维的思维面比较宽,而思维线比较短,思维速度受限。

形象思维的效能同想象力相关。想象力丰富,形象思维的优势可以得到充分的发挥,表现出很强的创造性,因而形象思维对于文学艺术创作意义尤显重要。

抽象思维是以抽象的语言符号为载体的思维。抽象思维的特点:

思维不再直接依赖由感知而来的感性材料,而是以概念、判断、推理等逻辑思维为主要思维形式,通过分析、综合、比较、分类、抽象、概括等思维操作,达到对客观事物的深层认识。

抽象思维区别于以感知的表象为凭借的形象思维,是人类思维发展中的较高级阶段。

思维学是指一切关于思维的学问。

哲学、逻辑学、心理学、神经生理学、语言学等众多学科中关于思维部分的学说都属于思维学。

现代思维科学是最新问世的思维学。

钱学森把思维学一词作为对思维科学进行分科的专用术语。思维科学的研究是一个意义重大又十分庞大的研究项目。思维学的研究与脑科学和心理学的研究关系十分密切,思维学试图揭示大脑这个"黑箱"的秘密,将是人类自身研究的一个新的突破。

思维学除了要吸收脑科学与心理学等相关学科的成果外,还要利用信息学、系统学、计算机科学与数学等领域的理论与方法,并为人工智能、计算机科学、智能机开发、软件工程等提供基础理论和应用原理。

思维学要为提高人们的思维能力、思维品质及思维科学化提供基本理论和应用方法。

培养人的思维能力,抽象思维能力的培养是主要内容。一般谈及思维能力主要是指抽象思维能力,因而逻辑学的学习与应用则提到显要的位置上了。

逻辑学是关于抽象思维的逻辑形式及其规律的科学。

形式逻辑研究概念、命题、推理、证明及其相互联系的规律、规则,研究推理有效式的规则。形式逻辑是为正确思维提供逻辑工具的科学,也是给人们探求新知识,由已知到未知提供必要的逻辑工具。

逻辑学使人的思维趋向精确化、条理化、理性化,亦有助于表达,包括口语表达和书面表达,使之条理清晰、合乎逻辑,具有较强的说服力,增强表达效果。

逻辑学十分受人推崇,尤其是在教育领域。

1974年在联合国教科文组织列出的七大基础科学中,逻辑学排第二位,即数学、逻辑学、天文学和天体物理学、地球科学和空间科学、物理学、化学、生命科学。

在美国大学里,逻辑学是各个专业的必修课,任何专业的研究生都要考这门课程的相关知识。

形式逻辑是训练思维的工具学科,是一门方法论,它教给人科学的逻辑思维方法,提供给人论证思想与表达思想的科学的方式方法。

"授之以鱼,不如授之以渔。"教授给人再多的知识不如教给人获取知识的方法,这正是学习逻辑学的深远意义之所在。

对于写作这一较精细的脑力活动,思维能力的重要性可想而知。写作者学习与掌握逻辑学这一工具意义自然是不言而喻的。

首先逻辑学帮助作者正确恰当的表达,合乎逻辑地表述。学习形式逻辑的意义不仅于此,更重要的是思路,只有思维清晰灵活思路才会明晰又独具创新特色。

从事写作的人其思维能力,尤其是思维方式、思维品质的状况直接决定其写作的质的。

有什么样的思维方式,就有什么样的认识生活的角度,就有什么样的理解方式,也就有什么样的思路与表达,这是我们理解分析作品的思维准则——不然当下我们又如何解释呈现在我们面前的形形色色风格迥然不同的文本呢?

什么是思维方式?

体现一定思想内容和一定思考方法,适应于特定领域的思维模式。

思维方式的特征:

思维方式不只是一个形式,它包含具体思想内容;它含有一定的思考方法(与思考相联)。任何一个思维方式所适用的领域都是有限的(即这一思维方式适用某个领域,但却不适用另一个领域),思维方式是使用于特定领域的思维模式。

思维方式的功能:

反映特定领域的已知和未知事物是思维的方程式;可以发展能力、强化意识;可以唤起思维主体中某些精神因素,合力应对所面临的问题;具有社会组织作用:具有共同或相似思维方式的人组织在一起,思维方式具有吸附的性质,把异己思维方式的人排除在外,思维方式具有排他性质。

思维方式的变换:

思维方式具有抗变性,因而思维方式的变换较为困难。

由于某种原因(社会环境、政治气候、所受教育、家庭影响、社交影响……)一种思维方式在头脑中形成,深深根植在意识中就很难改变,因为思维方式本身没有自行变换的动力,相反却有顽固坚持生存的特性。

思维方式的这种抗变性不利于接受新的事物、新的理论,阻碍认识的发展。

其实,人决没有必要固守着一种思维方式,年年月月永远不变。不妨先让不同的思维方式共存于自己的头脑中,以促成其相互作用,淘汰陈腐的催生先进的,完成思维方式的变换。

科学在发展、时代在飞跃,不管是物质的还是精神的,不会是一成不变的。思维方式必须和时代的使命、事业的发展、社会的需求、具体的环境、特定的对象等外界状态相适应,与主体的状况相适应。适时地变换思维方式,乃明智之举,于己于人于事业都具有极为重要的意义。

如果时代使命、对象场合、主体状况是自变项,思维方式就是因变项。思维方式所以变换就是基于这样一个特定的函数关系。思维方式的变换可以发生于个体头脑,也可以发生于群体头脑(如一个集团、一代人的思维方式的更新)。思维方式的变换是积极进取的表现。

如果我们要去探寻各色各样的写作文本千差万别的因由,要探寻其写作的成因,可能会考究作者与文本涉及的各个方面,其中意识层面应该是主要方面。这里我们只谈思维方式的因由,即写作者的思维方式对写作的影响。

一篇论文读起来颇为引人,或摆出理论的面孔广征博引,头头是道,或绘声绘色煽情媚俗,投人所好,它"庄严"、"神圣",仿佛一个教父的宣言——但它们向人们展示的却是一个"完善"的悖理,一个与真相大相径庭的诺言,一个荒诞不经的学说。仔细探究其成因,原来很可能是思维方式出了问题,导致其在悖论的路上渐行渐远。

一种在哲学范畴内被称作"二元对立"的"非此即彼"的思维方式,在有的领域是适用的,譬如生与死,不是生就是死,没死就还活着,所说"不死不活"只是用来形容人的恹恹然毫无生气的样子,人只能处在或生或死的一种状态。

这种思维方式不一定适用于所有领域。由于这种思维方式的介入而导致谬误的例子确实存在。

## 传统说

在工业化现代化的时代,工具性操作让一切都变得枯燥呆板。以商论商的模式让一切都变成商品,于是商品与商业行为充斥着各行各业。当这种物化浸染到人的领域,尤其是人的精神方面时问题就显现了,而且后果很严重。譬如医院卫生与教育文化的产业化、商业化,当患者与学生也沉伦为商品,当医生作家学者教师也堕落为钱奴,悲剧就要发生了。

于是处在焦虑恐慌中的人,在极度孤独空虚之际渴望摆脱,他们开始怀念"传统",希望回归"传统"。

在这焦灼、虚无漫漶的土壤上"传统"说便大行其事。一时传统笼罩万物,以势不可当之势铺天盖地而来。且不说儒家儒学再度登台君临天下,就连御膳、太监、宫女、墓葬、古董也都成了宝贝热点。一时间人们仿古效古成风。三岁顽童玄冠锦衣端坐私塾,背四书五经;电视台主持着汉唐装束,拂起长长衣袖赞盛世王朝……真乃言必称古代,古时的月亮都要圆得多。人们沉醉在古代的故事场境中,大觉初醒竟不知是到了哪朝哪代。这时若有人置疑,反对如此复古,则冠以"反传统",非此即彼,你不赞成"全盘古化"那你就是反对传统,数典忘祖。

说到传统谁也无法否认。任何知识文化都是经过漫长的历史点点滴滴积累起来的,传统是民族的丰富的资产,只有吸收传统的精华才能拓展新天地。创造发明是攀着"巨人"的肩膀成功的。没有人是从零开始的,都在有意无意地分享"传统"的恩惠。

所以否定"传统"是不可能的,无论常人还是伟人都只不过是历史长河中的一朵浪花,沐浴在传统文化中。问题的关键是如何认识鉴别"传统"及"传统文化"。

中国古代是一个又一个封建王朝的更迭。传统的一切,从宗教信仰、道德礼仪到文化艺术、民间习俗……都有它历史背景,不可能不罩上历史的阴影。所说的"传统"必须加以重新认识,细细地鉴别,哪些是菁华即有意义有价值的,哪些是弥漫着封建色泽的糟粕。发扬优良的能促进现代人继续向前迈进的部分,摒弃愚昧落后阻碍社会发展的部分才是正确的态度。

中华文化的承传者、守望者,现代的大儒陈寅恪的文化观"中国文化本位论",中心意思:一方面吸收外来文化,但外来文化不能取代中国本位文化,一方面不忘本来民族的文化。

陈寅恪的父亲陈三立有句名言:"不变其所当变与变其所不当变,其害皆不可胜言。"应当改变的不去改变,不应当改变的却改变了,其危害都说不尽。弘扬其优良的该传承的东西,剔除变革其恶劣的该摒弃的东西,这正是大儒们所倡导的。陈寅恪的文化观源于他的有学识的父亲散原老人——陈三立。

真正的国学者是最了解中国文化精髓的人,也最悉知中国文化痼疾的人。梁启超、王国维、陈寅恪、鲁迅、周作人……他们才称得上是国学派,乃儒生们的楷模。

如果说现代人已经陷于困境,正在品尝着经济高速发展带来的环境破坏、资源耗竭、灾难频发、毒菌滋生等等恶果,要寻求救赎的话,也只能依靠现代文明现代科学,依靠社会进步的成果;遵循自然发展规律与社会发展规律,按着现代人的方式去做。决不能从一个滑坡退到另一个滑坡,滑进遥远的,千年的无底的深渊。这是现代人的思维,现代人的眼光。

总之,要厘清"传统"的蕴涵,既不渺视,也不仰视,既不自卑,也不自大,做一个清醒的理智的传统文化的传承者。

## 善恶说

孟子:"性善说"认为人生来是善的,是后来变恶的,荀子"性恶说"认为人生来是恶的,是后天经教化变善的。

人是否非善即恶,非恶即善呢?善与恶的界线是否就那么彰显?

研究人的心理与思维将予以答复。

人是很复杂的动物,个人的遭际给人打上的烙印是颇深的。在内心造成的痕迹是多种多样的,其中有正面因素向善的,也有负面因素向恶的,每个人身上都不可能是纯一色的善与恶。人身中的暴虐像潜隐在深处的小恶魔,在某个时机就会溜出来。

人又是有思想的动物,能够用理性调控自己,扬善抑恶,来面对社会,面对各种群体,面对各种问题。

一个人不善不一定就恶,一个人恶也不一定处处都不善。时善时恶、善恶交叉,始善终成恶,始恶终成善的例子不也常见吗?

某种思维方式的流行往往有其历史背景。上述的"非此即彼"的绝对化思维方式的运用在20世纪60年代曾十分普遍,形成"文革"时期一种应用广泛的思维模式。

二元对立,二者必择其一,几乎介入到所有领域。

革命与反革命;造反与保皇;鲜花与毒草(多指文艺作品);红专与白专(红色专家与反动学术权威)……

"非此即彼"二者必居其一。倘若被认定是对立的一方即会遭致批判。

这种绝对化的走极端的思维方式造成了文坛与学术界长达十年之久的沉寂落寞。

80年代后的改革开放不仅仅是社会生产力的解放,也是人的精神状态的解放。随即而来的是经济的发展,文化艺术的繁荣,意识形态的解冻。在新的年代里各个方面都在阔步向前,观念的更新价值观的转化,也催促着人的思维方式的变换,这种变换是必要的,它让思维跟上时代,跟上世界的潮流。

思维方式是人们在思考某个问题时的一条基本思路。思维方式与思维方法虽然有关系,但不尽相同,思维方式比较具体。思维方法广义而言,是指人类在理性认识中认识客观事物的一切方法,狭义而言是指抽象思维过程中所采用的基本方法。例如分析和综合的方法,比较、分类、抽象、概括和具体化等方法。

科学的思维方法是依据事实遵循逻辑规则而形成概念,作出判断,进行推理的方法。运用逻辑的方法称之为逻辑思维方法。

写作既然是人脑高精密的活动,就必须运用科学的逻辑思维的方法,择定科学的思维方式。

思维方式的确定,关系着写作的方向,适宜的思维方式使思路明晰且能推导出正确的结论。

写作应当是理论上无纰漏,论述严密,因之写作者掌握逻辑思维方法,运用合适的思维方式就显得十分重要了——这样的写作将向人展示真理,引人走向正途,它该是写作的最佳境界。

历史经验证明,靠伪科学进行哄与蒙的写作是经不起考究的。因为科学包括思维科学终将要战胜一切,科学一旦被人们掌握,异道邪说就将识破。

悖理就是悖理，永远成不了真理，无论它如何装扮。

影响写作活动的除了思维方式与思维方法，还有思维品质。

什么是思维品质？

思维主体在思维活动中表现出来的具有稳固心理意识倾向的某种思维性质。思维品质包括思维的敏捷性、灵活性、深刻性、批判性、独创性。与写作关联密切的是独创性。

思维的独创性是指独立思考创造出有价值的新颖的智力品质。

思维的独创性是人类思维的高级形态，是智力的高级表现。

任何发明、创造、革新、发现都和思维的独创性联系在一起的。

思维的独创性具有主体的个性特点，极具个性色彩是"特立独行"的。它是一种探新的思维活动。富有创造力的人的素质往往和与众不同的独立的人格相关，而一般意义的成绩优异则不一定具有思维创造性的智力品质，反言之，具有思维创造性的人也许并不显露在成绩优秀的行列中。

这就为开发创造性潜力提出了新的课题：培养具有创造力的人才已不能满足学业成绩优秀的层面上，应重视每一个普通学生的成长与发展，因为很难确定他们之中谁是富有创造力的佼佼者。

发掘创造的潜能，培养具有创造思维的新型人才，意义非凡而巨大。

正如朗加明在《创新的奥秘》中指出的那样："创新首先是一种由创新者的素质和创新思路组成的运行机制，它是由创新者的素质转化为创新者的思路，再由创新者的思路转化为创新者的行为的复杂过程。"

在整个运行机制中，创新者的素质起着主导作用。

作为写作这一创作活动的主体的创造思维素质就更显得重要了。

文本有新意，内容与形式新颖，才会广受欢迎。尤其是在当今，信息共享观念开放的时代，腐朽的陈旧的拾人牙慧的东西，囿于某种固定模式的东西必定要遭到淘汰。

"唯创必新。"新颖奇特来自创造，优秀的有阅读价值的作品出自有创造思维能力人之手。

包括思维方式、思维品质在内的思维能力不是与生俱来的，而是后天形成和发展起来的。

科学研究证明，在人的思维发展中，遗传因素只是生理前提和物质基础，遗传因素的影响随着年龄的增长在逐渐减弱，后天的生活环境与教育是思维发展的决定条件。环境与教育决定青少年思维发展的水平，决定智力的高下。青少年将环境的影响与教育的结果加以内化,这一内化过程就是思维发展的过程,也是智力成熟的过程。

改善社会环境,形成良好的理性的社会氛围,优化文化环境,提高整体国民素质,无疑是形成与发展青少年良好的心理素质思维素质的土壤。

人的智力的开发、思维的发展是以领会知识掌握技能为主要重要途径的,它是在掌握和运用知识技能的过程中完成的。教育在思维发展中起着主导作用。

教育措施与教育的内容、教育的方式方法可能加速思维的发展,也可能延缓思维的发展。

因而教育者的责任是神圣的,学校教育理应成为发展青少年思维的有效机制。

聪慧有作为富有创新精神是在思维发达智商高的人群里,而不是在愚钝智商低下的人群里。

思维能力的发展关系着新一代的成长、新型符合社会需要的人才的诞生。

成年人的思维已经定型是否就一成不变了?

其实没有什么是一成不变的。

理性的清醒的思考者会自觉地修正自己的思维方式,变换思维方式,克服思维定势。优化自己的思维品质,提升自己的思维能力。

思考是在日常生活中进行的思维训练,是逻辑学思维学的日常应用。

思考,尤其是独立思考之于人异乎寻常的重要。独立思考是不受任何束缚或摆布地由个人意志支配的自由思考。

如尼采所说:不要让自己的头脑变成别人思想的跑马场,任别人的思想的马匹踩躏一通。

关于思考有一部书值得一读——理查德·保马与琳达·埃尔德合著的《思考的力量》。

书中援引了日常生活、工作、社会活动方方面面的实例进行分析、归纳,上升到理论上阐述怎样训练自己的思考。怎样运用逻辑思维的方法到具体问题的思考中,怎样突破思维模式的束缚,从而成为一个理性的批判的思考者。

书中将逻辑知识通识化,通过精心设计的练习题将逻辑变成可操作性的技能技巧,去引导思考,使思考始终沿着理性的轨道沿着逻辑思维的轨道运行。

《思考的力量》当之无愧地被当作普及的适用的思维训练教科书。它十分翔实地阐释了理性与非理性思考的逻辑基准,对矫正思维培养科学理性思维起着切实的指导作用。书中用实例具体地说明了非理性思考的荒谬,理性思考如何让人接近真理。具有优良思维品质的人首先应是一个理性的批判的思考者。

该书详尽地阐释了理性思考的标准。

理性思考入门的标准是清楚即清晰性,它保证思考的有理不紊。

然后是它的准确性与精确度,包括事实的真实准确,是否有足够的细节、具体的描述来佐证。

相关性、深度、广度也是理性思考的标准。

思考是否相关的问题,是否有针对性,确实适用于该问题;思考应具备一定的深度,不回避难点考虑到其复杂程度;思考还应具备一定的广度,即全方位的思考,换角度去思考,将与此完全对立的观点考虑进去。

理性思考的逻辑性判断很重要。应将思考的各种思想依次进行整合,当经过组合的思想相互支持并且使组合形成意义时,就可确定该思想是有逻辑的,它是来自有证有据的,否则就断定是缺乏逻辑的。

最后是重要性与公正性。推理时要关注与该问题相关的最重要的信息、观点和概念;确保思考的恰当、合理,所作的假设是合理的,考虑过其他人对此问题可能提出的证据,解决问题的方式是公正的,无不公正地使用概念达到控制别人的目的。

理性的批判性的思考者习惯于将上述理性标准整合,并应用到推理元素中,在概念、判断、推理的过程中形成合乎逻辑的理性思考的标准。

爱德华·德·博诺说:思维是一种操作技巧,当我们为了既定的目的,把智力施加于经验之上时,就要用这种技巧。

《思考的力量》正是将思维当作一种操作技巧,对人们进行技巧性思维训练的书。对培养理性思考能力,优化思维品质有所裨益。

## 写作的兴趣

兴趣是从事一项工作的原动力,做任何事情没有兴趣的驱使都很难持久,很难做成。

写作始于兴趣终于趣味。

写作是因自己感兴趣而诱发的,对自己感兴趣的事物兴致倍增,津津道来,欲止而不能,直至淋漓尽致,书罢仍余味未尽,兴趣自始至终相随,须臾不离。

浓厚的写作兴趣是写作所必需的。

写作的兴趣来自何处?

兴趣与情感相连。它来自爱好,对写作的爱好与对绘画、唱歌、舞蹈、做手工、搞科研发明等事的爱好一样。如有感情,包括喜好、热爱、亲昵、依恋……必定有兴趣。对一件事没感情,冰冷、淡漠甚至厌烦那肯定不会有兴趣。

兴趣也与自己擅长有关。自己擅长的事,能展现自己的才能,体现自己的优势,必定有兴趣。

兴趣能否持续升温,能否转化为成果与意志信仰也相关联。意志与毅力让自己对感兴趣的事,坚持不懈地做下去直至成功;毅力与意志又和信仰有关,它有时是来自于坚定的信仰。为了自己的崇高的信仰而锤炼自己的意志、锻炼毅力,信仰让自己的热忱不减、自始至终保持对自己从事的事情浓烈的兴趣。

所以在我们谈论写作的兴趣时,不能孤零零地只谈兴趣,必定要涉及一个人的整体素质,要涉及人的思维、性格、气质、情感、意志、信仰等。

兴趣的产生有许多偶然因素,诱因可能是许多细节,微不足道的事情。但让兴趣持续下来,支配自己一个阶段的行动则需要其他的因素,即理性的思考,由信仰、目标、价值观等来决定。

生活中的某个契机,让你接触了文学、阅读文学作品,于是你对文学发生了兴趣。阅读愈多,兴趣愈浓。但将来是否从事文学事业,这需要在冷静思考之后;自己是否要从事文学创作,这又需在写过之后,兴趣可能延续,也可能中断。

兴趣可以从学习积累知识方面产生,也可能从生活体验方面产生,也可能从正在进行的某项活动中产生。

一个偶然的机会,你到了一个陌生的地方,有了一段不平常的遭际,于是你对异域考察,对民生民俗发生了兴趣……

一次实验,一项技术性操作,一次下厂进车间的体验……你对某个实验,对某项技术,某个产品制作……发生了兴趣。兴趣的产生就在日常生活、工作、活动中。

兴趣是一种积极的心理倾向,一般都应珍惜鼓励。至于它能否演化为一种持久的活动、工作,尚需有其他因素参与。或听其自然、或自觉引导则应因人因事而异,既不能勉强为之也不应轻易放弃。

兴趣发生之初,往往是由劳作的成果引发的。

因为看到了那眩目的成品而生羡慕、喜爱之心,进而诱发自己也想尝试的念头,兴趣产生了,它引你跃跃欲试——此时只停留在愿望阶段,真正的兴趣,从事该项劳作的兴趣应该是在过程里。

写作的浓厚兴趣不是在羡慕喜爱别人的作品之时,而在自己的写作过程中。

沉浸在狂热的写作过程,虽然艰辛,写作的兴趣持续升腾,经久不衰,可以说是有写作的兴趣了。

只有自发的偶然的动因变成了自觉的经常的行为时才能说是真的有兴趣了。

那种由某种虚荣随大流、赶时尚而产生的三分钟热度,声称对写作产生了兴趣,而未经过写作实践验证的情况恐怕还不能断定是写作的兴趣。因为在其还未下笔亲历写作这一劳作之时,写作是什么,是怎么一档子事尚没弄清,怎么能谈是有写作的兴趣了呢!

指导者以经典名著作为诱导学习写作的人,让其产生写作的兴趣是最为常见的途径。但阅读、欣赏成品而产生的写作兴趣,实在离写作还远一大截。正如雾中看花,隔岸观火一般,只是惊叹、羡慕、爱恋……兴趣也许会有,那只是初步印象。只停留在阅读、分析研究经典名著上,而不曾发自内心地自己去创造性地写点什么,谈不上产生写作的兴趣。

阅读鉴赏与写作之间确乎有鸿沟存在,就像纸上谈兵与实地作战的间距一样。

写作作为一种技能,是属于有一定难度的技能,这种技能的把握没有大量的"写"作铺垫是很难掌握的。这里"量"很重要,没有"量"的积累就没有"质"的飞跃。这就是"天才写手""神童作家"让人难以置信的原因。

学富五车,笔下艰涩、眼高手低的现象屡见不鲜,说明了读与写之间的距离。跨越鸿沟抵达彼岸的唯一途径只有动笔写。在"写"中培养起来的写作兴趣才是靠得住的能持续升温的写作兴趣。

写作的兴趣并不具有排他性,写作者同时可以对其他事物具有兴趣。写作人的兴趣越广泛越好,对一切事物的兴趣都直接与间接地有助于写作。因为不知什么时候它们会与写作有关,它们随时都有可能成为写作的素材。

写作人首先应是一个热心于社会公众生活的人,而不是一个远离公众生活对世界冷漠无情的人。写作人对周围的人、对社会、对大自然、对人类命运密切注视,关切、观察、体恤、兴趣始终不减。

换句话说,写作的兴趣不只专注在写作上,凡是与写作相关联的事物都在写作人的兴趣范畴之中。写作兴趣的对象放大开即无限大,缩小来又无限小,一切宏大的题材与一切细微的题材都同样重要。

这样我们就可以理解作家为什么常常会在细微处,在细节上倾注心血,长时间地将兴趣集中在看来是微不足道的细枝末节上,也许那正是别开洞天的一个入口。

作家的兴趣无处不在,却一点也不妨碍他的兴趣专注在他所从事的创作上。

仰面朝天,兴趣不见得高尚;素面朝下,兴趣恰恰可贵可敬。所以兴趣不在普通人那里、不在平凡的事物中,其写作必定枯竭,必定为功利淹没,从而再也"兴趣"不起来,即或他曾经是对写作有过浓厚趣味的人。

俄国作家普利希文是一个学识渊博兴趣异常广泛的作家。他通晓物候学、植物学、动物学、气象学、农艺学、民俗学、历史地理等多种科学知识。广博的知识让他洞悉大自然的一切,对大自然奥妙的探寻,兴趣经久不衰。

普利希文对大自然保持着"亲人般的关注",一往情深如同眷恋着自己的母亲。普利希文俯首贴耳地亲近自己的"温润的大地的母亲",心甘情愿地做大自然的儿子。

普利希文对大自然的一切,森林、湖泊、星空、草原、山峰、河流,乃至一草一木,花鸟草虫,壮阔宏大的也好,细小的微弱的也好都给予一视同仁的关注,把它们当作自己创作的对象倍加珍惜、爱护……与它们和谐相处、亲切对话。对客观事物的广泛的浓烈的兴趣是来自于一种博爱慈祥之心,因之这兴趣才会历久不衰,逐次递增。

对客观事物的兴趣愈浓,对写作的兴趣愈浓,两者递加,从笔尖上流淌出来的自然是趣味盎然的东西。那趣味高尚而清新,质朴而阳光。

普利希文的作品总是能给人带来无穷的乐趣与心灵的欢娱。作者津津有味、妙趣横生,读者百读不厌、爱不释手。

写作在普利希文那里果真始于兴趣,终于趣味。

普利希文作品的趣味,蕴涵着哲理,包含着学者的思考。他将自己的社会体验、生活的感悟赋予了自然,让树木、花草、鸟虫都灵动了起来,与人类感同身受,与人一同演绎着充满情趣的动人故事。

在普利希文的散文集《一年四季》里的理趣俯拾即是。

### 关于智慧

智慧的语言一如秋叶,无须用力便能落下。

普利希文使用的是人民的语言,朴实、准确,毫无雕饰。然而充满了诗意且蕴藏着耐人寻味的哲理。

秋天,果实成熟,树上的叶子渐渐转黄。吸尽了春夏的阳光雨露,叶子它也成熟,已到达了灿烂的顶峰。无须用力,只轻轻一抖就落满小径。语言一如秋叶。纯熟的语言形成也是如此,只有经过千锤百炼,从人民中吸足营养的语言才配称之为智慧的语言。智慧的语言是轻松流出的心声,无需刻意地雕琢。

### 红蜻蜓

一对红蜻蜓双双停在风铃草小小的蓝花上木然不动,显然已经失去知觉。我把这对比翼双飞的蜻蜓放到阳光下热气腾腾的沙地上。阳光使它俩起死回生,霍然而愈。可它们一苏醒过来,各自都只想到了自己,只求自己能获得自由,别的什么都不管。它们分离了,各奔东西。

童话般的意境与故事展现了普利希文深湛的洞察力。

一朵不起眼的小花与一对普通的红蜻蜓在作者的笔下,竟魔法般演绎出一段悲欢离合的爱情故事,故事竟能折射出人世间的情态,其深刻的内涵足以给人以警示。

遭难受困时能在一起,被解救自由时反而分离,人性中的这一弱点——自私的本性是友情与爱情的敌人。

洞察自然、洞悉社会,对大自然的体察与对社会的感悟融合而成的精彩短文充满情趣,是童话般的诗,是诗意浓浓的童话,是哲理性的寓言,是寓言式的哲理。

### 法官们

夕阳西沉之际,响起了啄木鸟带有颤音的啼啭。日落前有三只啄木鸟在河滩地上争论谁的啼声最响。这时有只仙鹤自告奋勇为它们仲裁,它叫了起来,讲它的看法,其他仙鹤各有各的看法,也纷纷叫起来,每只仙鹤都拼命叫得比别人响,闹到最后,这些法官压根儿把啄木鸟忘掉了,而啄木鸟早在晚霞染红天陲之前便已闭口不响。法官们的全部心思都放到如何压倒别人的叫声上边去了。就在这时有个人哼着歌子走了过来,他明白了何以会响起如此激烈的鹤唳的原因。

这是一篇讽喻诗般的小文。

啄木鸟请求仙鹤仲裁,看谁啼声最响。于是仙鹤做了法官的差事。

"法官们"众说纷纭、各持己见,每只仙鹤都拼命叫得比别人响,炫耀自己。喧哗之后忘记了做"法官"的职责,忘掉了工作的对象,啄木鸟销声匿迹退出了舞台。仙鹤们——"法官们"的全部心思都用到压倒对方突现自己上了,用在了个人的沽名钓誉上。

一个人轻松愉快地走过来,旁观者清,他明白这场鹤唳之争的缘由。

人类这种丢弃职责,争名夺利的现象,司空见惯。

普利希文的鹤唳之乡之见闻成就了一篇十分有趣的哲理寓言。

好奇心兴趣是人的本性,而具有高雅趣味则是人格魅力的一部分。这种趣味让创作的作品更具感染力吸引力,这种趣味为生活增添了色彩,为生存为生命的延续增添了光亮——因为有趣味,才有理由活着,虽然它好像不是什么充足的理由,但毕竟人不会因为一点趣味没有而愿意活着。

对事事都有兴趣引你去观察,对人人都有兴趣引你去了解,对任何学问理论都有兴趣引你去洞悉……最后当你觉得要让别人分享这些趣味时,写作就开始了。

某种奇特的兴趣带给作家奇特的生活体验,让作家创造出奇特的艺术成就。

1986年谢世的法国诗人让·热内的兴趣广泛而奇特,与他的写作生涯息息相关,几乎是与其艺术生命同生同灭。

热内对舞台艺术有一种近似迷恋般的兴趣,他喜欢观看马戏演出。热内在结识阿布达拉——年青的马戏演员后,不惜花费大笔稿酬供阿布达拉学艺,使之成为一位出色的钢丝艺人。热内亲自陪阿布达拉训练,观看其超乎极限的精彩演出,为受伤的阿布达拉治疗……并以此为题材写作了《走钢丝的人》。

阿布达拉走钢丝,热内写作剧本,一对"同性恋人"共同为舞台艺术作贡献。

阿布达拉在巡回演出时再次坠落,从而结束了他的钢丝艺术生涯。

热内的兴趣转向了赛车,他资助亚基赛车获得比赛冠军。但热内没有忘记阿布达拉,在阿布达拉自杀身亡之时,"热内刹那间老了十岁。他双肩塌陷下来,面容一片死灰。"(《爱的残痛》——关于《热内论艺术》)

自此热内不再写作,他的艺术生命与阿布达拉的生命一同消失。

兴趣、巧遇、恋情——奇特的生活体验造就的艺术创作,组合了一个凄迷的故事,一个写作的奇葩。

## 写作状态

从事任何专业都讲究状态,假设"不在状态""状态不佳"都会影响成绩。写作尤其是这样,奉命作文被动写作,不在状态自然写不出什么能打动人的文字来。

写作状态与写作兴趣关联密切,对写作兴趣浓厚写起来兴致勃勃,写作容易进入状态。

写作状态主要指进行写作时的精神状态,包括精力、情绪、心理、思维、感情等方面。

精力充沛与萎靡不振,写作状态不一样;

情绪高昂与情绪低落,写作状态不同;

心理的细微的变化,波及到写作的情绪,也会改变写作状态;

思维活跃与思维呆滞,写作状态迥然不同;

写作充满激情,兴趣盎然与感情枯竭、索然无味,写的状态不可能相同。

灵感来临时的写作状态妙不可言,是最佳的写作状态;良好的写作状态催生灵感。

作家的写作经验为我们研究写作状态与灵感提供了许多生动的例子。

托尔斯泰把工作状态、灵感叫作"来潮"。

他说:"假如来潮,我写得更快。若是不来潮,那就得搁笔。"

斯蒂芬·金在《写作这回事》中回忆说:

一旦我开始写某本书,除非万不得已,我不加停顿,也不会放慢速度。如果我不是每天都写,人物在我脑子里就开始走样——他们开始变得像小说里的人物,而不是真实的人。叙述故事的刀锋开始生锈,我就开始对故事情节和进展失去控制。最糟糕的在于,那种创作新东西的兴奋感会逐渐消退。写作开始让我觉得像份工作,而对大多数作家来说,这简直就是死神之吻。写作最棒的时候——向来如此,亘古不变——就是当作家觉得他是满怀灵感享受写作的时候。如果不得已我也可以不动感情地写,但我最喜欢鲜活滚烫、几乎灼人的写作状态。

斯蒂芬的写作状态是鲜活、滚烫、几乎灼人的,它决不是不动情感的写作。

斯蒂芬·金的写作是不停顿的,不放慢速度的极为勤奋的写作,是坚持不懈地每天都写作。

如果不是这样,他笔下的人物走样,故事情节失控叙述刀锋生锈,创作的兴奋感就会逐渐消退……

斯蒂芬的这段话告诉我们,最佳的写作状态是形成于连续不断的写作活动中,是在勤奋的写作中形成的状态。

作家一旦开始写作,就必须准备去为之献身付出生命的代价,所以说"这简直就是死神之吻"。而写作最棒的时候就是,"满怀灵感享受写作的时候",这个时候即是灵感降临的时刻,是写作的最佳状态。

斯蒂芬·金所说的鲜活滚烫几乎灼人的写作状态应该是人的精神极度亢奋,思想光华四射,激情满怀,情绪到达顶点之时,那时的心理应该是随着作品的内容沉浮,为创作的进程左右。几乎达到痴迷状态,其复杂的心理难以表述。

当最佳的写作状态到来之时,作家如痴如醉,以至于忘记了自我,处在一种不可抗拒的创作激情中,仿佛被命运之神掌控,无处逃脱无力自拔。

霍桑是这样描述他的写作状态的:

霍桑在1840年写道:"我在我惯常待着的房间里,仿佛永远待在这里。我在这间屋子里写了许多短篇小说,后来烧掉不少,因为它们理应落个付之一炬的下场。这是一间中了邪的屋子,因为千千万万的幻影盘据整个房间,有些幻影如今已经问世。有时候,我觉得自己待在坟墓里,寒冷、动弹不得、浑身麻木;又有些时候觉得自己很幸福……现在我开始明白,为什么这许多年来我是这间凄清的屋子的囚徒,为什么我不能砸破它无形的铁栅。如果说以前我还能逃避的话,现在却困难万分,我的心已经蒙上尘土……说真的,我们只是一些影子……"

在我刚引用的文字里,霍桑提到"千千万万的幻影"。这个数字并非夸张;十二卷的霍桑全集包括一百多篇短篇小说,这只是他日记里大量构思草稿中的少数几篇[他写成的短篇小说中有一篇题为《希金博瑟姆先生的灾难》(尸体被杀),预示了爱伦·坡后来发现的侦探小说体裁]。玛格丽特·富勒小姐在乌托邦式的布鲁克农场里认识了纳撒尼尔·霍桑,她后来写道:"在那个构思的海洋里,我们看到的只是几滴海水。"爱默生也是霍桑的朋友,他认为霍桑远没有发挥他的潜力。(《博尔赫斯谈艺录》)

霍桑用比喻形象地描述了他的写作状态。仿佛是囚禁在"一间中了邪的屋子"里,"凄清的屋子"让他"觉得自己待在坟墓里,寒冷、动弹不得、浑身麻木;又有些时候觉得自己很幸福"。此时霍桑既经受着写作的磨难,又享受着创作带来的幸福。这是既苦又乐的矛盾状态。

文学创作将作者变成了"囚徒""影子",这是霍桑心甘情愿的,所以砸破"无形的铁栅","逃避"在作者是"困难万分"。

这里描述的作者被写作囚禁的状态正是作家全身心投入写作,献身写作的写照。

在这样的写作状态中,霍桑的构思十分活跃、十分快捷。已发表的一百多篇短篇小说,仅仅是构思中的少数。"千千万万的幻影"并非夸张,它真实地描述了构思的壮观。

所以玛格丽特·富勒说,在霍桑的构思的海洋里,我们看到的成品只是几滴海水。

霍桑的朋友爱默生认为霍桑远没有发挥他的潜力。他的潜力存在于他的构思中,存在于那个囚禁他的屋里。优秀的文学作品来自作家自己营造的特殊的氛围,来自作家个性化的写作状态。

各个作家的写作状态不尽相同,但他们的献身精神,对创作的痴迷却是相同的。

在写作过程中保持良好的写作状态以保证写作的顺利进行。

写作过程中,语言状态几乎可以说是起决定作用。语言状态指笔下是否流畅,语言状态好,叙写畅快,词汇应需求源源涌出。丰富的词汇、恰当的择取、准确的表达形成了一条畅通无阻的渠道,其顺畅的程度几乎令作者吃惊——出现这样的语言状态即是写作进入了最佳的状态。

怎样在写作开始时能有好的语言状态呢?

原来人的语言表达有时需要有"引子",譬如你听了一段精彩的讲演,突然你的雄辩式的语言启动,你的演说讲台在心中搭起,演讲词滔滔而来。

再譬如写作前你感到词穷、笔涩……甚讨厌自己那些老套的词语表达形式,当你为排遣这样情绪拿些经典著作来读或漫不经心地随意地读些什么——之后奇迹出现了,你有词儿了,与内容相应的语言陡然间冒了出来,于是这良好的语言状态让你进入了良好的写作状态中,写作顺利进行。

语言在默默之中有一种感染作用、熏陶作用。当你置身于一种优越的语言环境之中,你就自然而然地会被感染、熏陶,你的语言机制起动了,心灵语言的闸门打开了,你的积蓄、你的经验、你的经久磨砺的语言功夫都转动起来,汇集起来,它们共同为你打造一个全新的语言境界,写作越来越精彩。

语文考试前,对作文做些什么准备?怎样达到良好的写作状态?不是押题,不是蒐集可能用得上的"材料"……最好是找些自己喜欢的优秀文章(不是范文)拿来读读,目的是熟悉语言、熟悉语言的表达形式,把它们当作"引子"引出自己的语言库存,引出自己用语言表达自己思想感情的欲望,再次将自己投进良好的语言环境中熏陶一下,感染一番——那么你对作文考试状态的预期应该比较乐观了。

让我们仔细回想一下平日里写东西是不是这样,偶然出现的一个妙句,一个十分恰当的词语,随即逆转了写作的状态,兴致来了、文思奔涌,你一改被动地或是奉命写作的勉强状态,挥笔疾书,言到意随,十分畅快。

调整语言状态,创造良好的写作境界是写作过程中时常要做的。

良好的语言状态是写作的先导,有时它确实能决定写作的进程。

一个人的情绪有周期性,心理学称之为"情绪周期"。情绪由高峰滑到低谷,再渐渐恢复上升再次升上顶峰,有一定的时间间隔,周而复始、循环往复。

写作这一精神活动亦有它的周期性,写作状态不可能永远保持在最佳的状态。

写作状态处在高峰时,应不失时机地加紧写作,提高写作的速度与强度;当状态不佳写作情绪跌入低谷时则应停笔休憩。

间歇是必要的,紧张之余需要放松。悠然地去度假,或者去做一些与写作无关的事,等待新的起点,写作的新机遇。

写作状态的变化随时会有,即使在写作的深度投入的状况下也可能受外界干扰而中断。状态的变化不管是意料之中还是意料之外都无须心烦意乱,保持宁静坦然的心情,重新找回感觉,进入状态是最好的选择。

# 生　活

　　生活是写作的源泉,是写作取之不尽、用之不竭的源泉。创作的素材来源于生活,生活的肥沃土壤滋养着创作,只有深深地根植于广袤的生活之中,创作之树才能根深叶茂。

　　也有人把生活素材比喻作宝藏。勘探人员踏遍崇山峻岭、茫茫草原、沙丘去探寻宝藏,历尽千辛万苦;挖掘宝贵的矿藏的矿工们冒着生命的危险让地下宝藏露出地面;由各种专业的工匠锻造成品,又需经过多少复杂而艰辛的工序——

　　写作人则是集探险者、挖掘者、工匠于一身的人,他们需要能力与毅力、需要辛劳与技艺。所以把作家称为"写匠"颇为恰当。

　　生平阅历与生活体验是写作的资源,无疑是决定性的要素,该被称为写作居首的要素。

　　特定的时代,重大的社会变革,轰轰烈烈的革命,血与火的战争,波澜壮阔的场面……

　　千姿百态的生活状态,形形色色的人物,错综复杂的社会关系,各种各样的人物心理、情感……

　　诡秘的事件,光怪陆离的现象,科学的壮举,宇宙的奇观,生物的演化……

　　所有的一切都是写作的宝贵的资源。

　　它们一旦被作家经历过体验过,就可能被攫取为写作的素材,成为一部伟大作品的题材。

　　这里作家本人阅历与生活体验起着决定性作用。有着不寻常的阅历和丰富的生活体验的人从事写作,必定是得天独厚的。

　　美国作家海明威传奇的一生,独特的异常丰富的生活阅历是世上罕见的。

　　海明威担任加拿大《星报》驻巴黎记者,参加美国红十字会战场服务队,到过意大利战场,亲眼目睹了第一次世界大战。海明威勇敢、刚毅被称为硬汉作家。他作为战地记者足迹踏遍了世界各个角落,从美洲到欧洲再到非洲。他参加了两次世界大战,多次受伤。第一次世界大战时,有一次他在战场上被炸弹炸伤,医生从他身上取出了227块炮弹片和枪弹头。他曾遇到飞机失事一次,又遇飞机机舱起火一次,两次都奇迹般地获救。

　　海明威用他九死一生的生命又投入新的战斗。海明威漂泊的冒险生涯为他的创作提供了丰富的素材。

海明威酷爱海上钓鱼。斗牛、拳击、打猎等也都是他生活的元素。

一次他在哈瓦那购买了一只"皮拉号"渔船,他独自驾船出海打鱼,竟然在古巴的东北海面上,刺中了一条18英尺长的巨鲸,据此经历他写了《老人与海》。

为了详细地了解渔夫出海打渔的生活,海明威与古巴渔夫谈话,倾听渔夫们捕大马林鱼的细节,并向鱼类学家请教大马林鱼的活动规律和分布情况。

《老人与海》获得了诺贝尔奖。

海明威的简洁、明快的语言风格影响了一代文风。

同样产生巨大反响的作品还有:《太阳照样升起》《永别了,武器》《丧钟为谁而鸣》……

海明威一生写了9000部不朽的作品,在文学创作上取得了显赫的成就。

生活就是这样成就了一位又一位伟大的作家。

为了创作,作家在生活的道路上迈着怎样艰辛的步履,为了创作,作家又是怎样置生死于度外去漂泊、去历险,在血腥的战争风云里奔突。

来自于作家亲身经历的东西是真实的,作品唯有真实才能产生震撼人心的力量。

生活是写作长盛不衰的源泉。

对现实生活的关注度,显示着作家的良知与道义。敢于面对生活,揭示生活本质,将真实的生活画面展现出来是真正的作家、令人敬佩的作家。他们是当之无愧的"人民作家"。

漠视人生、粉饰生活,将生活琐碎化、平庸化、无厘头化导致写作的空虚、孱弱、苍白的现象普遍存在。它从另一方面衬托出"人民作家"的伟大。

关注生活、关注普通人、关注人类命运、关注世界前途是"人民作家"的特性,他们的宽广的胸怀与无私无畏精神永远值得人们称颂。

在写作的群体中,有一种人应该特别被提及被赞颂,因为他们是写作人中最敢于面对"生活"的人,是立志在第一时间将发生在世界上某一地方的事情告诉人们,而不管那是灾难、战争、恐怖袭击……是多么危险的事情。

这就是"战地记者",他们被称为是"与死亡擦肩而过的人"。他们浑身是活力、激情、冲动,他们的工作就是在自己被夺去生命前,将真况用文字、图像、声音记录下来。他们要穿透战场的硝烟、冒着血雨腥风、千方百计地向世界传递真实的信息,将现场的真实情况告诉大家。

克里斯·洪德罗斯，美国颇负盛名的摄影记者，得过普利策奖、罗伯特·卡帕金奖等多项奖项的优秀记者，在利比亚的战争中遇难牺牲，时间2011年4月20日，地点：米苏拉塔。

世界上的重大冲突，洪德罗斯几乎都报道过：科索沃、安哥拉、塞拉利昂、黎巴嫩、阿富汗、克什米尔、约旦河西岸、伊拉克、利比亚——

每次他都是亲临战事现场，历险、目击……用镜头、用文字、用心灵、用生命去记录，去诠释那些刚刚发生的真实情状。

据媒体监测机构"新闻标志运动"2010年12月27日发布的数据：2010年全球有105名记者罹难。

据"保护记者委员会"统计，2011年死亡的记者与记者助理的数量为68人。

2012年2月22日，当代最资深的战地记者，美国记者玛丽·科尔文和法国摄影记者雷米·奥克利克在叙利亚霍姆斯被炮弹击中身亡。

玛丽·科尔文当年56岁，从1986年起做了10年中东记者，她的足迹踏遍了世界所有战火纷飞的地区。她曾在黎巴嫩内战中报道过贝鲁特南郊难民营里的大屠杀。她到过车臣、科索沃、塞拉利昂、津巴布韦、斯里兰卡、东泰米尔、伊拉克、阿富汗、利比亚……

2001年在斯里兰卡，玛丽失去了左眼，成了戴着黑色眼罩的独眼记者。

玛丽到许多人不敢涉足的最危险的地方，就是为了做实地的调查，报道战地的真相，报道人们的苦难，让人们感受到现场的种种细节。玛丽在用生命写作。

忠于职守，忠于生活，为写作而殉难的人将流芳千古。

契诃夫是俄罗斯久负盛誉的作家，他的小说与戏剧深受人们的喜爱。

"生活在人民中间"，这是契诃夫的座右铭。

契诃夫的职业是医生，写作是他的业务爱好。但他最终还是成了一位职业作家。在生活中他交替扮演着医生与作家两个角色。契诃夫把医学比喻作他的合法妻子，把文学创作比喻作他的情妇。

在伤寒蔓延的城市、乡村，契诃夫冒着生命的危险给病人诊治，为贫困的农民免费看病。契诃夫对俄罗斯民众充满了仁爱之心，他为偏僻的乡村建立学校、图书馆，为结核病人筹建防治院。资金来源于写作的稿酬或靠他的名望、社交去募集。

契诃夫写作异常勤勉和迅速，他往往能十分及时地将自己的生活感受、社会体验真实地恰如其分地描写出来。他的小说与戏剧都产生了巨大的社会影响，人们争相朗读他的小说，在公共社交场合他的小说受到赞扬；他的戏剧先后在莫斯科、圣彼得堡演出,多出剧目在一片赞誉声中落幕。契诃夫的文学创作才能成为俄罗斯的骄傲。

契诃夫的作品是他自己生活的写照,"确实,随着年龄的增长,他越来越觉得生活是写作的源泉了。他通过巧妙的精心提炼,把自己所遇到的各种人和所经历的各种事件变成了白纸上的一行行文字。"(《契诃夫传》[法]亨利·特罗亚著)

契诃夫关怀俄罗斯人民的疾苦,他深入到民间各个角落去了解他们的生活,他关心人民胜过关心自己。为了了解萨哈林岛上苦役犯的生活,他不顾自己因患病而十分虚弱的身体,决定冒险去遥远的萨哈林岛,亲自调查那里的人们的生活状况。"萨哈林岛是唯一可以研究由罪犯组成的群体的地方"。他给劝阻他的朋友写信说:"萨哈林是一个不可忍受的痛苦之地……今天整个文明的欧洲都知道,谁应对此负责:不是狱吏而是我们中间的每一个人;难道这与我们无关,难道这不使我们感到兴趣吗?……"(《契诃夫传》,亨利·特罗亚著)

就这样契诃夫在家人与朋友从莫斯科送他到雅罗斯拉夫利之后,便开始了一次漫长而艰苦的旅程,向萨哈林进发了。他需乘船在伏尔加河和卡马河上行进,然后在彼尔姆乘火车到秋明,再从秋明坐四轮马车去贝尔加湖,再交替乘船和四轮马车,直到太平洋。总计行程近 1 万俄里,其中 4000 俄里要乘乡间的破旧马车。

最终,契诃夫坚毅地历经千辛万苦,与一批苦役犯一同登上了萨哈林的监狱中心亚历山德罗夫斯克。

在那里契诃夫深入到地狱的最底层,观看鞭打犯人的残暴的场面;察看苦役犯的劳作,了解那里的妇女与儿童的悲惨境遇……接触到他们被残害蹂躏的灵魂。

据此经历,契诃夫写了《萨哈林岛》等作品。

作为医生,契诃夫拯救了人民的肉体;作为作家,契诃夫拯救了人民的灵魂。契诃夫的人道主义精神永远屹立在人类文明的高处——契诃夫不愧是"人民的作家"。

契诃夫的创作道路再次印证了:生活是写作素材的来源,作家只有关爱人民才能长久地深入到生活中,深入到民间,索取丰富的素材。

成功的伟大的作品诞生于丰富肥沃的生活土壤里。

作家的生活经历和亲身体验,包括某些冒险的历程长久地保留在记忆里,成为写作的丰富的资源。在某个时刻它们就可能变成写作的动力,于是那些沉寂在记忆中的东西,那些故事便复活了,活在语言文字里,活在叙述中,它是神秘的,富有传奇性,让人激动,让人感叹不已。

秘鲁作家马里奥·巴尔加斯·略萨这样描述他的写作方式,"我总是通过同一方式在写作。这是和其他作家不同的。比如说他们写的是他们想象中的一个过程,而我的写作,一直都是从记忆中的影像出发。你尽管会有一些经历,会有一些记忆,但有些东西还是很神秘的,能激起你的想象与幻想,给你一些暗示和想法。"

"对我来说,生活中的某些东西、某些影像、可能会在我的脑海里沉淀下来,某些神秘的影像能够激励我进行文字创作,进行幻想、想象,当然还要花很多工夫,譬如修改,写了再改,改了再写。这样一个小说就成形了。"(《一个作家的证词》巴尔加斯·略萨于 2011 年 6 月 14 日在上海外国语大学的讲演)

获得 2010 年诺贝尔文学奖的巴尔加斯·略萨是个丰产的作家。他的第一部小说《城市与狗》是根据他在莱昂士巴士军官学校的经历写成的。第二部小说《绿房子》是依据他和人类学家去秘鲁的热带雨林,去亚马逊的印第安人部落的旅行写的。

在秘鲁的独裁时代成长起来的巴尔加斯·略萨积极参加大学里的抵抗运动,为了支援被捕的学生,他和其他学生组成五人代表团去政府内政部与安全局长谈话。安全局长手拿大学里印刷的秘密报纸,质问学生代表的神态,一个可悲的人物形象触发了他写作《酒吧长谈》的构思。

1974 年巴尔加斯·略萨到巴西去工作了 8 个月,听了很多有关土米西列(音)的残酷腐败的故事,于是他写了《公羊的节日》这部有关独裁者的小说。

……

巴尔加斯·略萨喜欢生活在社会中,生活在人民中间。他说:"我希望和街上的人有交流,不光是在我的书房里。写每天发生的、在我身边发生的故事。……所以你了解新闻,了解街上发生了什么,新闻专业的经历对我写作是非常重要的。新闻专业使我能和社会和人民生活在一起。这已经不光是文学方面,而是你作为一个公民以及你的道德方面的力量。"(《一个作家的证词》)

从马里奥·巴尔加斯·略萨身上,我们看到了一位人民作家的道义与良知,这是一个写作者最难能可贵的品质。因为他给读者提供的是真实生活的写照,是深度的启示,不媚俗,不趋势,让读者通过作品完善自己、完善世界。

写作不能脱离生活,脱离生活就等于无源之水无本之木,终将会枯竭。

当你久久地流连于那古老的深幽的港湾时,身旁的生活的江河正奔流前去,你失去解读它记录它的机会,永远无法弥补。

鲁迅说:"超时代其实就是逃避,倘自己没有正视现实的勇气,又要挂革命的招牌,便自觉地或不自觉地必然地要走那一条路的。身在现实,怎么离去?这是和说自己用手提着耳朵,就可以离开地球者一样的欺人。"(《三闲集》:《文艺与革命》)

这里鲁迅一针见血地指出走超时代,逃避现实那一条路的人是缺乏正视现实的勇气,却又想标榜自己革命的一种人,其结果只能是自欺欺人,就像身在地球上却要用手提着耳朵离开地球一样愚蠢徒劳。

写作者与时代与社会生活的关系之密切乃是由写作这一精神活动的性质决定的。

历史发展的轨迹、生活的流向、时代的脉搏,从来都是文学创作所关注的、把握的,这是作家难以规避的。

优秀的作品的诞生既是作家个人的创造,也是时代与社会的产物。

关于这点著名的美国当代作家 E. L. 多克特罗在他的随笔里谈到,20 世纪初的那些年是文学创造性兴起的年代,是"某种世界超灵奋起有为的年代"。对文学艺术、对科学都有影响,爱因斯坦的创造发明既是个人的力量也是时代的力量。

多克特罗在文中引用了英国诗人和散文家马修·阿诺德的《论今日评论的作用》中的话:"文学天才的杰作都是总结和说明之作……其天才之处在于,它从一种特定的思想和精神的氛围中得到灵感,受到周围一系列观念的影响,并在其中发现了自己;然后,认真地应对这些观点……但是,它只有存在于此种氛围之中,存在于各种观念之中,才能自由的发挥;而这些可不那么容易控制。这就是为什么文学史上的创造性时代会那么少、很多有真正天才的文学家的作品并不那么完美,因为,经典的文学作品的产生必须有两种力量同时促成,即人的力量和时代的力量,离开了时代而仅有人是远远不够的。"(多克特罗随笔集《创造灵魂的人》)

阿诺德的观点衡定了在创作中,个人力量与社会时代力量的交互作用,优秀的乃至经典的文学作品是两种力量共同造就的。

假如我们赞同多克特罗与阿诺德的观点,那么即应肯定作者与时代与社会生活的密切联系。作家要时刻置身于时代特定的思想、精神的氛围中,接受周围一系列观念的影响,从而发现自我,发现自我的创见,并清醒地用自己的认识、思考去应对这些观点,而只有个人存在于时代与社会的思想精神氛围中,存在于时代与社会的迥然不同的各种观点中,才能谈到个人的独到见地,才能谈到个人的自由发挥。

生活正好比矿藏，有表层与深层之分。愈是深深地埋在地下的东西愈是宝贵。写作者不能满足浮在生活表层的东西，而要深入开拓深藏不露的，被时间封尘的东西。也许那正是一个神秘的不为人知的宝藏，它给写作带来的是惊喜，是丰富的取之不尽的源泉。

创作亦如是。那些抢占眼球的、流行的、时尚的、热捧的、畅销的不一定有经得住时间考验的永恒的价值。它们漂浮轻狂于生活表层，或者它们连一颗闪烁着光亮的流星都不如，眩人眼目的光泽顷刻就被其自身的阴霾所遮蔽，因为它们原本就是一块不能发光的石头，一块冥顽不灵的石头，只是反射了其他光体的亮光而已。

倾听时代的声音不能为音量声势所左右，越是甚嚣尘上喧哗不已越有可能是空虚的荒谬的。它的强制性就暴露了它的虚弱，真理只待向往的人去寻求，无须年复一年地聒噪。

写作者敏感的神经可以倾听到正义真理的声音，它也许暂时还很微弱很无助，但它终将会成为时代的强音，因为它传达的是前进的文明的信息，它是人文精神的张扬，是真善美的呼唤。

在诸多事情都有不同声音的年代里，在一切事物都在争议中悬而未决的国度里，生活已变得庞杂而又异样，写作者在贴近生活的时候已经在接受考验。生活考验着写作人的感受力、观察力、思辨力、意志力……

只有经得起考验的写作人才能真正的贴近生活。

# 灵　感

灵感可以说是人类精神活动中最为引人关注的现象。对于这种颇为神秘的精神现象的追寻与研究，从来没有停止过。

对于灵感的阐析各种各样，其说不一。

柏拉图在《使徒信笺》中谈道：洞彻事物的灵感，只能来自于对这一事物长时间的冥思苦想，"然后便有一束灵光忽然在灵魂里闪亮，并且逐渐地扩大，最后放射出无比奇妙、耀眼夺目的光芒。"

画家列宾曾说，灵感不过是顽强劳动而获得的奖赏。

普希金说："灵感是一种敏捷地感受印象的情绪，因而是迅速理解概念的情绪，这也有助于概念的解释。"

爱默生认为："我们将头脑中这种对新事物的非常规的思维反应以及瞬间扩大的能量，称作为灵感。我认为，事物的伟大和永恒正是由人类的灵感以及某种神秘的第六感所造就的。"

诗人艾青说：灵感是诗人对于外界事物的一种无比协调，无比欢快的遇合，是诗人对此事物的禁闭的门偶然开启；灵感是诗的受孕。

屠格涅夫把灵感叫作"神的昵近"。

艺术家们期待灵感的降临，犹如期待神灵的启示。

灵感一词原本是宗教意义上的词语，源于古希腊两个词复合而成。这两个词一个是神，一个是气息。古希腊人认为：神的灵气可以像空气一样，随风飘动，并进入人的大脑，成为智慧的源泉。

灵感是人的精神活动的产物，它与人的心理状态、思维的品质、知识的积累、信息的储存、情感的席卷、注意力的高度集中、极勤奋的劳作、极为良好适宜的环境、丰富的生活体验等多种因素相关联。

因而只有统摄精神活动的种种状况，综合各个学科的研究成果才能推进对灵感的研究步伐，解开灵感这一神奇的精神现象的奥秘。

现代信息学认为，灵感是对信息的输入、编码、整合和储存，然后有条件的有选择的提取的过程。灵感是人通过的大量信息材料自动思维之后的积淀和升华，是直感与顿悟。灵感是以大量信息为基础的，灵感产生于知识量的储备与经验的积累的高端。

现代科学的发展为信息的传播提供了极为快捷、方便的渠道,攫取最新的最有价值的信息、搜集有关的材料是进行创造性思维活动的必要条件。有了充足的条件,才能有几率高的"机遇",灵感才可能光顾。

试想一下,如果信息匮乏、知识陈旧、远离信息与知识的前沿地带;拒绝接受新事物、拒绝做生活的"探险者",不再有人生的新体验,哪还会有什么创作的灵感?

知识如流动的江河之水,生活如葱茏的常青树,只有不断地摄取,不断地更新,不断地体验,跟上飞速发展的时代的步伐,才能居高临下,展望未来,也才能谈到创造性的思维,"灵感"也才可能产生,写作新颖而有价值。

一味地钻到象牙塔里,与一头扎进故纸堆,都将割断"信息"的源流,创作也必将呆滞,灵感也必将窒息。

心理学认为:灵感是显意识与潜意识相互作用、相互交融的结果。灵感孕育于潜意识,但始终离不开显意识的参与,当孕育成熟即突然沟通,涌现于显意识,成为灵感。

关于潜意识孕育灵感一说,做梦得到创作的灵感是个佐证。

阿根廷的小说家博尔赫斯在《柯尔律治的梦》一文中讲了一个关于梦的故事。

13世纪元世祖忽必烈汗在上都之东修建了一座宫殿,宫殿设计图样是他梦中所见。这位蒙古可汗根据梦中所见修建了一座宫殿。

18世纪英国诗人塞缪尔·泰勒·柯尔律治在1797年一个夏天梦中偶得《忽必烈汗》片断抒情诗。

柯尔律治在入睡前看了珀切斯(英国教士、作家)的一篇游记,其中谈到马可·波罗介绍的元世祖忽必烈修建宫殿的事。在柯尔律治的梦中,诗句纷至沓来。醒后便写了有关宫殿的诗,即抒情诗《忽必烈汗》。

睡眠的人,意识是处在潜意识之中,梦醒时分,人的意识则处在显意识之中,两者交融而形成诗作的灵感。像柯尔律治这种心灵感应实属神奇,竟然可以跨越时间与空间,达到了深奥难测的程度。

因梦得诗,因梦得文的例子委实不是个例,它们被传为文艺创作中的佳话。这些佳话也成了心理学家论及灵感产生于潜意识的例证。

思维学认为,灵感是人脑自动思维的结果。

思维是灵感这一精神活动的源泉。

灵感是熟练、敏捷、高效思维运转的成果。

语言是思维的外壳,内心语言是思维的形式,灵感与专业性的内心语言密切关联。

一个人的内心语言具有隐蔽性,它使思维活动不泄露,正是:我不说出来,谁也不知道。

内心语言快捷、简略、浓缩……等特点正体现了思维的优势。思维活动较口语表达、书面表达都更为快速、简约、浓缩。想在先,说与写在后,想多于说与写。

专业性的内心语言的质和量与灵感的迸发关系显而易见。内心语言的贮存量大质地优当然有利于激发灵感。

创造性的思维与语言密不可分,一个人思维能力与其语言的开发是相辅相成的。

灵感常常来自语言的启示。

爱默生在谈到灵感产生的源泉时,提到两个方面与语言相关。

"良好的谈话也是一件令人十分陶醉的事情,它是灵感产生的第六个源泉。"

"只有与朋友们进行交谈,你才可以将自己的思想激活,甚至产生出新的灵感。"

"灵感的最后一个来源便是诗歌。"(爱默生《灵感》)

谈话,尤其是有识之士交谈,彼此的确有一种期待,期待对方有更为高超的见解,给予自己以启发。高水平的交谈让谈话双方都得到满足,双方可以分享彼此的思想。

诗歌是一种简洁、凝练、思想意义浓烈的文体,是充满激情、富有感染力的艺术形式。

诗歌可以很快将人带入一种境界里,诗句优美,朗朗上口给人以美的享受。

诗歌饱满的感情,深邃隽永的意味常常立时引起人的共鸣。

诗歌的种种特性,尤其是它的语言形式容易激活人们沉寂的思维,激起感情的浪涛,而创作所需要的正是诗歌能给予的,诗歌让灵感不期而至。

思维受外在语言的激励而活跃,思维的形式——内在语言随之喷涌;内心语言的火花溅击到灵感。灵感——这一"精神火山"一经爆发则势不可当,它使创作的热情高涨,让创作进入巅峰状态。思维及思维的形式——语言在催生灵感中所起的作用不可忽视。

灵感为众多科学家、文学家、艺术家、建筑家……所钟爱,因为灵感开启了发明创造的大门,灵感开启了创作之门,灵感带来了太多的惊喜与幸福、成功与荣耀。

爱因斯坦说:"我相信直觉和灵感。"

音乐大师德彪西说:"谁能洞察音乐作品的奥秘呢?大海的汹涌,某一地平线的弯曲之处,树叶间的风、鸟啼,给我们留下不同的印象。突然间,这些回忆中的一个,一点也不征求我们的同意,就浮现在面前并以音乐语言表现出来了。"

俄国作家克鲁泡特金说:"长期耐心地研究之后突然诞生的概括,使我茅塞顿开。"

灵感是文艺创作的酵母,倍受作家的青睐。

灵感往往在生活与心灵撞击的那一刻发生,有时在构思伊始,有时在构思之中,也有时在创作之外的平常时刻。

灵感像闪电,顷刻划过心际;

灵感像彩虹在天边,若隐若现;

灵感像一只美丽的蝴蝶,在你眼前轻盈飞舞,飘忽而逝。

什么样的写作状态有助于灵感的到来?

作家们都在实践中摸索,寻找到自己写作的最佳状态。

普希金喜欢在秋天里写作,秋天是丰收的季节,大地硕果累累,普希金精力旺盛起来,"灵魂洋溢着抒情的激动""于是思想在脑中奔腾、澎湃,轻妙的韵律迎面奔来""刹那间——诗句就源源不断地涌出。"

在秋季,普希金灵感奔涌,让他进入诗歌创作的黄金季节。

福楼拜在夜里写作,绿色的罩灯通宵达旦,直到晨光熹微时才熄灭。

塞纳河上的渔夫们,将福楼拜的灯光当作夜航时最可靠的灯塔。福楼拜灵感迸发将写作推向辉煌的彼岸;渔夫们以福楼拜的灯窗为目标安全地驶进了港湾。

巴尔扎克把自己锁在屋子里,拉上百叶窗,一两个月闭门不出。他穿着长袍在烛光下写作,一写就是十几个小时,白天还是黑夜他全然不知,有灵感相伴他一点不寂寞。巴尔扎克意兴酣畅,把自己作品中的人物当作了生活里的亲密朋友,与他们嬉笑怒骂,完全沉浸在作品的情景之中。

费定伴着大海喧腾写作,是有节奏的海涛将灵感唤醒。

歌德没有酒就不能创作,他的诗作借着酒兴完成,酒精抑或刺激了大脑、激活了灵感。

爱伦堡等作家喜欢在咖啡馆里写作,是咖啡的浓香与幸福的人群将灵感引来。

作家们的趣闻轶事丰富了人们对灵感的认知。写作的状态与催生灵感有关,创造最佳的写作状态是写作的前提条件。

最佳的写作状态因人而异,个性气质等个人因素为写作的状态涂上了五彩缤纷的颜色。

如果我们能从众多作家的写作生涯中找到一些共同的东西,则会对写作产生普遍的指导意义。

写作需要沉思冥想、潜心探索,不是处在心浮气躁的情状中能完成的事。

因而,许多作家创作时要寻找一个宁静的环境,隐居独处。远离喧嚣的都市,到乡下,去森林、海边山脚下……与大自然亲密接触,听风、听雨,看四季景物的变迁。宁静的环境、静谧的心境有助于创作灵感的诞生。

世界上著名的作家都是大自然的宠儿。他们终生都与大自然保持密切的接触,热爱自然胜过自己的生命,他们既是绿色环境的卫护者,又是美丽自然的赞颂者。正如爱默生所说:"独自与大自然进行交流也有助于灵感的获得""独处对于我的创作有着极大的裨益。"

俄国作家普利希文就是一位对自然怀有一种博大的爱的作家,自然是他硕大的书房,自然给予他无穷的写作的灵感。正如他自己所说:"爱,这是那种觉得万物在我之中,我在万物之中的宇宙感觉。"

俄罗斯作家中具有这种宇宙感的作家有许多。普希金、托尔斯泰、雅兹科夫、屠格涅夫、布宁……他们的作品为人类绘制了巨幅的大自然的画卷,是人类最辉煌的精神财富。

灵感来自于对客观事物的敏锐的感知;

灵感来自于对生活的细微的观察、体验;

灵感来自于无拘无束,来自于由信仰产生的爱,对自然、对人类的博大的深厚的爱。

很难设想一个淡漠、迟钝、狭隘、功利、冷酷无情的人会得到创作之神的福佑,会有创作的灵感。

心灵王国的绝对自由广阔,精神的放松与无畏,行动的果断与勤勉,情感的细腻与丰富……一切有助于科学与艺术的研发探索都有助于灵感的迸发。

艺术的心灵应与时俱进,作家应有时代感与责任心。

一个时代有一个时代的作品,每个时代应有属于自己这个时代的文学艺术。科学、哲学要跟上时代的车轮,文学艺术也应跟上时代的脚步。书写时代的篇章是作家的职责。

时光的推移带来的是世界日新月异的变化,是人类文明的发达与普及,是理论研究向真理的步步贴近……每天每刻的惊喜都让瞬间发生的灵感降临,灵感诞生的刹那世界又有了新的变化,灵感充溢在为进步而欢乐的心间,它让人类对世事有了新的深一步的认识——这才是灵感为创作带来的福祉。

到哪里去寻灵感,这是每个创作者的自由选择,不过寻找的方向有待商榷。置活生生的现实生活于不顾,置身边的人的生存状况、人的思想情感、人的万般情态于不顾;对人民的倾诉祈求、对人民的切肤之痛漠然视之,将眼光痴痴地盯向远古,如同掘墓者似的抽丝剥茧式地从那些千古僵尸身上寻找灵感,把那些锈迹斑斑的封建亡灵装帧成非古非今新鬼,一股脑地搬上当代的舞台才算大功告成。这样的灵感于众何益?从这样的灵感起始进行的创作于文学艺术何补?

除了让所有幼嫩的新生命沉湎在阴暗的发霉的气味中,除了让儿童、青年、壮年、老年齐刷刷地向后看,除了让社会沉渣泛起,让封建愚昧借尸还魂,还会有什么?

可怕的寻找灵感的潮流让创作犹如一潭死水,再也长不出枝叶茂盛的花草来。

古籍就是古籍,它取代不了现代的文明。

寻找灵感迷失了的方向使我们的时代失去了属于自己的文学艺术——该是带有进步印记的文学艺术。

触发灵感需要外界与内心共同起作用。写作的良好状态固然有外界的因素,最终起作用的还是内心,是精神状态。精神的异常兴奋、心情的安宁恬谧、思绪的飞扬悠远——再有个媒介、触发点,它不一定重大,也许只是十分微小的"一处风景、一缕色彩、一位友人,甚至一句美妙的话语,都有可能会构成人们灵感天空里的一道闪电"。(爱默生《灵感》)

假如说灵感的迸发是自发的,更多地依靠潜在的意识,那么灵感的捕捉则可以是自觉地、更多地依靠勤勉。及时地捕捉灵感、留住那美妙的一瞬对作家来说是紧迫而又幸福的事。

灵感倏忽而至转瞬又逝,容不得片刻迟疑,必需及时落笔,备录在案。

诗人埃米·苏维尔在灵感到来之时,无论在干什么都要放下来,拿笔记下来，记在哪都行，餐巾纸上、衣袖上……

中国古代作家汤显祖在创作杂剧《牡丹亭》时，为了捕捉灵感及时写作，在自己的宅子内四处都放着笔砚，连"鸡栖猪栅之旁"都放置了纸、笔、砚之类，以便灵感到来时及时书写，防止灵感如"泥牛入海"般骤然消失。

灵感常在一闪念间出现，抓住这一闪念必须作跟踪记录。许多科学家、作家都随身携带笔和本子，好及时记录下来，即或当时看来是多么微不足道。经验证明这样的记录对后来的科学研究与文学创作都十分宝贵。

托尔斯泰这样形容他捕捉灵感，乘兴而作的精彩：

写作之际即当新的思想或新的画面突然涌现，从意识的深处像闪光一般冲到表面上来的时候，这种绝妙的心境是每个作家都亲身经历过的。假如不立刻把它们写下来，它们同样会消失得无踪无影的。

其中有光，有颤动，但它们像梦一样易逝。有一些梦，在我们刚刚醒来的那一瞬间，还记得其中的一些片断，但立刻便忘了。以后无论我们怎样费尽苦心，无论怎样努力想回忆，总归徒劳。这些梦只残留一种异样的、谜一般的东西的感觉，若是果戈理，他就会说是一种"妙不可言的东西"的感觉。

应该马上记下来。一秒钟的滞延，这思想会倏然一现便永远消逝了。（巴乌斯托夫斯基的《金蔷薇》）

画家惠斯勒曾这样说：艺术是偶然发生的，这等于承认美学实践从本质上说是不可解释的。

艺术凭借灵感，灵感的偶然性，决定了艺术的偶然性，艺术是美学实践，这种实践从本质上是无法解释的。

爱默生用了一段很精彩的话说明了这种情形："对灵感的分析是一件最困难的事情，因为就在你下结论的那一刹那，灵感早已如秋日的落叶，凋零在了理性的大地之上。"（爱默生《灵感》）

# 构　　思

什么是构思：

构思是写作者在孕育、创作作品中所进行的思维活动。

构思是写作过程中的重要环节，是不可或缺的环节。

写作者在感受生活，萌生写作之时即开始进入构思过程。构思的时间或长或短不定，但构思是写作过程中必须经历的步骤，不经构思的写作不能称其为认真严肃的写作。

构思中，生活的影像，作者的感受、认识，已往的记忆，未来的憧憬……有形的、无形的重叠交织在一起，经过加工、梳理、提炼生成语言表达，诞生文本样式。

构思中，形象思维、抽象思维、灵感交互作用，思维进入极为活跃、异常亢奋、异乎敏捷的最佳状态。构思是积极思维的迹象，思路沿着一定的轨道向前推进。

情感因素在构思中起着推波助澜的作用。写作者的喜怒哀乐完全由所写的事物、情景决定，感情随着内容、步骤的变化而变化，构思始终在写作的激情中进行，情绪宣泄在笔端，一颗真实而火热的心在展露。

构思既是瞬间的成果也是长期的成就。构思是写作者关于作品内容与形式总观念的体现。它是生活触发的效应，亦是写作者的世界观、价值观、文学观、审美观、语言观等诸多意识形态的反映。

构思是个体的创作活动，不能不为个人的色彩所笼罩。走什么样的思路，寻求什么样的艺术形式，生成怎样风格的语言……都具有鲜明的个性特征。

倡导有独特风格的构思，构思别具匠心一直是写作这一精神创作活动所珍视的。

构思十分忌讳走现成的路，落入俗套、捡人牙慧。构思应有自己独特的视角，独特的见地，独特的艺术形式，要新颖别致，超凡脱俗。

构思的范围很广，成就文本的所有项目都在构思的范畴之内。

下面就构思中的主要几项加以阐释。

立意

拟题

人称

结构

细节

附：构思例析

立　意

写作的构思是怎样开始的？

写作者首先是发现了写作的对象，为某种生活体验所触动，为内心贮满的感情、积蓄的话语所迫使，产生表达的强烈愿望才开始写作构思的。

这就是说写作的欲望与写作兴趣是构思的前奏。

写作者抱着浓烈的写作兴趣，在强烈的写作欲望支配下开始构思的。

构思伊始，写作者心里总会想到，我为什么要写它？写它有何意义？假如连这也不曾想即是为写作而写作，盲目的写作。

这就是说写作者在决定以某个对象、某段生活经历开始写作构思时，已经有一个价值观在里面，即写它的意义，它将为读者带去什么裨益，对什么样的群体写，具有什么样的阅读价值。常说的写作的意图是构思时首先接触的问题。

这个写作意图即与立意相关。

"立意"存在于所选择的命题中，存在于写作的对象里即所写的那段生活里。生活包含着怎样的蕴藉，怎样的意义，它是客观存在；而作者要表现它，要通过它向人们展示什么则是作者的主观意图。

"立意"存在于作者年深日久的思考中，是作者对社会现实，对生活里的人物事件深度地长期的思索的精华，是沉淀在思维中的心灵深处的结晶，是作者的形象思维与抽象思维共同打造出来的东西。它与写作者本人的哲学的、文学的、社会的、伦理的诸多学问体系密切关联，作品中的"立意"不过是其中的一个闪光点。

"立意"所以重要，是因为它关系到写作的意义与价值，写作的目的性。

构思是一个颇为复杂的心路历程。客观与主观，被写的对象与写作者的主观意图，在构思中均在起作用。写作的原形——客观生活有它自身的规律，人物、事件有它客观的发展规律，它不会在作者的掌控之中。构思之中亦常常有"出轨"的情况，越出写作者的初衷，甚至违背了写作者的意图，出现了"拐点"，按着生活自身的逻辑发展，这时写作者的"立意"有可能发生改变，构思的文本有可能扩展了"立意"。

形象大于思想，作品最终的效果并不全为写作者所意料。

广阔深远的立意体现在作品中，如水乳般交融在一起。丰富的蕴涵鲜活地存在于作品所塑造的艺术形象里，渗透在语言文字里。

中国现代文学的奠基人鲁迅的作品就是立意的深远立言无虚而著称的。

鲁迅的作品永远闪烁着哲理的光辉,像哲学家一样给人展示真理,其作品里的探索与发现如多彩的虹呈现在创作的天空,给人以不尽的思考,永恒的启迪。

就鲁迅作品的思想意义而言,鲁迅不仅是文学家、作家,鲁迅还是思想界的先驱,是"五四"启蒙思想的播种人。鲁迅是对社会,对国家勇于承担的优秀知识分子。

唯其如此,鲁迅才备受尊敬;唯其如此,鲁迅的作品才让人百读不厌,引起灵魂的震撼。

永远的启迪,永远的鲁迅!

鲁迅的小说包含着多重哲理性的内涵,小说中许多探索性的关于生命的存在、生命的形态、生命的意义的质疑、驳难、慨叹……留给后人长久地回味思索。

关于鲁迅小说深远广阔的立意在鲁迅的作品中随处可见。

管中窥豹,这里只举《彷徨》里的《在酒楼上》作例析,来领略其作品的丰富的思想底蕴,来了解作品是怎样将深度的思考融汇在形象的塑造上,将饱含着人生哲理的生活呈现在人们面前。

《在酒楼上》是鲁迅描写知识分子系列中的一篇。

这篇小说的背景是20世纪20年代初,"五四"新文化运动退潮时期。新文化运动的阵营发生了分化,当年的反封建反旧礼教的战士"有的离开、有的退隐、有的前进"(鲁迅《南腔北调集·〈自选集〉自序》)。文化领域萧条冷落正如鲁迅题《彷徨》:"寂寞新文苑,平安旧战场。两间余一卒,荷戟独彷徨。"

《在酒楼上》塑造了"五四"运动退潮后苦闷彷徨的知识分子形象。

吕纬甫由先前的意气风发,敏捷精悍,反封建议国事锐意进取的革命青年落魄为颓唐消沉,对前途十分迷茫,对世事敷衍了事之人。表现了知识分子的软弱性、妥协性。从一个侧面反映了当时社会的动荡,革命的沉寂,给人们带来的失望与悲凉。

这该是《在酒楼上》这篇小说的主题思想,从评析的角度看。

然而读罢这篇小说会发现作品里包含着许多深层的意蕴,它不是一个主题思想所能概括得了的。

吕纬甫带着不无讥讽的口吻说的那段话就有着让人琢磨不尽的意味。

"我在少年时,看见蜂子或蝇子停在一个什么地方,给什么来一吓,即刻飞去了,但是飞了一小圈子,便又回来停在原地,便以为这实在很可笑,也可怜。可不料现在我自己也飞回来了,不过绕了一点小圈子。又不料你也回来了。你不能飞得更远些么?"

　　吕纬甫用一个比喻形象地描述了他的生存状态。这段话具有普遍的象征意义。

　　试想在社会中、人生中、理念中……有多少情形就是这样周而复始、循环往复的。

　　所说世事无常,变化多端,三十年河东,三十年河西,革新了许多年,一切都又回到了原点。

　　知识青年怀着追求真理、改革现实的远大抱负出发了,向着遥远的征程。他们反叛过、抗争过,颠沛流离、跌打冲撞……然而,千年的痼习,历史的重荷,将他们拖回了起点,他们痛苦、失望,选择了随遇而安。

　　一年又一年,一代又一代。五四的精神还在,呐喊与彷徨也在。命运的轮回如同魔咒附在了赋有使命感的知识分子身上,难以逃脱。

　　回顾历史,仿佛是一条古老的船,载着神圣使命的一条船,驶出去很远,摆渡了很长时间,在苍茫的海上,几经风浪之后却又回到了启航的港湾。

　　日本学者木山英雄先生曾在研究鲁迅作品时说:鲁迅有一种"内攻性冲动"。确实如此,鲁迅的小说常常带有自我辨驳的性质,将自己的思想观念、内心情感逐一加以"审视""质疑"。对处在不同处境、走在不同方向、不同的形象加以对照,并不急于肯定抑或否定,答案仿佛永远在悬疑中。正如"过客"中的衣裤褴褛的,困顿跄踉地走的过客只听见"那前面的声音叫我走",在不明前方是凶是吉,是何地的情况下,只一味地摸索前行。过客执拗地探索精神正是鲁迅的精神气质,那是"永远的探索者"的气质。

　　小说《在酒楼上》中的两个人物:吕纬甫与"我"分别扮演着生活中的两个角色:固守者与漂泊者。

　　"我"是作为一个言说对象出现的,是小说中的吕纬甫叙说的听者,虽然着笔不多,但作用不容忽视。他是吕纬甫灰色人生的见证者,也是"对照者",起了衬托作用。

　　固守与漂泊是两种生命形态。哪一种能体现人的存在的意义、生命应取的状态,这是一个关于生存的根本性的命题,是人的生命哲学的命题,颇难厘清。

　　做固守者,做漂泊者,都有各自的理由,都是一种精神的出路。

　　吕纬甫落魄为固守者是痛苦的,也是无可奈何的。如他所说:你看我们那时(指意气风发的学生时代)预想的事可有一件如意?我现在什么也不知道,连明天怎样也不知道……

　　吕纬甫敷衍、固守的正是他们当年激烈反叛的封建礼教,然而他固守的亦属于辈辈相传的"礼义",他敷衍的也是民间的习俗,是"人伦"的。在历史的悲剧现实的命运之不可抗拒之时势下,仿佛也只能如此。对这种精神上的纠结、抗争、妥协,作者是怀有悲悯、同情的。漂泊者还存有理想,还在寻求,却也同样是迷惘的、悲凉的。

因之,我们说《在酒楼上》的思想意蕴是多重性的,驳难性的。漂泊者与坚守者始终处在一种相互审视、相互观照的极为复杂的情感与言说中。漂泊者不赞同对方的消沉、颓唐、迷茫的人生态度,而自己也无法摆脱情绪上的悲哀、无聊与精神上的困惑——这正是一代知识分子的真实写照。

《在酒楼上》的截然不同的人物之间并没有不可跨越的鸿沟。在面对废园中的景色时,漂泊者与固守者都异乎寻常的惊异。在"我"的眼中,斗雪盛开的梅花与赫然如火的山茶花"愤怒且傲慢如蔑视游人的甘心于远行"。雪中花的傲骨超越了人的精神境界,在萧条、破败、陈腐的气氛中透露着生机,展现着火一样的光明与希望。这雪景同样吸引了吕纬甫:"……但当他缓缓的回顾的时候,却对废园忽地闪出我在学校时代常常看见的射人的光来。"希望之火虽然微弱亦同样在吕纬甫心中闪亮。吕纬甫对自己敷敷衍衍模模糊糊做些无聊的事的告白已表明了他内心的不安与惭愧:"我有时自己也想到,倘若先前的朋友看见我,怕会不认我做朋友了,——然而我现在就是这样。"

将人物灵魂深处的矛盾复杂状态揭示出来是鲁迅小说的特点,它使小说的人物格外真实感人。

《在酒楼上》吕纬甫说的给三岁上死的弟弟迁坟一事,原是作者的一段人生经历。鲁迅有个年幼的弟弟夭折了,鲁迅参加过迁坟之事。周作人在《鲁迅小说里的人物》中说:"因为这所说迁葬乃是著者自己的经历,所写的情形可能都是事实,所不同的只是死者的年龄以及坟的地位,都是小节,也是因了叙述的必要而加以变易的。"小说里这段话融合着作者的记忆,表达了作者的一种情怀——对已逝去的生命的追踪与眷恋。

对自己的逝去的生命陈迹的追思、保存与眷恋,在《写在〈坟〉的后面》可以找到相应的句子:"总之:逝去,逝去,一切一切,和光阴一同早逝去、在逝去,要逝去了。""当呼吸还在时,只要是自己的,我有时却也喜欢将陈迹收存起来,明知不值一文,总不能决无眷恋,集杂文而名之曰坟,究竟还是一种取巧的掩饰。"

这些含蓄的句子使小说的思想蕴涵无限地扩大了,留给读者许多具有哲学意味的思考。

随着时光的无情地流逝,人由年幼到年长到衰老,生命在逝去、生命的一切,情感、兴趣、朝气、理想、信念……一同逝去。活着还可以"将陈迹收存起来……总不能决无眷恋"……"坟",埋葬了自己的过去,生命逝去的部分……"究竟还是一种取巧的掩饰"实际是无法掩饰的追思与眷恋。

这里透露着鲁迅对生命的无限珍惜与无尽的感慨。

《写在〈坟〉的后面》中说的是鲁迅自己,也是对于他人。

请想想来到这个世界上的人们,自己的亲友、同仁……相识与不相识的,真的如一个个匆匆的过客。有作为的、无作为的,幸福过的、痛苦过的……被无情的光阴带去了,永远地逝去了,这对生者是怎样的感受?

追踪不来,眷恋不已;岁月无情,生命有情。

再想想那些先哲们、大师们,先知先觉给人类以贡献,仿佛晨曦的微光给人们的希望……然而在他们事业未竟,信念与理想尚在渺茫中,便决然离开了,永远地逝去了,这又是一种怎样的悲哀?

后者追踪先哲眷恋先哲——写下些许文字作为祭奠,不只给先哲、大师,也给那些值得一书的人。可谁又能预料,逝者的遗愿何时实现能否实现?自己写的文字会不会是写给自己的祭文?现在的追思人旋即又成了逝者。

鲁迅的作品留给我们关于生命的思考实在有太多太多!

鲁迅小说主题的广阔性与思想的深刻性是源于鲁迅对社会的观察与思考,源于鲁迅对中国历史的考察与认识。

从民国初年始,鲁迅对历史和现状进行了近十年的观察,他看到了历史发展的艰难、曲折,看到了辛亥革命中革命派的动摇性和妥协性,他思索了辛亥革命失败的原因。鲁迅把关注的目光投向了"病态社会的不幸的人们",把真实而平凡承受着深重苦难的农民和在迷惘与困惑中挣扎的下层知识分子作为主要描写对象,展示他们在浓重的黑暗中悲剧性的命运。

对国民性的探索是鲁迅思想又一成果。千年痼疾、封建专制及维护它的封建礼教、封建伦理、封建迷信在国人身上烙下的印迹正是中华民族悲剧命运的根源所在。鲁迅对民族命运的深层开掘,对国人灵魂的解剖是成功的,独一无二的。这种历史性的深度开掘与灵魂的无情的剖析,揭示了中国现实社会悲剧的本质。鲁迅哲思无以伦比。

鲁迅小说思想的深刻性广泛性是"五四""启蒙主义"精神的体现,对旧制度旧意识的彻底反叛,毫不妥协的战斗,高扬自由、民主、平等、解放的理想是鲁迅创作的灵魂。

鲁迅写作立意高远是年深日久对社会对历史的观察的结果,是鲁迅作为思想界先锋的思维的结果。

其思想意蕴的丰厚,立意之深远,感情的悲情缱绻、忧愤;其笔触的严峻峭拔、锋利遒劲……是鲁迅小说的艺术特点。

鲁迅精神是一个时代精神的折射,是"五四"时期启蒙意识的表现。

鲁迅的卓见远识体现在作品中的意义不仅在当时具有现实的指导意义,即使在将近百年后的今天仍有它的现实意义。鲁迅思想的前瞻性,使他的作品经久不衰仿佛具有永恒的价值。

关于"立意"有一种颇为流行的说法,即"文以载道,主题先行"。"主题先行"是由传统的"文以载道"写作观念延伸而来的。既然写作之水必需载"道",那么这个"道"即是写作者构思时首先要确定的。因而构思"立意"则应首先将作品要表现什么主题思想明确起来。

显然这种理解是片面的,将"立意"仅仅理解为写作者主观要表现的思想意义,而忽略了写作者所选择的生活本身的意义价值,忽略了文本自身衍生的意义价值。

一部作品,它再现的生活所折射出来的意义很可能是多方面的,十分丰富的,远远超出作者的预料。即使拟定了一个要表现的主题思想也不一定就是作品恰好所表现的。形象大于思想,作品是生活再现,生活有多少内涵、意蕴,作品的文本就可能有多少内涵、意蕴,它决不是一个拟定出来的主题所能概括得了的。

马里奥·巴尔加斯·略萨在回答青年朋友的问题"主题是如何在小说家心里产生的?"时说:"任何故事的根源都是编造这些故事者的经验,生活过的内容是灌溉虚构之花的源泉。""小说家不选择主题;是他被主题选择。""如果与文学形式相比,主题的分量要小得多。我觉得面对文学形式,作家的自由——或者说责任——是全方位的。"

(《给青年小说家的信》)

小说家不选择主题;是他被主题选择。

作家并非根据一个什么样的主题去进行创作,主题是其创作的作品显示出来的——包括生活本身放射出来的意义光芒。

先拟定一个主题,让整个构思始终沿着这个既定线路进行,不一定符合写作的实际状况。写作是创作不是做答题。如果一定要这样做,势必要导致写作的刻板化、模式化,构思因之而失去独创性,失去个性化的色泽。

"按图索骥"出不了感人的作品。

在构思活动中,固然客观因素、主观因素均在起作用,但写作毕竟是创作者个体的精神活动,主观因素仍是起主导作用的因素。一段生活一旦被发现被选择,随之而来的即是写作者对意义的开掘与发现,这个开掘与发现的过程,就是"立意"的过程。"立意"的深浅取决于写作者的整体知识体系,取决于写作者的价值观、认识水平、思维能力等各种因素。

"立意"影响着构思中的各个步骤,包括选材、布局、结构模式、表现技巧、语言表达等,"立意"在构思中的重要性不容忽视。

## 拟　　题

给作品命名,拟定一个题目。

一般在选择写作素材之后,确定了写作的对象,即要为自己即将诞生的文本拟定题目。

题目可以是内容的概括,也可以不是,但总是与内容有关联。譬如以事件命名、以人物命名、以地点时间命名……均属内容涉及的、所表现的。

拟定的题目要求简洁、醒目、新颖具有创意。

命题属于构思的组成部分,亦需要智慧、需要相应的文学艺术修养。拟题恰到好处,具有特殊的风味,独一无二地体现创作的艺术。

题目具有艺术性,风趣且耐人寻味则具有吸引力。

读者与书籍文章相遇,首先映入眼睑的就是题目、书名,它是第一印象。当然是否选择阅读还有其他方面的因素:作者资质、知名度;其著作是否畅销、是否具有社会影响力、作品的内容是否有实用价值、是否合乎读者的口味;有关的评介,媒体的反响,网络的人脉……但在短时间起作用的因素,题目还是占一定比重。题目引人,让读者在第一时间选择阅读,即抢占了读者的眼球。

因而,拟题有一定的难度,难度不仅在于文本自身题目是否恰当,还在于读者是否认可喜欢。

构思的过程中,题目迟迟定不下来的情形也是有的。有时作品已完成,题目尚在举棋不定,斟酌之中。

拟题的范围十分开阔、自由、不受局限。

日月星辰、一年四季、花鸟草虫、山川湖泽、自然风光;都市、村庄、房屋、街道、社会生活场景;从静态到动态、从外在到内在、由形象到抽象可谓包罗万象。

但愈是广阔,愈难寻觅,要锁定一个目标似乎并不容易。

好的题目会给人留下深深的印象,长久地珍藏在人们的记忆里,活跃在人们的话语里。

吴祖光的一个剧本名赫然在目,它将背景、人物、特殊的时间组合了一个故事——《风雪夜归人》。

一个风雪交加的夜里,突然有人归来。为什么回来不选择风和日丽的白天?这是一个什么身份、有着什么经历的人?一连串的疑问待解。题目即悬念,且带几分神秘与惊悚。

题目与情节关系紧密,给人恒久不忘的当然能列出许多。像曹禺的剧作《雷雨》,恰切地概括了周朴园一家发生的故事:狂风暴雨电闪雷劈中的人间惨剧。

鲁迅的散文集《朝华夕拾》荟集的篇目都与童年有关,朝花晚年拾掇。题目与内容吻合。

有这样一组与生命有关的题目品味起来,饶有趣味。

捷克作家米兰·昆德拉写的一部小说在20世纪90年代曾风靡一时。小说不一定人人都看过,题目却常挂在嘴边。主持人的节目台词、谈话、讲演、作文都提及它,仿佛成了一个特定意义的词组,被引来用去,让人们耳熟能详。足见此题的韵味十足颇有吸引力。

《生命中不能承受之轻》口语中简化成"生命不能承受之轻"亦有化为"生命不能承受之重"。"轻"却不能承受是生命的脆弱,还是际遇沉重?的确耐人寻味。

化铁是"七月"诗人中最年轻的一位,被称"小刘"。我们先不说他的具有传奇色彩的人生,先亮出他的诗集的名字:《生命中不可重复的偶然》。

果真是很偶然,在化铁的生命历程中。

那是1949年3月,曾一起编辑进步诗刊《蚂蚁小集》的化铁与欧阳庄在上海龙华机场被国民党特务逮捕了,而起因却不是因办地下刊物。欧阳庄那天到机场给化铁送件毛衣,那时正巧因有国民党空军驾驶员起义飞往解放区,机场成了严密监视的地方。倒霉的就是他俩。所幸,他们竟死里逃生活下来了。

岂知这个生命中不可重复的"偶然"在解放后,在由化铁、欧阳庄等人用生命催生的新中国又重复上演了。

化铁在1955年5月因结识胡风(由发表诗作而相互认识的)被打成"胡风分子"遭到逮捕。当时化铁是南京空军部队的气象参谋。转瞬间就变成了"反革命",更奇特的事是他的名字也因为碰上个"偶然"被改换而终生未能纠正。

化铁由"革命军人"变成"反革命"被部队开除。他到地方上户口,遇上一个户籍员不认识"馨"字(化铁的名字),责令化铁改名为"刘德兴"。

几十年来化铁曾多次申请更正,还他原来的名字——刘馨,都无人理睬。直到 20 世纪末,才答复他说:将输入电脑的名字改变很复杂很麻烦,都七八十岁了……(离死不远了,算了吧)

名字由父母所赐,是一个人的称谓,怎样的人,在什么境遇中都有拥有自己名字的权利,化铁遭遇的事实属罕见。这又是"生命中不可重复的偶然",题目与命运吻合。

《命若琴弦》是当代作家史铁生的小说。讲述的是一老一少两个瞎子,穿山越岭到村落里弹唱的故事。许诺他们能重见光明的关键的东西是琴弦,只要弦弹断一定数量就可得到恢复视力的药方——为此他们顽强、坚韧地活下去、拼下去,一根根琴弦被弹断……到头来这到手的"药方"竟然是一张白纸。

断了的琴弦,断了的希望,无望的无奈的茫然的生命!

这篇小说写得空灵高远、蕴涵深广、耐人琢磨,小说的成功与题目和内容丝丝入扣大有关系。题目预示人物的命运。

说到题目的寓意,钱钟书的"围城"可谓绝妙,小说中一句经典名言恰当地解说了题目的寓意:

"婚姻是一座围城,城外的人想进去,城里的人想出来。"

小说的题目开宗明义,仅仅两个字即将整部小说包涵的人生哲理概括了出来。

题目简约、醒目、寓意深邃。

题目具有一种艺术魅力,吸引读者。下面的题目即是。

《难忘的清流绝响》黄永玉

《我总是无法缓和自己的呼吸》尉克冰

《谁动摇了天使之铃?》王人博

《美的诉说》蔡勇

《你在我的感觉里》黄扉

《永不消散的生存雾霭中的小路》刘小枫

题目的类型不拘一格。题目的创新来自文本的内在因素,包括情感色泽,它是构思的一个有机组成部分。

有这样的题目,入目即让进入一个氛围里,跌进一种情思中。

苏联有一部反映战争题材的电影,片名给人留下了难以磨灭的印象。

《这里的黎明静悄悄》

太阳照常冉冉升起,沼泽绿茵依旧,可是,昨日还闪过女战士身影,回响着她清脆声音的这里寂静又寂静。曾经朝气蓬勃的青春,充满活力的漂亮的少女生命,在沼泽地永远地消弥了。

题目以一种氛围攫住了人们的心。

美国功绩显赫,享有盛誉的总统林肯遇刺身亡,举世震惊,美国陷于一片悲痛中。诗人华尔特·惠特曼献给林肯总统的一首诗,题目为《啊,船长,我的船长哟》深情地表达了痛失伟大首领的感情,抒发了美国人对林肯总统的尊敬与热爱。

题目所用称呼"船长"既亲切又充满敬意,题目的浓浓之情不由得你不动容,即刻落进诗的情思中。

题目——给文本命名说来不是件难事,仿佛也无关大局,却也并非微不足道。

拟定文题似有所追求,大气有气魄:新奇惹人注目;时髦紧跟潮流;显示文化、地域特色……拟题与行文一样自由,一样可以体现作者的个性、喜好。怎样的命题都无可非议。只是读者的感受不能不揣摩。题目给读者什么样的感受需仔细研究。

譬如说,题目是否愈大愈好,愈能体现出视野开阔胸襟宽广?如同给新建的街道广场命名似的一律冠以"世纪""宇宙""世界""纪元""天地"……题目与文本的内容相匹配大也无妨,只怕内容小或少题目大,给读者的感觉就像晃来晃去的"大头娃",身子支撑不住脑袋。

题目虽无关宏旨,却也应恰到好处,与文本组成一个和谐的整体。

## 人　　称

人称,叙述者由谁来担当,"谁来讲故事?"用第一人称讲述故事,人物兼叙述者,二者处在同一空间,同一个视角;用第三人称讲故事,叙述者是无所不知的,置身于故事发生的空间之外,可以看到万物的"上帝"的视角,掌握着无限大和无限小的叙事天地,叙述者不隶属于叙事世界,他从外部向读者展示故事。

以上是两种传统小说常采用的叙述者。

用第二人称讲述故事,则很难弄清叙述者是从故事内部还是外部讲故事的。他可能是无所不知的高高在上的声音,也可能是故事中的人物兼叙述者发神经似的自言自语……以"你"为借口,对读者说话,在现代小说里采用,是现代小说的一种产物。

在阅读第一人称的文本时,有人将叙述者与作者混淆,误认为讲故事的人、书中的"我"即是作者——写故事的人。这样,采用第一人称讲述的故事自然是作者本人的故事,题材取自作家本人的经历,文本即变成了"自传体"。

读者、作家、评论家均有这种误解的可能。由这种误解引出的则是实证主义的考究。对作家的身世背景作细微的考证、研究,从而探求文本的思想意义等问题。

事实上,叙述者是作家为讲述故事而编造出来的人物,是为故事的运作而创设的,是因故事而存在的。因为作家要为自己的作品选择一个讲述的空间视觉(小说叙述者占据的空间与叙事空间之间的关系称作空间视角),以适宜于故事内容的叙述,使创作拥有一个更为广阔自由的天地。

叙述者是虚构的人物,如同其他虚构的人物一样,只是他在文本中占有重要的地位,他是作者的代言人。叙述者或深藏不露,保持客观态度;或抛头露面表白主观的见解,评论事件与人物。

为了变换空间视角,获得一个多元视角,叙述者由几个人物轮流交替进行讲述,或从一个视角跳到另一个视角也是现代小说中常见的。

从 20 世纪 60 年代起以法国文学理论家为代表的结构主义形成了一股批评潮流。

结构主义突出的成就即是符号学和叙事学。

结构主义叙事学的代表人物热拉尔·热奈特的《叙事话语》是一部运用结构主义方法分析叙事作品的经典之作。

《叙事话语》以普鲁斯特的《追忆似水年华》为研究对象,讨论了"叙述话语"的一系列理论问题。见解新颖而独到,详尽而确切。

其中涉及的人称问题,可让我们窥到现代文学理论之端倪。

热奈特认为人称即叙述者与所讲故事之间的关系。作者采用什么叙述者与传递信息有关,即选择一个限制性的"视点"来调节信息。关于"视点"或"视角"的限定,热奈特作了如下的分类:

第一类相当于通常所说的无所不知的叙述者的叙事,可以用"叙述者＞人物"来表示(即叙述者比任何人物知道的都多);第二类是"叙述者＝人物"(即叙述者只说某个人物知道的情况）；第三类则是"叙述者＜人物"（即叙述者说的比人物知道的少）。

热奈特也认为传统的研讨中常将叙述者与作者、叙事的接受者与作品的读者等同起来。

叙事学研究文学作品的中心不是作者，而是叙述者主体在文本中的叙述话语。叙述者本身是一个虚构角色，它假设的叙述情景与作者写作行为完全是两回事。

"从这个意义来说，一篇虚构作品的叙述情境当然永远不会和它的写作情境相吻合。"

热奈特认为必须把下面两种类型的叙事区分开来。一类是叙述者不在他所讲的故事中出现，可以称为异故事，即一般称为"第三人称叙事"；另一类是叙述者作为人物在他讲的故事中出现，可以称为同故事，即一般称为"第一人称叙事"。

在同故事中又可区分两类：一是叙述者就是叙事的主人；一是叙述者扮演的是观察者和见证人的角色。

传统小说在界定叙述者与故事的关系上所用的术语原则上不会改变，同一人物的人称不会改变。

现代小说则不然，它们早已越过了这个界限。热奈特举普鲁斯特的作品为例：初稿《让·桑特依》采用了异故事，即第三人称叙事；《追忆似水年华》却成了一部同故事的作品，即第一人称叙事。由此推断第一人称叙事是普鲁斯特有意的选择，而不是直抒胸臆的自传标记。

"普鲁斯特同时需要一个能够驾驭客观化的内心世界的'无所不知'的叙述者，和一个能够亲自承担、用自己的评论证实和阐明心灵经验的自身故事的叙述者……由此出现了一个自相矛盾、引起某些人反感的情况：'第一人称'的叙述有时又是无所不知的叙述。"

《追忆似水年华》正是在这方面打破了传统小说的叙述方式，动摇了小说话语的逻辑。

关于受述者，热奈特认为可分为两种，即故事内的受述者和故事外的受述者。与故事内的叙述者相对应的是故事内的受述者，即叙事的接受者；与故事外的叙述者相对应的只能是故事外的受述者，即作品的读者。二者亦不宜于混同。

就读者而言，越是与叙述者保持一定的距离就越容易把自己视为"潜在的受述者"。

这样读者有权用自己的话去表现作品的天地，赋予文本的普遍的意义，并通过作品来窥视自己的内心世界。《追忆似水年华》在叙述话语及其他各方面的创新,都让读者惊喜震撼。普鲁斯特的《追忆似水年华》是属于罗兰·巴特的"可写性"文本,是一部具有传世意义的巨著,在法国乃至世界文学史上产生深远的影响。

## 结　构

什么是结构?

结构是文本内部的组合构造。

构思中对文本结构的思考,如同为文本这所楼房设计图纸、搭骨架,框架匀称稳固文本方能立起来。

结构亦如一盘棋的布局,棋子的格局关系着棋艺的优劣、棋局的赢输。

结构不只是一个形式,它是"有机性"的"格局"。

俄国著名电影作家和理论家爱森斯坦说:"只有当作品结构的规律符合自然现象结构的规律的情况下,作品才具有有机性。"他认为结构的规律应是匀称的比例和进程。爱森斯坦所说的"进程"是指事物运动发展的有序状态,即一层一层一步一步向前推进。

文章结构的有机性,如柏拉图说的,结构应该是有生命的东西。它是结构的本质。

结构追求"匀称""完整""严密""创新"。

匀称是指文章各个部分之间比例协调,详略得当;

完整是指结构的完整性,不残缺;

严密是指结构中各部分安排井然有序,合乎逻辑;

创新是指结构富于变化,力求新颖,具有生命力,给人清新的感受。

结构源于思路,思路源于思维。

谈结构不能不谈思路,谈思路又涉及思维,尤其是思维的方式。

结构之所以取这种形式而不取其他形式,究其原因则属于结构的有机性、结构的生命,它该是结构的本质之所在。

【思路】

什么是思路?

思路是思维活动的道路和途径,即思维信息的流程和轨迹。

思路是由思维的线索、脉络所组成的多层次的复杂的网络系统。

在写作构思过程中既有直感联想又有逻辑推理,即形象思维与抽象思维相互交叉与补充,并时时迸发灵感的火花,使思路呈现纵横交错的网络结构系统。

思路在科学发明中由低到高、由简单到复杂、由表象到本质进行转化与流动;思路在写作中是沿着特定的生活轨迹、理论规律,不断推进、飞跃、演变……其中思维均起着促进、助推、催化的作用。

实际情况是有思维存在,不管是做学问、搞研发、进行文艺创作,还是处理日常普通事务都会有"思路"。

思路以形象思维、抽象思维、灵感的形式进行着,只是处在不同的阶段及不同的层次中思维形式也在变化,思维者主体是显意识状态还是潜意识状态,思路都是以某种思维模式作依存来运行的。

大量的公务、工作、操作、学术研究……各类不同的种族、人群、个体……都因各自的思维方式、思维品质不同而有着似乎是迥然不同的思路。

亦可以说正是这些迥然不同的思路推导出形形色色的结果,也才有了千差万别的决定。结局仿佛在"思路"运行时就已注定。

"思路"不是无可无不可的。能意识到"思路"的方向,意识到该"思路"为何种思潮左右,为哪种思维方式所引导,做一个清醒的、自觉的个体异乎重要,又十分难得。

"思路"无形中无意识中被掌控的情形是存在的。清醒的智者,往往会保持一份警惕、一份戒心,尤其是在纷繁杂乱的论说中。思路一旦被掌控,思维则处于滞后及迷茫势态,也就失去了主体的主动与自由,这是明智者所不取的。

写作中的诸多方面与思路相关,文本组织结构关联最为密切。构思过程中需不断调整思路,理清思路。

写作的整体构想,结构安排,文本的布局是构思中"主干"。

它如同勾勒一张建筑的设计图,设计图纸要清晰、准确、可行,文本的布局应合理、严谨。结构严谨与否,布局合理与否取决于写作人的思路,它缘于思路终于思路。所以谈构思中的结构安排首先要提及思路。

语言学家张志公在《怎样锻炼思路》里作如是说:

"要文章结构好,必须求之于思路。要思路清晰严密,必须善于观察事物、能够理解和认识事物。只有从锻炼观察能力和理解、认识能力入手,才能培养起既活泼又严密的思路;只有培养起这样的思路,写文章才会有好的结构。"

这段文字看似简易,却包含着作者多年的经验体会。

锻炼思路何以要从锻炼观察力、理解力,认识力入手?思路是作者对事物(写作对象)观察、理解、认识的反映。

写作的素材来源于对现实生活的观察,由敏锐地细致入微的观察去捕捉具有潜在思想意义的,具有写作价值的生活,写作的思路即由此而来。

观察伊始,写作的思路就开始活跃;

撷取生活素材之时,思路即已开启。

锻炼观察力,也是锻炼思维的敏锐性,对事物的敏感是索取写作素材必备条件。

面对千姿百态的生活"原生态"如何理解认识,测验着写作人的认识力与理解力。正确地理解与认识,透过表层对生活作深入地挖掘,从而能深入的理解,认识到生活内在的本质性的东西确实需要一定的理解力与认识力。这种理解与认识直接影响写作构思的思路。诸如选定何种事物为表现中心,从什么角度下手,沿着什么线路构想……思路为写作人的对生活素材的理解与认识所厘定,因而"培养起既活泼又严密的思路"要"从锻炼观察能力和理解、认识能力入手"。

一个人的理解力与认识力的形成与其所处的社会境况,生活环境,亲身的经历,学习探索的路程,工作实践的经验等等因素有关。这种种因素最终凝结而成的则是一个人的思维及其发展。

特定的环境、特定的时代、特定的语境、特定的人生经历、特定的阅读研讨路程将形成一个人独有的思维能力。思维能力,特别是思维品质与思维方式与构思时的思路有密切的关联。

写作中思路要保持它的通畅、连贯,像一条小溪涓涓的流出,沿着河渠轨道源源地流着。

中途不被阻隔、不被打断。

长时间地静静地构思,全神贯注是写作构思的常态。清晰严密的思路是年深日久才能形成的。

【开头结尾】

怎样的开头与结尾取决于写作的内容,应与内容和谐统一。

写作崇尚自然,开头结尾自然,与文本主体浑然一体即是好的开头结尾。

开头是否一定要刻意雕琢,煞费苦心地雕饰出一个"凤头"呢?

还是要看内容的需要,如果与内容脱节,即或是富丽堂皇的"桂冠"也不一定会为文本增添姿色。

主张开头"单刀直入,开门见山"的观点还是有道理的。

读文如同拜访,总希望进门即很快登堂入室,不会喜欢在庭院里的曲径回廊,左突右拐绕行半天才见到厅堂间的主人。

阅读固然考验一个人的耐心,但耐心却不必要无谓地消耗。

一篇文的开头,为了营造气氛也好,为了渲染诗情画意也好,为了强化开篇效果也好……总应该是叙事的开端,议理的起点,一段情感的缘由——让读者很快见到些端倪。

如果开篇一味地追求吸引眼球,拼凑一些华丽的词藻与句子,游离于文本主体之外,仿佛是"万能的段落",放之四海之文皆可以,就是问题了。

这样的开头有时让读者感到做作、矫饰,有时简直就摸不到头脑,如坠入七里云雾,十分虚妄。

追求什么文风,是朴实自然的,准确、鲜明、生动的健康的文风,还是浮华、空泛、萎靡、矫揉造作的文风,说到底还是一个写作态度问题,是否持诚恳老实的态度。

风花雪月像古代山水画似的开头,豪言壮语如政治宣言类的开头往往都缺乏创新,陈词滥调居多,与文本的主体若即若离,对愿很快能探知个所以的读者来说,会失去卒读的耐心。

过度地追求"效果"将适得其反。这里面"度"很重要,开头也要适度。

开头的确不是无足轻重。它颇像为一个曲子定音调,音调定得准确、适当无疑是好的曲子产生的基础。音调的高低形成氛围适度对于写作的文本是好的"引子",起着引领全文的作用。

寻觅一个好的开头犹如上山找泉眼,泉眼找准了,方能开掘出泉水。泉水汩汩地流出,清澈、明快地流淌,恰似心灵打开,话语顺畅地流出,也是清澈、明快的,它们都是自然地不沾任何污渍,不加虚饰雕琢。

开头好后面有话可说,开头难就难在这里,怎样的开头能引出滔滔不绝的话语,要费番思考。

开头的方法因文体不同而不同。

论说文体,一般开宗明义,提示内容的中心、写作的意图,起到领携全篇的作用。

记叙文体开头的形式异彩纷呈多种多样,较为注重形象感染力和吸引力。

或作简明的介绍或写景抒情或奇峰突兀出人意料……均是为下文作铺垫,渲染氛围,制造悬念,以引起读者阅读的兴致。

结尾是文本留给人的最后印象,如同一出戏剧最后的一幕,一部电影片终的特写镜头,一个传奇故事的结局……留给人们是记忆中的较为深刻的画面。对结尾人们会有预期,见到理想的结尾,耐人寻味的、意料之外的、新奇的结尾,自然会十分欣慰。这样的结尾能给人以审美的满足。

结尾与开头一样,它是文本的有机组成部分,是内容发展的必然结果。结尾与文本主体的衔接要自然。

狗尾续貂固然不好,但貂尾续貂就好吗?

未必。貂尾如果成色不好呢?或貂尾太长呢?

"续"总有贴上去的感觉,尾巴还是自然天生的好。

结尾与内容浑然一体才好。

眼下"时尚文"开头"云卷云舒、悠悠千古",结尾"潮起潮落、沧桑巨变"似乎意境挺美,又有叹古慨今的气魄。语句本身有无问题不是我们谈的关键,关键在于类似的开头与结尾方式是否适合文本的内容,是自然情感的流露,还是装腔作势的点缀。

某种语言形式一旦流行久了就失去了"新鲜感",与真实的情状拉开了距离。就是作者本身也失去了活泼的朝气,渐行渐远地隐现在八股文人的身影间。

采取什么样的形式结尾确实也需煞费苦心。

戛然而止虽然突然,但让人"游兴未尽",遗憾之中是期待,期待再次与文相遇。

意味深长,颇费思索但并不让人厌烦,因为这意味恰恰是人百思欲解的,人们乐得去咀嚼寻味……

形式为内容所役,结尾的形式由文本的内容、作者为文的风格所定。

结尾的方法因文体的类别而有所不同。

论说文体结尾往往要总结全文,提出今后的方向、目标、希望,概括性的结尾居多。

记叙性文体诸如散文结尾更富于创造性、形象性,也不乏哲理。结尾蕴含深刻的启示,发人深思。或记叙后续的事交代结果;或写景抒情升华思想;或议论事物,给人以启迪;或引名言诗歌等概括、类比、引伸文本的意义……

文无定法。开头与结尾亦不好作规定,如何开篇如何结束全凭行文的需要,全凭写作人的喜好创造。

【过渡与照应】

过渡是指结构中上下文的衔接与转换。

过渡与叙述的顺序及叙述的方式有关。

按时间的顺序叙述,时间的交代即是衔接;按空间顺序排列,地点的交代场合的介绍即是衔接;按人物的动作行为、情感与意识的序列结构文本,对人物的上述方面所作交代即为衔接。

"意识流"的结构方式突破了传统的行文方式,上下文呈跳跃的形态,行文随着意识的流程,打破了前因后果等顺序,呈现更为自由开放的状态。其衔接往往由意念、由思想的变换发展自然完成。

需要过渡的地方是表达方式转换的地方。

例如:由总说到分述、由概括到具体、由顺叙到插叙、由倒叙到顺序……的转换。

过渡有时用过渡段,也有用过渡句和过渡词语。

照应是指行文中前后之间相互关照、对应。

照应与伏笔悬念的设置有关,前文埋下伏笔、设下悬念,后文予以照应。开头与结尾也常常有呼应。

伏笔犹如伏兵,作何用途前面不点明,待到后面再托出伏笔的结果,前后贯通,构思巧妙严谨。

悬念是在意念中给读者留个疑点、念头,增加阅读的兴趣。欲知分晓则一口气读下去,直到照应处才罢休。悬念的照应自然增添了文本的兴味。

开头与结尾的呼应使文本前后贯通、首尾圆合,给人以完整弥合的感觉。

过渡与照应均属结构文本的技巧,它追求的是写作的天衣无缝,完美无缺。

## 细　　节

"没有细节就没有艺术。"

细节对文学作品绝非可有可无,它是作者构思时精心设置的。

什么是细节？

细节是指人物、景物、事件等描写中的富有特色的具有典型性的细枝末节。

细节是具体的、细微的,看似无关大局不经心的闲笔,实则对表现人物内心世界,展现人物微妙的心理活动,暗示人物的处境和命运,以及对故事的发展和结局……起着重要的作用。

细节描写使人物形象真实、饱满、有血有肉、个性鲜明;细节在故事中营造某种气氛,使情节环环相扣,增加故事的吸引力。

我们的时代似乎进入了无细节的时代。宏大的叙事,壮阔的场景,多彩的群体展露,人物的整齐划一;服饰、动作、表情、姿态……都在规格化、目标化、商业化之中统一起来,仿佛很难见到那些能透露个性气息的"细节"了。

回想在我们经历的事件中,读过的书籍里,看过的影剧里,印象很深的、耐人寻味的、忍俊不禁的恰恰是一些"细节",一些生动的微妙的"细节"。

作品中的"细节"像生命中最活跃的细胞,长久地维持着文学生命的活力,保存在人们的记忆里。

北岛在与记者林思浩的谈话中曾说:"我们生活在一个没有细节的时代。我在大学教散文写作,让学生写写他们的童年,发现几乎没人会写细节。这是非常可怕的。意识形态化,商业化和娱乐化正从人们的生活中删除细节,没有细节就没有记忆,而细节是非常个人化的,是与人的感官紧密相连的。正是属于个人的可感性细节,才会构成我们所说的历史的质感。"

确乎如此,细节对于写作,对于文学实在重要。

"细节"的真实让人感受作品的真实,"细节"的时代特征让人感受时代的气息,而只有真正有生活体验的人,能看到社会生活本质的人,与时代的脉搏一起跳动的人,也才能有真实而生动的"细节"描写。

北岛在他的散文集《城门开》写童年、青少年时的北京生活中,充满了令人着迷的可感性细节。正是这些"细节"唤醒童年的北京的记忆。是那些光和影,味道和声音等细节让北岛在书中完成了一个已逝的北京的重建,让人忆起了北京在历史进程中的点点滴滴,透过这点点滴滴看到那个时代的面貌。

"细节"决定情节,决定人物,细节关系案件的结局,这在侦探小说、悬疑小说、惊悚小说中俯拾皆是。

侦破的过程往往都是从微不足道的不为常人觉察的细节入手,进行分析、判断、层层推理而得出结论的。

侦探之魁——英国的福尔摩斯以极为敏锐的目力摘取细枝末节,收入囊中,然后作严密的剖析完成破解过程。"细节"构成疑点,"细节"促成破译,铸就了福尔摩斯赫赫大侦探之盛名。

大侦探波罗,在扑朔迷离、险象环生的"尼罗河惨案"中,从众多船客们身上发现不寻常的"细节",或是衣物,或是眼神、动作,或是时差、地异……终于找到了蛛丝马迹,经过判断推理将案情真相大白。

美国著名作家埃德加·爱伦·坡的侦探小说誉满全球,其中魅影重重,迷团叠叠,惊心骇魂。神探竟然不动声色地破解了谜团,也是看来无关紧要的"细节"帮了大忙。

细节的把握与运用需要清醒的头脑,清晰敏捷的思维。超凡的思维力是必不可少的。

细节的发现需要特别细致入微的观察。具有敏锐的观察力才可能在纷繁、杂沓的生活中,在人物的变化不定的心理中发现细节,抓住那些生动的细节。

文学作品中的细节描写将人物的独特的个性、复杂的心理凸现了出来,人物是真实灵动地存在。

鲁迅小说《伤逝》中的细节描写让人如闻其声、如见其貌,十分生动逼真,而且与故事息息相关,有着深刻地透视力,让人直视其心灵。

子君的步履声在会馆的寂静中,在涓生的空虚中,在涓生焦灼的等待中响起,"一听到皮鞋的高底尖触着砖路的清响,是怎样地使我骤然生动起来呵!"

这个细节十分形象地表现了子君对爱情的勇敢地追求。她是一个新女性的形象,时尚而又解放,脚步声意味着冲破旧思想的束缚,向着自由的道路迈进……人物的热烈而纯真的爱,对封建婚姻"大无畏"地反抗,鲜明的反叛的个性跃然纸上。

小说的结局是悲凉的,子君与涓生的自由恋爱因缺乏经济支柱而难以维系。造成这个悲剧的根源是在当时还十分强大的社会舆论——是旧思想、旧道德所致。"搽着雪花膏的小东西""是局长的儿子的赌友"添油加醋地将谣言报告到局里,致使涓生遭辞退,断了涓生的生路。

"小东西"与"老东西"在子君来去时,将脸贴在窗玻璃上的窥视也是一个很好的细节,它将封建余孽形象地勾勒了出来。细节描写表现了他们内心的卑劣与猥琐。

正是社会上这些封建势力:子君的叔子、父亲——封建家长;"小东西""老东西""绝了交"的朋友——险恶的周边的环境;开除涓生的局长——陈腐的社会机构……它们沉瀣一气扼杀了这对青年的纯真爱情,造成了他们的悲剧的命运。

子君的步履声这个细节一直贯穿到故事的最后。涓生怀念子君,在寂静与空虚里期待的仍是能听到子君的鞋声:"只是耳朵却分外地灵,仿佛听到大门外一切往来的履声,从中便有子君的,而且橐橐地逐渐临近——但是,往往又逐渐渺茫,终于消失在别的步声的杂沓中了。"

子君永远不再回来了,涓生感到彻骨的悔恨和悲哀。涓生思念子君的一段履声的描写与开头的子君踏着轻快的清响的脚步来到的细节描写相呼应,增强了故事的感染力。

巴金的《家》里有一个"梅花"的细节亦很典型。

觉新原本爱恋着姨妈的女儿梅表姐,两人自年幼时就在一起玩耍、学习,十分相爱。梅是个美貌而多情的女性,是觉新梦想中的最佳配偶。梅表姐深深地爱着觉新,自始至终紧守着这份纯真的爱。

然而,封建包办婚姻毁掉了这桩美好的爱情,觉新与梅成了牺牲品。梅表姐婚后受尽折磨,成了寡媪之后,又不能再嫁,最终郁闷而死。觉新顺从父亲以拈阄定终身的荒唐包办婚姻,娶了自己不相识的瑞珏。还算幸运碰上了一个温柔、善良的女人。瑞珏既美丽又贤惠,又为他生了一个儿子,总算过上了一段平静的家庭生活。

梅花是梅表姐的象征。觉新爱梅花怀念与梅表姐的恋情。瑞珏早已觉察,她非但不妒恨,反而十分同情他们。为了抚慰觉新受伤的心,她画了梅花帐檐挂在房中,桌上的瓷瓶、花瓶里都插着梅花……

瑞珏的温柔体贴不仅赢得了觉新的心,也感动了梅表姐。瑞珏敏感而温存,她觉察了觉新与梅藕断丝连的旧情后,非常真诚地关怀梅,与梅像亲姐妹般谈心,抚慰梅那颗伤痕累累的心。虽然她帮不了梅,但她的善良与诚恳让梅十分感动,梅与瑞珏倾心而谈,她们成了要好的朋友。

"梅花"这一细节很好地表现了瑞珏这个人物的性格品德。

然而当梅表姐死后,觉新已深深爱着瑞珏时,瑞珏却因高老太爷的死而遭到厄运。

觉新的祖父死了,瑞珏孕期也满了,快到生产的日子了,家中以陈姨太为首的封建势力,以"血光之灾"之封建迷信之说逼觉新将瑞珏赶到荒凉的城外生产,拿死人压活人。最后连最善良贤惠的瑞珏也没能逃脱"家"中的杀人魔掌,城外的恶劣环境,她产后大出血而死。

封建的家族、封建的思想活活地夺去了两个年轻女性的生命,造成了觉新、梅表姐与瑞珏的生存的悲剧。

在惨重的双重打击下,觉新终于明白,夺去了他的青春,夺去了他的前途,夺去了他所爱的两个女人的是封建制度,是封建礼教,封建迷信。觉新悲哀愤怒、悔恨……他悔恨是他的软弱、妥协纵容了封建势力。当觉新意识到这点时悲剧已经铸成,觉新撕心裂肺地跪在了瑞珏的床前——

两个无辜女性的生命换来的觉醒,代价太大了,觉新永远也无法原谅自己。醒悟让觉新支持觉慧逃出"家"的这个叛逆的决定,觉慧的出走是"家"的唯一的曙光,这曙光照亮了觉民、琴等年青人的前程。

"梅花"这一细节与人物、与情节就是这般关联着。

附带提一笔,巴金写的觉新及他的生平遭遇是巴金的哥哥的实事,巴金的亲哥哥就是觉新的原形。巴金是应他哥哥的请求写长篇小说《家》的。"家"中许多情节即是巴金自己的家里的实事,巴金根据自己的经历写成"家"这部小说。

巴金在《关于〈家〉——给我的一个表哥》中说到写《家》的动机:"做了这个命运的牺牲者的,同时还有无数的人——我们所认识的,和那更多的我们所不认识的,这样地受摧残的尽是些可爱的、有为、年轻的生命。我爱惜他们,为了他们,我也应当反抗这个不公平的命运!"

在短篇小说《在门槛上》里巴金说道:"那几十年的生活是一个多么可怕的梦魇!我读着线装书,坐在礼教的监牢里,眼看着许多人在那里挣扎、受苦,没有青春,没有幸福,永远做不必要的牺牲品,最后终于得着灭亡的命运。还不说我自己身受的痛苦!……那十几年里面我已经用眼泪埋葬了不少的尸首,那些都是不必要的牺牲者,完全是被陈腐的封建道德、传统观念和两三个人的一时任性杀死的。"控诉与反抗摧残年青一代的封建恶势力,是巴金写作《家》的动机。

八十多年的光阴过去了,巴金的《家》与《家》中的细节,仍能在读者的心中激起波澜,因为它是那个时代的一面镜子,它真实地向我们展示令人诅咒的、必定要灭亡的封建时代,同时也真实地反映了"五四"新文化运动的深刻的历史意义。"五四"是一代人的希望,是拯救一代青年的革命,"五四"的功绩永远泯灭不了。


巴尔扎克的著作《欧也妮·葛朗台》中细节描写十分生动,活灵活现地将一个狡诈、贪婪、冷酷的吝啬鬼的形象再现了出来。

侄子查理来葛朗台家做客,家里人买了糖招待这位巴黎来的公子。"葛朗台一眼瞥见那些糖,便打量他的女人"询问糖的来历,之后就将糖碟收起了,查理找糖,欧也妮把父亲藏起的糖碟子重新摆出来时,作者写道:"欧也妮被父亲霹雳般的目光瞪着,惊慌到心都碎了。"

吝啬鬼的眼中"糖"简直就是奢侈。由于他的吝啬,妻子、女儿都过着极为简陋、贫寒的生活,而葛朗台此时正是家缠万贯的索漠城里的富翁,密室里堆满了金子。

葛朗台狡诈、阴险、不择手段地想出各种诡计去赚钱,譬如在外面说话假装口吃,磨蹭时间,让谈判的对方不胜其烦而妥协,他得到成功。

在家里葛朗台会自己躲进密室里装钱,享受金钱给他带来的人生唯一的快活。葛朗台与家人在一起时,葛朗台专心做的即是"计算"。

"葛朗台坐在一边把大姆指绕动了四个小时,想着明天会教索漠全城吃惊的计算,出神了。"

算计的样子,"大姆指绕动"而且是四个小时,这个细节把一个诡计多端视财如命的吝啬鬼活脱脱地端了出来,让人不胜厌恶。

葛朗台守财奴的本性如同一个人的本能一样,从生到死都没有改变。当基督教士来给葛朗台做临终法事的时候,"十字架、烛台和银镶的圣水壶一出现,似乎已经死去几小时的眼睛立刻复活了,目不转睛地瞧着那些法器,他的肉瘤也最后的动了一动。神甫把镀金的十字架送到他唇边,给他亲吻基督的圣像,他却做了一个骇人的姿势想把十字架抓在手里,这一最后的努力送了他的命。"

一个吝啬鬼的贪婪、丑陋的灵魂展露无遗,葛朗台临终的细节描绘对刻画人物形象起到了画龙点睛的作用,实在是绝妙之笔。

卡尔维诺在评论狄更斯的作品《我们相互的朋友》时,谈到狄更斯十分擅长人物的细节描写。"在狄更斯的作品中,没有哪一段描述性的细节是微不足道的,通常它总是整体动力的一部分……"

《我们相互的朋友》的男主人公布拉德利·黑德史东"他原本是个工人,在成为老师之后,便一心一意想上爬,这便成了恶魔般的执念。我们先是看到他爱上莉齐,接着他的醋意变成疯狂的执念,精心设计一项罪行,决意施实,在心里重复所有细节,即使在教课时……他心不在焉地在黑板上画了一两条线,泄露了他的心思。"

黑板上画的一两条线这一"细节"泄露了布拉德利·黑德史东的阴谋诡计,细节推动了情节的发展,坏人的罪行终未得逞。

无庸繁琐地例证,"细节"无疑是文学作品的生命,它是人物存在的标志。细节的真实带来人物的真实,赋予作品的真实。这即是优秀的写作人倾心于"细节"描写的缘由。

**构思例析**

构思例文(一)

## 西窗与蓝天

兼卧室的书房里,有一扇可爱的窗子。它面向西山,所以我为它取了一个芳名:西窗。

去年暑假的一个傍晚,我无可奈何地,从病榻上爬起来,为了服药。当我缓缓地穿上拖鞋,懒懒地走近西窗前面的书桌时,我无意中看到一幅美丽的图画。一刹那间,我的精神和那图画的精神,恍如清水和鲜乳相混一般,急速地交流在一起! 那图画,不是人画的,而是大自然的杰作。那图画,与其名为夕阳下的田野,还不如叫做金黄色与青绿色的吻别! 我的视线穿过西窗,我的心陶醉在西窗开放的画里,直到夕阳不见了,我才突然觉察到,我还没有吃药!

啊! 那次我委实受到太大的感动了! 我惊讶,为什么在过去的日子里,竟不曾对于大自然,有如此深刻的欣赏? 啊! 我不禁要说:西窗是我的救星! 她以奇异的光芒,照亮我本来暗淡的心;大自然的启示,已带给我新生。

从此,我的心有如蓝天的明洁,我不再因任何病痛的缠扰,而悲观人生,我不再受名利的吸引,而烦恼终日,投向大自然吧! 西窗好像对我这么说!

我发现蓝天的明洁,是在爱上西窗以后。我感谢西窗,我向西窗默语。

待到如梦初醒,多少岁月已为无知错过,多少是非恩怨不遗痕迹,多少青春啊快乐的,因为任性执着辗曲了。火车就要开,火车就要开,才仓皇自问,到哪里去呢?

我深深知道,我就将写出一篇关于火车的故事,然后载着多年的梦魇驶出心中,铲去轨痕,永远不再。

现在,火车,就要开。

(作者:台湾大学生史玉琪,曾获台湾学生文学奖散文第三名)

自省,自我审视是人宝贵的品格。人总是在点点滴滴的感悟中成熟起来的。

巧妙的构思乃是以现实为基础的。作者以自己的一段情感历程为线索,展示了开放的视野,大自然的美丽的画面给予病中的我、囿于陋室的我的感召、启示。

一切发生在刹那间,瞬间的感动,立时抓住进行构思。投入大自然为美丽的图画起名,"夕阳下的田野"名曰"金黄色与青绿色的吻别"。作者陶醉在西窗外的图画——大自然的杰作里。

"我的精神"和"图画的精神"急速地交流"恍如清水和鲜乳相混一般"——我融入大自然,欣赏、惊讶、悔悟,情感逐波升腾,跃向高处,自然地点出主题:西窗的光芒照亮我的心,自然带给我新生。

蓝天呢? 作者未作细致的描述,构思灵巧,有详有略,"我发现蓝天的明洁,是在爱上西窗之后。"一笔带过。

不悲观、不烦恼,西窗是救星,蓝天是恩赐,照应"新生",内容充盈,构架完整。结尾火车的构想体现构思之独到,别具匠心,用即将开出的火车比喻人生新的起点。

作者没停留在追悔错过的光阴、逝去的青春,而是十分气魄地表白要抒写新的历程,像火车疾驶将"梦魇"驶出心中,彻底抛弃,不留痕迹,不蹈覆辙。

末句:简短而有力,"现在,火车,就要开。"表达了作者踏上新的征途的决心。

坚定的口吻发自充满信心的内心,一个勇敢而朝气蓬勃的青年挺立在读者面前。

构思的真谛在于真实,构思是真实的自我灵魂的闪光。

构思例文(二)

《小心!电梯》是一篇构思异常独特的短篇小说。作者阿·伊宁是俄罗斯作家,作品写于1996年,具有现代俄罗斯文学的特征。意识流与话剧独白的艺术形式,使作品妙趣横生,意味丰厚,极具阅读与鉴赏价值并在文学创作构思上给予不同凡响的启迪。

## 小心!电梯

我不喜欢电梯。是的,不喜欢。

这些奇怪的小盒子,这些接踵而至,每分钟都有乘客进进出出的行程,有点儿不合我的心意。相会的人们摩肩接踵,近在咫尺,瞬间就各奔东西,也许永远不再相见,却毫不悲伤。

它们一个劲儿地往来穿梭,从上到下,从下到上;从底层到顶层。在这个运行中有些受限制,不能展翅高飞,如果……哪怕仅有一次这个小盒子能战胜自己的"从……层到……层",飞升上天,或者,一下子完蛋,坠入地下也好!

不,我当然清醒地意识到,电梯有完全另外一些合理有用的使命。"请爱护电梯——它爱护您的身体!"的号召并非无缘无故。大概,真是这样。确实也是,电梯爱护我们的腿脚。然而,未必爱护得了我们的神经,神经……

老实说,我只是不知道,在电梯里怎样才能举止得当。

这不,我走进电梯。那里摩肩接踵,站满了人。一个个面部表情冷漠,甚至哭丧着脸。有的人眼瞅着地下,有的人则眼瞧着上方,俨然出席追悼会。我也不由自主地陷入共同的情绪之中,也悲哀地低下头,也那么忧伤地垂下眼帘。电梯有节奏地嗡嗡响,我们在庄严肃穆中一齐往上升……到另一层。

那里可完全变了样。有人出,有人进。进来的人中间有两位小姐。她们带来一股香水味,我们如此委婉地称呼这股气味,它立即把电梯变成了毒气罐。

追悼会的气氛骤然变为公共厨房的节日气氛。

两位小姐带着连高速电子计算机都会眼红的神奇速度,在极短的时间内——在三层楼的行程里,泄露了大量的信息:文化——工厂——风流韵事,从腰围到意大利歌星。她俩毫无羞涩,却使在场的人尴尬万分。当她俩从大声的、公开的话题转向完全不宜于公开的隐私:"他怎么样啦?你怎么啦?你们怎么啦?"时,我缩进角落里,真恨不得钻入地下。可是地没有塌陷,无缝可钻,电梯仍毫不动摇地循着既定路线运行,漂亮的陌生女郎仍在叽哩咕噜、叽哩咕噜……

不过,在电梯里碰上面熟的陌生人,一点儿也好不到哪里去。我的邻居们——一栋大楼的居民,我只是在电梯里才与他们相逢。

怎么办?打招呼吧?似乎不好意思——可真是些不熟识的人。不打招呼吧?也不妥——毕竟都是邻居。他们对我似乎也有类似的感觉。所以,电梯里开始咳嗽起来。

我首先尴尬地咳了起来,这完全可以看作是模模糊糊的"您好!"看作是上呼吸道的慢性黏膜炎。从八层楼进来的女邻居立即以急性呼吸病复发的呼呼声回应我。从六层楼进来的男邻居马上也想起自己经久未愈的老痨病。咳嗽瞬刻间在整个电梯里流行起来,甚至连从三层进来的毛茸茸的狗也汪汪地咳嗽,或者说是咳叫……

电梯里的狗——这是一个特殊的话题。不知为什么,不知它们如何瞅别人,但是所有的狗——从小狮子狗到大狼狗,都一视同仁地盯着我:如同穆赫塔尔①盯着非法越境者。我刚一进电梯,它们就站立起来,收腹使劲,严阵以待。只要它们的眼里有任何的怀疑,那么,只会有一桩事:马上咬他一口,或者让敌人自己被吓跑。

的确,我不喜欢电梯。是的,我不喜欢。

我在电梯里感到那么不自由,那么不独立……我要上楼,而电梯却自动往下降,我不得不跟着下,只不过是为了再上楼。要么,比如说,我要上十二楼,可能就要让我停在,比如说,六楼,这可完全不取决于我的意志。要么,我刚向电梯跨进一步,"超载"的红灯就亮了起来。要知识,连感到自己是个多余的人也是非常委屈的,更有甚者,感到自己是个多余的赘物!总之,这叫什么牌牌:"六人,五百公斤"?!我总是不由自主地、苦苦地开始掂量……很想知道,这个提箱子的大高个儿重多少公斤?……而这个肥胖的太太又体重多少?……在教得萨谈到这类人时常说:"我喜欢她的三层下巴!"这个小男孩呢?……他虽说是个小男孩,可多么肥胖!还有我本人就已不错:不再做操,不知为什么对跑步失

---

① 穆赫塔尔是一部描写边境线生活的作品中警犬的名字。

去热情,不知怎么对芬兰式蒸汽浴也冷淡下来,于是体重增加。虽说如此,还是远离五百公斤……呸,在这愚笨的电梯里会产生多么愚蠢的想法!

然而,最糟的还是两人同乘电梯。就让一群人待在一起也好,哪怕是一群悲伤、沉默的人,俨然出席追悼会;哪怕是闲聊的陌生女郎令人震惊的隐秘灵魂大暴露;哪怕是龇牙咧嘴的狗,怀疑我是特务;只是不要让两个人同乘电梯!

当我同一个陌生人同乘电梯时,我完全手足无措。我不知道,如何站立,如何转身。面对面吧——有挑衅的意味。背对着吧——不妥。我不知道该目视何方。对视吧——太放肆。仰望天花板吧——太傻冒。我感到完全应该说点什么。可是,说什么呢?难道打听一下几点钟?谈谈天气预报?出于困窘,我只有默默地做些荒唐的动作:整整衣服、理理头发、挠挠鼻子……除此之外,我无事可做。

那一天我就是这么做的。当我走进电梯时,里面总共只有一位小姐。小姐就小姐吧。我走了进去,我们一起上楼。

我开始抻平夹克。她则整理发型。我把领带紧了紧。她则把小提包开了又关。我把手伸进裤兜里。她眨巴眨巴眼。

电梯仍在走啊走。谁也没有让它停下来。谁也没有进来。只有我们两人乘电梯。情势每分每秒都变得极度紧张起来。

我用手帕擦着额上渗出的汗珠。她仔仔细细地查看修好的指甲。我检查领扣。她曲曲一条腿。我靠在墙上。她拧了拧手表。

倘若这个电梯是在只有九层或者十二层的老式大楼里,也许,一切还能对付过去。可这是最新的实验性的大楼,有二十四层。

到十七层时,我挠了挠眉梢。她转了转套在手指上的镶宝石的戒指。

到十八层时,我用皮鞋为一首不知名的曲子打着拍子。她扣上了连衣裙上端的纽扣。

到十九层时,我使劲地拽了一下自己的耳朵。她则半昏厥地翻了翻白眼。

到二十层时,我感到我的力量已耗尽,我明白,末日来临。我张开嘴,吸了一口气。我向她求婚,请她做我的妻子。我是由于绝望,而她则出于害怕,马上就同意了。

从此以后,我和她就生活在一起了。好像还和睦,似乎也幸福。

但我仍旧不喜欢电梯。是的,不喜欢。

对于我来说,最大的快乐就是,当我走近电梯时,看到通告:"电梯正在维修。"再加上一个很老的玩笑:"最近的电梯——在对面的楼内。"

文本将故事锁定在电梯这个狭小的空间而人物却是进进出出的乘客具有不确定性。狭小的"奇怪的小盒子"里演绎着社会生活一幕幕剧目,浓缩了社会生活中的各种情景,"现代人的生存状态"得以充分表现,使人不能不佩服作者构思的巧妙。

现代人的生存空间越来越狭窄、局促、拥挤,可谓"摩肩接踵,近在咫尺"。人们不得不忍受杂音、气味、宠物、庸俗、低级趣味等各种困扰。

现代人频繁地近距离地接触,而人际关系却十分冷漠,人们相处拘谨、尴尬、不知所措。

现代社会颇为发达的科学技术或许能拯救人的身体却拯救不了人的精神。紧张、无聊、压抑……摧毁了现代人的脆弱的神经。人们绝望、精疲力竭,感到末日来临,不能独立,没有自由……在狭窄的有限的空间里,机械地跟着电梯"循着既定路线运行"。既不能超越自己,也不能战胜自己,甚至感到自己是多余的赘物,于是精神崩溃,蒙生出许多愚蠢的想法。

电梯及电梯的运行象征着一个不甚自由的国度。它狭小、嘈杂、拥挤、冷漠……让人感到十分不自在,尴尬、窘迫、手足无措。就连甜蜜美好的爱情也无选择的自由,只能在"两个人的电梯"里作勉强的抉择,婚姻是否和睦幸福都是含含混混的——国度里人已变得麻木了。

结尾的很老的玩笑更是意味深长:"最近的电梯——在对面楼内"。假如我们的国度出了故障,哪怕是最近的邻居也帮不上忙,机制只有内部运转,外部机构无法生效。对面楼的电梯无法载你升高。

作者巧妙地运用话剧独白的形式向人讲述他乘电梯的感受,随着电梯上上下下,人物的进进出出,迅速更迭,作者的意识流动也在不间断的进行,于是这种"独白",就引导人们向情节的高潮推进。

小说的语言幽默、诙谐、近乎调侃,貌似轻松之中透露着沉重、郁闷、无可奈何。

小说的轻骑兵的行进速度,用内心独白诚恳传达了现代人的许多困惑。立意深远,留给读者极为开阔的想象思索空间,构思乖巧、新颖,其艺术魅力是一般短篇小说难以企及的。

小说《电梯》的结构形式也较独特。

文中用"我不喜欢电梯。是的,不喜欢"直白的语言开头,并以"的确,我不喜欢电梯。是的,我不喜欢"隔开了文本的段落。结尾虽然在电梯里完成了他的婚姻,"但我仍旧不喜欢电梯。是的,不喜欢。"作者用同样的句子强调题意与开头呼应。反复吟唱,像是诗句既营造了一种心理氛围,又加深了印象。

# 语　言

关于语言,20 世纪 60 年代由北京大学高名凯、王安石主编的《语言学概论》是这样阐释的。

"语言是人类最重要的交际工具。"

"语言是思维的工具。语言和思维是两种不同的社会现象。"

"语言是交际工具,又是思维工具。这两方面是统一的,彼此不能分离的。不与思维相联系,就谈不到交流思想,当然也就无法担负起交际的任务了。但脱离了交际的需要,语言也无从产生,也就无所谓思维工具;一种语言一旦不再作为交际工具,它就会失去作为思想工具的资格。"

语言的"工具说"在以后的几十年里是语言学理论的主流,它主导着现代汉语与写作的教学,影响着文学作品的评析与创作。

评价作品将内容与语言分割,诸如思想内容好,语言表述差之类的理论与说法,即是将语言视为纯粹的工具与载体在文学理论方面的表现。

20 世纪人文科学领域的一次新的突破就是语言的转向。这个转向首先发生在哲学关注中心的转移,世界怎样向人展示、意义如何得以生成,人如何获取知识等问题成为关注的中心,于是语言哲学成为了"显学"。语言的转向使 20 世纪人文科学领域形成一种新的潮流和趋势,即运用语言学方法阐释人文学科的各种问题,其研究方法已经触及到人文科学研究的各个领域。

20 世纪传统的工具论的语言观不再独领风骚,而且有被新的语言观取代的危机。

现代语言学是本体论语言观。它认为语言不再是单纯的工具与载体而是独立于人类主观认识的符号体系,它有自己的规则和规律。语言是一个自主世界,人类创造了语言,语言却成了人的对立物掌控着人的言说行为。

结构语言学以索绪尔理论为代表,它的语言观作如是说:语言符号由能指和所指两部分构成,能指是语符的声音、字型等物质层面,所指是语符的概念、内涵层面,我们需注意的是"所指不是'一桩事物',而是该'事物'的心理表象"。① "这样,能指就构成了语言的物质方面;在口语里,能指就是说出来的或听得到的有意义的声音;在书面语里,能指就是字里行间有意义的标记。所指构成了语言的思维方面,它常常被看作是非物质的,即使在大脑中所指仍然是一种神经作用的结果(neural event)。"② 在大部分情况下,语言符号中能指与所指的结合是任意的,但这种关系一经形成就是具有社会约定性,受语言习惯和社会习俗的制约与影响。在他们看来,语言与现实的关系不像传统语言学所认为的那样是清晰的、透明的、一一对应的,其意义产生于系统内部的区别与差异,与客观外物没有必然的联系。(《文学文本理论研究》)

对于结构语言观,董希文作了如下的概括:

结构语言观的本质就是语言是一种逻辑结构,其运转与使用必须遵循稳固的逻辑规律和程序,即深层语法规则,其意义产生于语言内部各构成层次的区别与差异,也就是说语言本身与现实世界不再有必然关系,它是封闭、自足的。研究语言最重要的不是探讨个别语言现象,而是语言规则及其演变的共同规律。以这种观点来看,人在语言体系中的地位已不再重要,语言不再为传播思想存在,思想等内容要素反而成了验证语言规则、体系客观存在的无足轻重的中介物。"说话的主体并非控制着语言,语言是一个独立的体系,'我'只是语言体系的一部分,是语言说我,而不是我说语言。"这是两种完全不同的语言观,它们对文本理论发展有着截然不同的影响。(《文学文本理论研究》第四章文本与语言)

关于结构主义的语言观——语言是独立自足的符号体系具体应用到文学话语时,仍有片面偏颇之嫌。

在《现代性的张力》一书中,谈到英国哲学家奥斯丁的看法:言说什么就是去做什么,或者,正在说的东西就是我们正在做的事,甚至是通过言说什么来使我们去做什么。

话语的功能不只限于陈述,或是提出某种主张,或是给予告诫。

作家在描述解释外界世界时,在与读者对话时则构成了以言行事的力量。即语言被实现为话语时,它不再是抽象的符号系统而是一种决定着人的文化力量。

哈贝马斯认为:

衍生性的力量存在于这样的事实中:言说者在实施一个言语行为时,可以

---

① 罗兰·巴特《符号学原理——结构主义文学理论文选》。
② 约翰·斯特罗克《结构主义以来》。

通过使听者与他发生某种人际联系的方式影响听者。(《交往与社会进化》)

作家在传达某种意义的话语中,必然包含了某种承诺、某种通过与读者间确立起来的对话性人际关系而达到以言行事的力量。

正如伽达默尔所说:

语言不仅仅表达自己发现的猎获物,也并非如写的警句之类的传达。语言表达有利或不利。这意味着:人可以用语言指明自己所感受到的东西,或向他人指出应该警惕某物,甚至可以指出那些自己并未亲身感受到的令人不快的东西。(《赞美理论》)

且不说传统的古典主义和现实主义,即使是现代主义文学诸如象征派诗歌、意识流小说、荒诞派戏剧也都具有道德承诺和价值取向。或者是直接承诺有明显的倾向性如传统的文学,或者是以自律的面貌出现作间接的承诺,作家的话语行为最终都逃不出其目的性,即用语言去做什么。

语言的这种以言行事的力量也是文化批判力量,语言现象生成于特定的文化语境之中,受制于一定的历史文化,又作用于文化,反思文化,批判现实文化。

不妨以诗为例:

"可以说诗的话语本身就是作家借以做什么的方式。更进一步,诗的话语在描述和解释外部世界的同时,作为一个整体或一种行为,也就是作出了某种承诺。这种承诺可以是他(作家)对外部世界的真实状况道德上的评判或价值上的取向,也可以是作家对自己责任感、使命感乃至生命意义的觉悟,或是对他的读者公众所作的某种劝诫和诱导。换句话说,诗的话语既传达了意义,又构成了承诺性的以言行事的力量。"(童庆炳、钱中文《现代性的张力》)

这样看来,结构主义的语言说确乎有些偏离语言功用的实际,忽略了使用语言的目的性。

存在论语言观以海德格尔理论为代表,它致力于探讨语词与意义关系问题,在存在论诗学中有集中的体现。海德格尔的"语言是存在的家"及维持根斯坦的"哲学就是对语言的批判"等认识都反映了哲学家们对语言的反思。

20 世纪当代哲学家们对语言的认识发生了亘古未有的转变。在他们看来语言就是思想本身,人们对思想的理解正是在使用语言的过程中完成的,语言不仅构成了思想,也构成了人们的生存方式,语言是人类存在的最后家园。

英美哲学家认为语言既是人类认识的最后结果,也是人类认识活动的对象,语言具有外在于人类自身的独立性和客观性。哲学研究就是要在澄清语言的意义和用法的同时,揭示语言的这种客观性和独立性。

在欧洲大陆哲学家看来语言是哲学得以存在的依据,是人类存在的基础,是支配和决定人类思想的最后因素。他们把自己的思想看作语言的自我显现，不是人们在使用语言，是语言利用人的身体在说话，在说的过程中，身体是工具和载体，思想则以语言的形式得以显露。

不管是英美哲学家还是欧洲大陆哲学家都把语言和思想紧密地结合起来，强调二者的不可分离，甚至是合二为一。

在学习研究西方的哲学中，中国语言学研究者钱冠连接受了海德格尔存在主义哲学理论的影响，从"语言是存在之居所"这一哲学命题起始，综合了自己多年实地考察和潜心研究的成果，写成了一部关于语言的书《语言：人类最后的家园》，其理论框架如下：

人对于语言须臾不离的依赖状态即人类的基本生存状态之一是：人活在语言中，人不得不活在语言中，人活在程式性语言行为中。正是以这三种样式的基本生存状态，我们如其所为的活着，我们如其所是的是我们自己，尤其是，我们以言说使世界中的一物（实体或虚体）出场或现身的同时，也使自己在世上出场或现身。词语缺失处，无人出场。人在世上出场比物的出场更具有意义。只有人的出场才使物的出场成为可能。

《家园》一书是一部创新意识浓烈，充满睿智的书，是思维的丰硕成果，它将帮助我们细心体察"语言"，这一人们须臾不离的现象——似乎司空见惯，然而确实奇特。

譬如一个古训，一句格言竟然能掌控一个人，甚至成为他一生一世遵循的座右铭，一辈子行为的准则。

仿佛是猛然醒来，语言的奇异的功能，语言在人之中的位置竟然如此显赫……作者的深度思考带来了大大小小让人惊讶的问题。对于语言人不能再熟视无睹，应该和作者一起去发现、去思考、去研讨，语言世界是一个有趣的奇妙的，既熟悉又陌生的世界，它关系着个体生存、关系着团体合作，关系着家庭的安宁、社会的和谐稳定。

《家园》一书有一章节谈到语言扭曲的世界，那是个充斥着谎言、妄言、谬论的悖逆的"家园"。语言的背叛的后面折射出民族、社会、时代诸多方面的问题，确乎关系着人类的生存前景，其研究的意义远非止于语言、文化艺术层面。

《家园》虽则是一部关于语言的学术专著，但它十分贴近人们的日常生活，处处闪烁智慧的光亮，一种思考探寻的乐趣盈满书页，是值得一读的著述。

《家园》一书在论说语言在人类生存中的作用时，似乎有些过分夸大语言的作用。语言是否真的具有魔法般的功效？人们是否可以将一切托付给语言？语言的真伪将如何判断？

这一连串的问题,仍有待在实践中,在历史的进程中考究验证。

过度地迷恋语言,迷信语言的功能导致的结果并不乐观。

在语言这块本应是洁净宁馨的园地里,乱象丛生:概念堆积,语言乔装华饰,词语过剩,术语生涩连缀……语言如洪水般泛滥,铺天盖地,无孔不入,生存在语言中的人将会有何种感受?

此时泛滥的语言令人生厌,语言的霸权地位亦有可能被颠覆。

缄默、失语——逃离那个被称为人类最后领地的家园。这也许是人无奈的选择。

上述的问题,《家园》一书的著述者、读者仍待继续探讨。

尽管如此,《家园》不失为一部优秀的著作。

好书不仅在于其理论的尽善尽美,还在于它的启发性,在于它的新见识能否引起他人的接续地思考,包括趋同的见解与迥异的见解。这恐怕是书的真正价值所在。

传统的工具论的语言观;结构主义语言观;存在论语言观……都以各种视角帮助人们对语言——人类须臾不离的语言现象,进行观察、研究,帮助人们重新认识语言、增强人们语言意识。

语言意识关联的学科十分广泛,关于语言的理论很难定于一尊。只有在各种理论的比较、制衡中,在对正在运用的语言的详细考察中,语言的研究才能逐步向前迈进。

现实中的语言不管从哪个角度去观察都属于历史文化现象,与特定的社会文化背景有关,与其文化语境有关。

20世纪90年代,蓝棣之先生在访问香港之后,在《中国文化报》上发表了一篇关于语言使用的文章《语言成了问题》,反映了内地与香港两地学者在使用语言上的差异,由认识方面的差异到话语行为的碰撞。

在我们互相熟悉了之后,香港的学者们开玩笑说我的语言是权威的语言。话虽然以玩笑的口吻带出,意思却是很严肃、很认真的。他们说如果一个问题有几个解,他们在大学课堂上教书时,是同时列出这几个解,而我则不仅列出这几个解,尤其要指出其中一个最好的、最高的、最接近正确的解。这样,他们说我每次谈话,都认为自己是在表述真理,而他们只不过认为是讲出了自己的意见,个人的一种看法,多元观点里的一元。

好像是法国学者罗兰·巴尔特说过:"使人产生罪错感的语言是权威的语言。"我问我的语言是否使香港的朋友们产生了罪错感,他们点头说正是这样。

香港的学者还说我的语言往往是情绪化的语言。邀请我访问的中文大学英文系主任周英雄教授,在为我举行的告别午宴上,也谈过情绪化语言这个问题。这次交谈给我的感觉是:情绪化语言与民主体制相抵触,在任何场合都无助于问题的解决,有时反而是一种主观或无能的表现,而且妨碍耐心细致的说理,有意无意地试图在情绪上压倒对方,这样就对别人不够体谅和不够尊重了。

　　在香港期间,我们一些大陆学者曾经就住房调整事与港方发生过分歧意见,我们的住房本来就不宽裕了,还要调得更集中一些,于是大家起草了一份意见书。意见书引用了我的一句话:我们不是难民,更不是盲流,而是你们邀请的客人,是学者。我想这是很典型的情绪化语言了。同时,我也感情冲动地抓起电话话筒,把"不堪屈辱,马上返京"等一串气话,说在邀请我的周先生面前,自知这多少有些感情用事,也顾不得许多了。形成对照的是,香港方面在听说我们的意见之后,立刻调整了计划;而周先生在听我的气话时,却一点儿没有生气,电话那端传来他温和抱歉的声音:OK,OK,我马上就办! 事后我对他说:你真是一个好到完人的人,要在大陆,你会是个优秀的政工干部。

　　权威的语言,情绪化的语言,一时间成了问题,然而,也留下困惑,从语言里放逐情绪,能做到吗? 而权威的语言一旦掉进多元化的后现代主义的论述之中,是不是会使本来能办成的事也变得难办起来了? 是不是会使本来不容置疑的问题也无端地受到毫无意思的置疑?

　　然而,无论未来如何,眼下的潮流所向,是权威的语言和情绪化的语言成了问题,这一点看来没有任何疑义。(《中国文化报》1992 年 9 月 16 日)

　　长时间地处在一个文化语境中,尤其是在一个相对封闭的地域,仿佛是习惯成自然,意识不到某些语言方式的问题,当与异邦外域接触交流时,语言问题方显露出来。

　　文中提到权威的语言,情绪化的语言对客体的影响。说话的主体使用权威的语言是"认为自己是在表述真理",既然是真理当然具有权威性,对方只有接受的份。在这种权威语言的面前会使人"产生罪错感"(竟然没在"真理"一方)。

　　"多元的后现代主义的论述"与权威语言是相抵牾的。多元化的理念是要让一个命题在一个平等的平台上自由讨论。一个人的意见只是多元化观点里的一元,自己的表述是否真理由他人来认同,而非"自封"。

　　权威语言有一种强加给对方的气势,使对方感到"罪错"的压力,不但把研讨的自由气氛破坏了,而且少了对"客体"的人格上的尊重。

　　权威语言妨碍正常的交流,会使"本来能办成的事也变得难办起来了",会无端地受到质疑。

情绪化的语言亦如是。

情绪化常常与偏执、自以为是、唯我独尊等相连,当然谈不上"民主"。"与民主体制相抵触""妨碍耐心细致的说理""试图在情绪上压倒对方",说到底还是对"客体"缺少应有的体谅与尊重。结果也常常是事与愿违。

语言文字、书面语言使写作成为可能。

话语的声响消失了,用语言记录下来的作品可以超越时空长久地存在。

写作的过程在某种意义上即是运用语言的过程。写作时思维与词语同时显现,同时进行活动。

思维始终处在紧张状态:审视、调整、确认;语言也处在活跃中,字斟句酌、寻觅恰当的语言让思维定格成型。

选择一个词语即是敲定一个概念。

词语的反复斟酌,概念的内涵与外延在反复核准。

最恰当的语言表现形式并不是轻易能找到的,它常常处在"逃离"之中,即或是写作里手,面对语言也常有迟疑不决的情形,有时竟不得不搁置起来。这时,就思维而言,当然是尚未明晰定夺。

当思维的轨迹豁然明朗,语言则"妙手偶得"。

词语好像一个逃离的"孩子",靠不懈地追寻。这是一个颇为艰辛的过程。

词语在表达上存在的细微的差别,也正是语言运用的微妙之处。只有深入地体验感悟语言,获得一种对语言的特殊的敏感,也才能找到你需要的那个"唯一",那个"无可替代"的表述。在探寻表述的路途中,虽然艰辛,却也饶有趣味,而只有在写作中,在与词语的不停地邂逅中,才能形成浓厚的语言兴趣。有了"语感"和"语言兴趣",迈向写作的"语言关口"即向你打开。

关于这点,长期从事写作的作家们深有体会。

莫泊桑说:"无论一个作家所要描写的东西是什么,只有一个词可供他使用,用一个动词要使对象生动;用一个形容词要使对象性质鲜明。""为了要把思想中最细微的差异也明确地表现出来,必须以一种高度的敏锐性去区别由于一个词在文学中位置不同其价值所发生的一切变化。"

日本作家小泉八云说:"当感情到来时,有什么发生呢?这就是一种惊奇、害怕、痛楚或快乐的瞬间的刺感,这刺感来无踪,其去无迹。谁都不能将此感情,恰如所受,立即写在纸上。这只有靠刻苦的劳力工作,才能成功;……这个过程,和望远镜定焦点的过程很相似的。当远方的对象,能够判然地看到之先,必须把镜筒旋进一些,旋出一些,又旋进一些,旋出一些,这样的延伸缩短,再三反复地调整。是的,作家必须像观光客运用望远镜一样的运用语言。这是任何文学著作上最初之必要条件。"

准确地表述、精当的恰如其分的表述是写作最初的必要条件。
"语言的准确性是优良风格的基础。"——亚里士多德。
准确、鲜明、生动的文风可以给人以明晰的印象,可以给人以审美的体验——这是极为良好的语言感受。
美的词、句子是在使用中体现的,这就是说词语本身无所谓美与不美,只有在恰切地使用,在具体的语言组合里,在文本里才可以断定是美还是不美。
假如认为美的语言文字可以像拼图一般,将蒐集来的认为是美丽的词藻,作家名句等堆砌起来,拼凑起来即可。抑或成功了,呈现出来一幅绚丽的图画、一座华丽的城堡,可它们缺少自然的内在的联系,没有灵魂,无生命可言,怎能谈美?
如同将记忆撕成碎片,将观念、信仰割裂成碎片,将语言也切为碎片,将其分类、汇总以供写作时信手拈来组合,这是十分愚蠢的做法,是自欺欺人的,失去了写作的原本意义。
美的事物总是作为一个整体存在的,是一个有机的整体,和谐的整体。如果将其支解,譬如将优秀的著作、名家的作品中的某些词句单独地分离出来,或者挪用,或者改头换面的应用都将失去原来的作为一个整体时的美。
与其盲目地去追求华丽的文风,不如呈现朴素的自己,采用平易近人的文风。
在《燕谈录》里,威廉·赫兹里特的《谈平易的文体》将问题谈的十分清楚。
"词的合适度不在于词本身,而在于如何用它们。一个词可能有着悦耳的读音,不同寻常的长度,或者因为它的深奥和新颖而颇具魅力,然而,一旦它被使用,或许它就变得毫无意义,根本就不合适。问题不在于它是否看起来华旖靡丽或蔚为壮观,而在于它能否充分地表达作者的意图,就像评判一种建筑材料,不是看它的大小或是否表面光鉴,而是看它用在那里能否支撑房屋的拱顶;或者说要撑起一座建筑,螺丝钉和大梁一样举足轻重,而那些诱人耳目、毫无实用价值的装饰物则在其次了。我讨厌滥用空间的东西;我讨厌看见那一群群衣着光鲜的人穿过街道;我也讨厌洋洋万言而言之无物。"
"将空洞无物的思想饰以文采并不难,就像在廉价的草垫上泼洒绚丽的色彩,或在幻灯片上胡乱涂鸦。"
"华丽的文风与平易的文风背道而驰。后者毫不掩饰地表达思想;而前者则凭借着缀有金片的面纱将自己遮掩。"

一味地追求华丽的文风,是将言语的特质忽略了。把语言当作符号搭架子,而抽空了思想、疏离了思维,以表面的"华腴靡丽""蔚为壮观"装幌门面,招徕顾客。

好的语言文字、真正意义的写作建立在独立的创造性思维上,必定饱含深邃的思想内涵。

喜爱、追逐什么样的文风是与语言使用的终极目标相关联。的确是一个严肃的应该认真研究的课题。

文学创作是以语言为材料来塑造艺术形象的。文学是语言的艺术。语言是写作的第一要素,语言是文学创作的命脉,伟大的卓有成效的作家都是运用语言的大师。

文学语言,文学作品中使用的语言属于艺术语言,它不同于日常生活实用的语言,也不同于各门科学专业用语。文学语言是指诗歌、小说、散文、戏剧等文学作品的语言,是"平常语言的情感方面"。如卡西尔所说:"一个伟大的抒情诗人有力量使得我们最为朦胧的情感具有确定的形态。"

文学语言具有无穷的魅力,能引起人们无限丰富的联想和想象。在《寻求语言的诗性》中对艺术语言作了如下的描述:艺术语言在本质上是一种本真的充满诗性和想象力的话语。它萌生在生命本性的深渊,存活在人类精神的家园,它是人对世界的命名、赞美或抗争,也是人对于澄明之境的向往和体验,它是自由的呼吸,也是孤独的吟唤,是我的充沛表现,也是向你馈赠的仪式,它是歌、是舞,是地狱之火的噼啪燃烧,是挣断镣铐后灵魂飞升入美丽星空时的姿影,它给繁乱奔忙、蝇营狗苟的人生开拓了一片宁静神圣的栖居之地。尤其是在一个日益变得轻佻、虚假和功利的时代,诗性语言召唤我们超逾流风陋习,去倾听内心的真实声音,去聆会天地万物的奥蕴,去探寻返归价值生活的路途,难怪一位20世纪的哲人发出这样的警叹:只还有一位上帝能够救渡我们,那就是——诗!(《语言与世界》当代博士生导师思辨集粹书系第五辑)

文学语言在反映生活、表现情感上,在表现外在世界与人的内心世界上都具有很大的自由度。文学语言不受时空的限制,思维到达之处,语言即能到达。语言构筑的形象极其广阔纷繁复杂,文学语言具有准确、鲜明、生动的特点极富形象性与感染力……所有这一切都是其他艺术所无法比拟的。

文学语言具有间接性、意象性、概括性和模糊性等诸方面特点。

与绘画、雕塑、音乐不同,语言所塑造的形象,不是可视、可触、可闻的,它需借助形象思维在读者脑中浮现出来,所以说它是间接的。人们对文学语言的理解、想象往往远大于语言文字本身所表现的形象。这样就使语言艺术具有言尽而意无穷的特殊的魅力。文学形象留有"空白",留给读者巨大的想象空间,由读的人进行艺术的再创造从而产生意想不到的艺术效果。

语言艺术形象的意象性,是指作家所描绘的形象与作家主观情绪的水乳交融,是交融着观念与感情的知觉印象。

语言艺术的意象性在诗歌里表现十分突出。诗的意境就是通过意象来表达的。意蕴丰富,跳跃简洁的诗的语言所营造的浓浓的诗的氛围,引人入胜的诗的境界,亦虚亦实、似梦似幻,具备摄魂勾魄的艺术感染力,这也是其他艺术所无法企及的。

相对于实际生活,人类生存的状态,文学语言自然要单薄无力。词语无法究尽人类内心世界与外部世界。非自然主义的文学艺术具有概括性、典型性的特征,这就决定了文学语言的概括性、抽象性的特点。文学语言往往抓住具有代表性的具有典型意义的特质来表现形象,可以收到事半功倍的效果。

由文学语言的间接性、概括性导致它的另一个特点即形象的模糊性。

一部文学作品在不同的读者那里有着不同的理解,这种歧义不决定作家本人,而决定于语言的内涵及读者的想象。

语言的内涵是含蓄的、多义的,常常暗示着更幽深广阔的东西,折射出时代的、人文的、历史的、哲学的某种意义,从而提升文学语言的艺术价值,提升其美学价值。理解与鉴赏文学需要一定的语言能力及想象力、思维力……等各方面的能力,形象的模糊性为理解带来难度。

语言的丰富内涵正如法国现代作家加缪所说:最难理解的莫过于一部象征的作品。一个象征总是超越他的使用者,并使他实际说出的东西要比他有意表达的东西更多。

处在不同水平、不同状态、不同境况的读者,对文学语言自然有着不同的想象,迥然不同的想象。

"一千个读者就有一千个哈姆雷特。"

文学语言在塑造人物形象、展现人的心理方面超越于其他艺术形式的原因就在于语言本身就与人的思维、人的精神、人的情感是相通的。

文学语言可以运用各种技巧,各种手法,去挖掘人的本性、展示人的极其微妙的内心,展现人的意识与潜意识,具有广深的拓展空间。

文学语言是文学作品用以塑造形象、描写景物、刻画性格、反映现实的材料,作品的内容与形式是通过语言表现的。

文学的风格在很大程度上是与文学的语言风格相关联;语言是文学的外在表现、是基础,抛开文学语言风格则很难论及文学风格。

什么是文学语言风格?

法国18世纪启蒙思想家、文学家布封有句名言："风格即人。"它简洁地诠释了"风格"的含义。

　　文学语言风格、作家的言语与作家个体的精神、个体的性情、个人的风格相互依存。

　　文如其人。作家个人的阅历、才华、学识、素养、情趣、爱好、性格、品位以及由此而形成的价值观念、审美取向、艺术个性决定了作家的话语的独特的风格，它是独立不依的风格，以其一贯性、稳定性融合渗透于文学作品中，它独树一帜、日臻完美乃至被尊为范本，影响着同代人。

　　这正如同老舍先生所说："没有个人的独特风格，便没有文艺作品所应有的光彩与力量。我们说的什么，可能别人也知道；我们怎么说，却一定是自己独有的。这独立不依的说法便是风格。"

　　作家的语言风格是一个作家成熟与否的标志，它是经过长期的艺术探索、创作实践、审美追求的结晶。在长期地语言活动中不停地磨炼，不断地升华而形成的具有自己独自的个性的语言。具有自己独特风格的语言，是鲜明的具有特色的语言，它是作家血脉里流动奔涌的血，是不容置换的。

　　作家语言风格的差异是构成作家艺术创作差异的一个组成部分。

　　作家的语言风格有的竟然成了作家标志性的东西，像无法遮掩与抹熬的印记。读者无须读到作家的名字，仅凭语言即可鉴别作品的归属。

　　对自己喜爱的作家，读者感受其语言，如同感受其气息其人格，熟悉而又喜悦。读他的一段文字，如同沐浴在春风里十分惬意。

　　文学语言风格是建筑在熟练地驾驭语言的基础上，综合地运用语言要素、语言手段创造出来的。

　　语言要素与语言手段包括语音、词汇、语法、修辞等方面。

　　汉语中音韵、音调的处理都会造成不同的风格。像双声叠韵字的运用，平仄对仗，合辙押韵，节奏的安排，语气语调的变化……都显现不同的风格色彩。

　　汉语词汇特别丰富，同义词多，诸多同义词存在感情色彩与风格色彩，在具体语境中又有不同的效果。同义词的差别细微，仔细体味鉴别才能使用恰当得体，形成和谐一体的格调。

　　词汇中的古语、方言、口头语、外来语、各类熟语（歇后语、俗语）、成语在文学语言中均构成风格要素。

　　语法是造句的规则。句式的种种类型，如常式句与变式句、长句、短句，语素的重叠等各自表现出迥然不同的风格。

　　修辞方法：比喻、夸张、排比、比拟、双关、设问、反复、借代、象征等在文本中的运用促使了文学语言风格的发展。

作家由语言风格的千姿百态而形成文学的各个流派，呈现流派纷呈的局面，不管是历代文学还是现代文学都是常见现象。

陈望道先生将风格学包括在修辞学中确有道理。（见《陈望道修辞论集》）

文学语言风格在客观上受时代的、民族的、地域的各种影响。

尽管作家难以摆脱某一个国家、民族、地域等外在因素的影响，尽管一个时代的作家的语言风格总要打上时代的印迹，但这些影响与痕迹在不同的作家身上还是有不同之处。作家的创作个性、作家独特的语言风格总是要表露出来。

如果除了民族的、时代的、地域的共同特征，没有个人的独特风格，那么在文学语言的使用上尚未成熟，还停留在模仿阶段。

而在模仿阶段又很容易被一时的某种不良"习气"所熏染。不良文风与"风格"截然不同。两者有着质的差别。

王元化在《谈文短简》中将这种"习气"称作"作风"。书中作了如下论述：

在外国文论中，风格和作风是两个截然不同的概念，并不像我们现在的许多论文那样，不仅没有对这两个词加以严格的区别，甚至有时是在异语同义的情况下使用它们的。然而，在外国文论中，作风一词多半含有贬义。固然，作风也显示了作者的某种独创性，不过这只是一种坏的独创性。

本书收入的歌德的风格论，是把"自然的单纯模仿"——"作风"——"风格"作为不同等级的艺术品来看待的。事实上，这一问题直接涉及美学的根本问题，即审美的主客关系问题。"自然的单纯模仿"偏重于单纯的客观性，这就是在审美主客关系上以物为主，以心服从于物，亦即以作为客体的自然对象为主，以作为主体的作家思想感情服从于客体。"作风"则相反而偏重于单纯的主观性，这在审美主客关系上是以心为主，用心去支配物，亦即以作为主体的作家思想感情去支配、驾驭、左右作为客体的自然对象。至于"风格"则是主客观的和谐一致，从而达到情景交融、物我双会之境。因此，歌德认为它是艺术所能企及的最高境界。歌德在他的文章中申明，他是"在善意和尊重的意义上使用作风这个词的"。但是他委婉地指出如果作风不能作为中介把主观性和客观性统一起来，那么这种作风就将变得浅薄和空疏。至于在其他一些外国文论中，作风却纯粹是一贬词。例如，黑格尔《美学》认为"作风只是艺术家的个别的因而也是偶然的特点，这些特点并不是主题本身及其理想的表现所要求"。这种作风一旦发展到极端，就只是听任艺术家个人的单纯的狭隘的主观性的摆布，就这种意义来说，"艺术家有了作风，就是拣取了一种最坏的东西。"因为这种"掌握题材和表现题材的特殊方式经过反复沿袭，变成普泛化了，成为艺术家的第二天性了，就有这样一种危险：作风愈特殊，它就愈退化为一种没有灵魂的因而是枯燥的重复的矫揉造作,再现不出艺术家的心情和灵感了"。显然,这种带有贬义的作风与真正意义上的风格是朱紫各别、泾渭殊途的。

这里所谓的作风近似我国书法中、绘画中、音乐表演中所谓的"习气"。这种习气是不适宜于表现审美客体的,也不是作者创作个性合理的自然流露,而是脱离了艺术的内在要求,作者在表现手法上所形成的某种癖性,往往由于习惯成自然,不管场合,不问需要不需要或适当不适当,总是顽强地在作品中冒出头来,成为令人生厌的赘疣。

王元化先生从美学的角度论述了作风(习气)和审美主体与客体的关系上的差异,帮助我们鉴别什么是独创性的风格,什么是矫揉造作的作风。这是十分有益的,正如作者所说:"是为了提高我们的艺术鉴赏力,培养纯正的审美趣味。"

假如在学习写作,接触文学语言时缺乏关于语言风格理论的相关知识,艺术鉴赏力与审美趣味还处在低俗的水准,将一些流行习气,风靡一时的伪作,认为是"风格"去模仿、去推崇,岂不上当? 等于无谓地延误了艺术探索的行程,践踏了创作实践。

20世纪二三十年代,现代文学史上辉煌的一页,一批优秀的作家活跃在文坛上。他们才华横溢、卓尔不凡,各自保有自己独特的语言风格。万紫千红、风格迥异的作家话语活在人们中间,成为学习效仿的范本,作家的语言与他们的盛誉一道流芳百世。

鲁迅的文笔在现代文学史上当首推"文学第一人"。

那饱含真理底蕴的文字如夜空中燃起的希望之火。鲁迅的语言以它丰富的内涵、含蓄、隽永给人带来深度的思考,长久的咀嚼、寻味。

鲁迅有着深厚的文言文功底,他将文言文的精华自然地融合进白话文中,使他的语言典雅、凝重、简练而奇崛。

鲁迅目光敏锐,对中华民族的历史与现状明察洞悉,对普通人的命运深切关爱,使他的文字如海啸般汹涌奔腾激荡人的心灵,可谓感人至深。鲁迅的杂文语言如刻刀一般犀利,锋芒闪烁、冷嘲热讽、鞭辟入里、力透纸背。鲁迅语言外表的峻冷包裹着烈焰般炽热的内核。

鲁迅坚忍不拔、永不放弃的探索精神与他的独成一家的语言风范和谐地统一在一起,都达到时代的巅峰的高度。

冰心是20世纪文坛上的一颗璀璨的明珠,享誉中外。在冰心早期著作中,母爱、童真、自然是三个永恒的主题。爱的哲学在文学作品中得到了很好的体现。

冰心的宗教理想一方面因她在贝满读书受基督教义影响潜隐而成,另一方面受惠于印度诗人泰戈尔的泛神论。徐志摩称冰心为"最有名神形毕肖的泰戈尔的私淑弟子"(《泰戈尔来华》)。冰心的泛神主义是以人的价值为中心的宗教情感,渗透着人道主义精神。

冰心的语言文字爱意浓浓,是内心真挚感情的自然流淌,是心迹的自然表白,是心曲的吟诵:有缱绻的亲子之情、有凄恻的乡愁、有博大无私的母爱、有童心的温柔的抚慰……清词丽句委婉含蓄为读者绘声绘色地展现了一幅幅柔美的图画。

冰心的语言独具风格,清新隽丽透着古典文学的气息,明快流畅又飘着汉语口语的芬芳。冰心在"五四"初期就以白话文进行创作,她善于提炼口语,使之成为文学语言。在行文里又恰当地使用了一些文言词语,引诗援典、文白无间、浑然天成。

冰心的语言具有一种韵律美,她擅长运用长短句相间的句式,巧妙地运用比喻、拟人、排比、叠音词等修辞方法,使白话文行如涓涓流水,深受读者喜爱。冰心的语言风格一时被誉为"冰心体"。

冰心晚年仍不辍耕耘。文笔质朴壮美,半个多世纪的创作丰赡多姿,作品高扬真善美,为现代文学尤其是儿童文学作出了杰出的贡献。

巴金是中国作家中受西方文学影响最深的一位。巴金从小就接触西方文学著作,是许多文学大师的优秀作品点燃了少年巴金的心,这颗心一直在燃烧。巴金推崇的作家思想倾向大多与"无政府主义"、"虚无主义"有联系。巴金深受影响,他的作品充满了人文主义色彩,把爱的暖流引向心灵的深处。

巴金一生都在抒写爱。他关爱穷苦人、关爱女性、关爱青年……关爱社会中所有的群体。巴金的创作吸取了世界文学的精华,闪烁着人道主义的光辉,永远照耀着人类不断前进的路程。

巴金是一位情感型的作家。巴金感情真挚、浓烈,作品的语言具有独特的抒情气质,以抒情的"真"经久不衰地打动读者。

巴金抒情的语言如雷电、如激流、迅猛而高昂,"让心上的燃烧的火喷出来"去点亮人们的心,直到烧成灰烬,他的心之火也不会熄灭。

巴金的语言风格热烈、明快、流畅、亲切。热情如火、纯静如水,可谓"水静沙明、一清到底""于平淡中见文采,通脱之处出意境"。

巴金语言或淋漓酣畅,或舒缓自然,总能让读者得到审美的愉悦与感情的满足。

巴金的语言风格能超越时代的语境而具有无穷的感染力。

巴金的语言孕育着一代一代的文学爱好者,巴金不愧为当代文坛的巨匠。

中国现代著名小说家、戏剧家老舍生在北京城"旗族"之家,是从小胡同大杂院的贫苦阶层里成长起来的。老舍的这一特殊的身份,使满族的礼仪习性、"京味儿"的民俗风情和民间的通俗文化融入了他的生命中;大杂院的底层的平民生活成了他日后创作的原始素材,老舍的作品具有浓厚的民间情趣,鲜明的通俗色彩。

老舍就读于北京师范学校,其间接受了严格的语言训练,打下了坚实的语言基础。

侨居英国期间,老舍一边学语言,一边阅读英国小说,汲取欧洲文化的精髓,在创作中予以借鉴。

抗战后老舍曾赴美讲学,结识了美国及世界各国作家,与他们交流和沟通。

被称为语言艺术大师的老舍,自五四白话文运动起始,就努力学习白话语言,率先运用白话文进行创作。老舍对现代白话的民族化方面作出了卓越的贡献。

老舍作品的语言风格最能体现"俗"与"白"的民族语言风格。老舍的"俗"通俗平常,即老百姓口中的日常用语,"白"就是浅显通畅的不作过多修饰的现代白话。

老舍作品中运用的是地道的北京方言,是从北京土语中提炼出来的生动活泼的文学语言,带着"京味儿"的俗白,幽默、凝炼的语言。老舍作品的语言具有优美的节奏感、律动感,读起来铿锵悦耳、和谐响亮;简洁洗练是老舍语言的特点,他善于用数量少的字进行文学创作,善于作短句。掌握千字的小学生就能阅读《骆驼祥子》。《骆驼祥子》全书很少有超过15字的长句,一般只有七八个字或10字左右,这也是老舍语言的民族化的特征,老舍一直认为汉民族的语言是世界上最简练的语言。

老舍是一位语言大师,同时也是一位幽默大师。幽默风趣是老舍语言又一特征。老舍作品中通过各种修辞方式如"反语""双关""夸张"等的运用,收到异常幽默讽刺的效果,增加了现代白话语言的吸引力。

语言理论对写作起引导作用,但实际写作是凭语言的直觉选择语句的。

语言的直觉即语感,最恰当的最精确的"唯一"常常是凭语感获得的。

作家与语言仿佛有一种交互感应,一种契合。它完全属于作家的语言素质,它颇为神奇、十分微妙却是实实在在。

什么是语感？

语感是对语言的直觉感应能力,凭直觉作出的判断。它和乐感、美感等一样均属感觉层面的东西。

语感在写作中对写作的对象(素材)、语境(背景)和文体(体裁的特征)具有敏感性,可以迅速、灵敏的感悟,即刻作出反应。"一语中的",无需理性的支配而全靠感觉。

这种语言能力具有潜隐性。它左右你作出判断,选择这种或那种语言形式不一定能讲出道理。

王尚文在《语感论》中对语感作了如下阐释。

语感之"感"与"美感"、"乐感"之"感"相同,只是所感的对象为"语"——言语。所谓"感",往深里说,深不可测,人类至今尚未完全揭示出它的奥秘;往浅里说,感觉庶几近之。感觉是人对具体可感事物的内在反应能力,联结作为客体的对象与作为感觉主体的人,因两者相互作用而生成。

语感就是个体的人与言语世界的直接联系。它表现为对作用于他的言语作品的内在反应能力,即听和看(读)的能力;也表现为因表达个人情意的需要或适应社会交际的需要而在感觉层面直接生成言语作品的能力,即说和写的能力。

语感是长期地痴迷写作与语言的密切接触,经久地磨合中形成的,是日积月累的写作体验的结晶,是永不衰竭的写作热情造就的。

语感始于熏陶,语言的熏陶包括语言环境,书籍的浏览、阅读。语言是在潜移默化中,在不间断地熏染中沉积起来的,久而久之就融解到血肉里了。

语感的培养不是一日之工,亦不可能在短期的训练中就可达成。

郭沫若曾说:"大凡一个作家或诗人总要有对语言的敏感,这东西'如水到口,冷暖自知'实在也说不出个所以然。这种敏感的养成,在儿童时代的教育很要紧,这非作家或诗人自己所能左右,差不多要全靠做母亲的人来负担。因此一个优秀的作家或诗人每每有卓越的母亲。"

阅读作品的语言是会有质地感,属于语感。

这种质地感是日常生活里十分熟悉的。它仿佛肤肌能触及到的那样的质地感。优秀作品的语言读来如轻纱拂面,丝绸裹身,让你舒适恬静……

在感受语言中享受,那是超越一切物质享受的最高享受。

# 下 编

## 散　文

　　散文是与诗歌、戏剧、小说并称的一种文学体裁。

　　中国古代,散文的概念很宽泛,凡是与韵文(诗赋、骈文)相对的散行、单句形式的文章统称为散文。它包括文学作品也包括一切非文学作品,如经、史、书、记、表、序等。古代散文可以说是韵文以外一切文章的总称。

　　"五四"新文化运动以后,现代散文的概念是指和诗歌、戏剧、小说并列的一种文学样式。

　　广义的散文包括的体裁多种多样依然庞杂,如报告文学、传记、通讯、特写、游记、回忆录、杂文、小品、随笔、日记、书信、序、跋等。

　　狭义散文的范围大大缩小了。它把原属"散文"中的报告文学、文艺通讯、杂文、随笔、科普文学及一些应用文体分离了出去,形成另外的独立文体。

　　现代散文一般是指形式自由、不拘泥一格、文情并茂、篇幅短小的散体文章。属散文的概念中的狭义散文。

　　现代文学史上,较早为散文艺术作出解说的周作人谈自己写散文的景况时说:

　　"得半日之闲,可抵十年的尘梦。"周作人书写的散文的境界是否为每个读者理会?

　　"拙作貌似闲适实为苦涩,惟一二旧友知其苦味……"(《药味集·序》)

　　周作人散文的闲适蕴涵着什么样的苦涩?是岁月的酷烈、人生的无常,还是心曲的低迴、疲惫?

　　周作人在《燕草集·跋》中称赞俞平伯的散文"最有文学意味的一种"是"雅"的:"我说雅,这只是自然大度的风度,并不要禁忌什么字句,或装出乡绅的架子。平伯的文章便多有这些雅致,这是他近于明朝人的地方。不过我们要知道,明朝的名士的文艺诚然是多有隐遁的色彩,但根本却是反抗的……"

周作人称赞俞平伯的雅该是一种高尚的美,一种文雅的气质,一种磊落的风度。

梁实秋在《论散文》中道:"散文是没有——一定格式的,是最自由的,同时也是最不容易处置,因为一个人的人格思想,在散文里绝无隐饰的可能,提起笔便把作者整个性格纤毫毕现地表现出来。"

梁实秋所指该是当时散文家,为人作文皆以诚为本。人不伪饰,文自然无做作——文如其人。

散文的确是一种抒写自由的文体。冰心在谈起她怎么喜欢上散文写作时说:"散文比较自由,很容易拿来抒写当地当时的感激,轻快灵活、可长可短。"

散文写作不像诗歌那样精萃,不像小说那样铺陈绵延,也没有戏剧般结构冲突——散文无论在取材方面还是抒写方式上都显得更为自由灵活。

林语堂曾在《论小品文笔调·人世间》谈及现代散文:"……而小品文之范围,却放大了许多,用途体裁,亦已雄之而变,非复拾前人笔记形式,便可自足。盖诚所谓宇宙之大、苍蝇之微,无一不可入我范围矣。此种小品文,可以说理,可以抒情,可以描绘人物,可以评谕时事,凡方寸中一种心境,一点佳意,一股牢骚,一把幽情,皆可听其由笔端流露出来,是之谓现代散文之技巧。"

散文在表达方式上有着不同于其他文学样式的特点。

散文中的叙述占有重要位置,讲究叙述的平实,从容不迫。简洁流畅,适度晓达并非易事,亦需要深厚的语言功底。叙述可以有头有尾也可以断断续续,可以是一个完整的事件,也可以是某个片断。现在叙述艺术在很大程度上与现代的语言的更新、变化有关,很难设想沿袭古老陈旧的话语能表述好现代感的事物而脱掉陈腐的气息。

散文中的描写如诗似画颇为惹人注目,描写可以淡淡几笔勾勒出景物的形态,亦可是绘声绘色、重彩浓沫、绚烂多姿,给人以超现实的美感。

限于篇幅,散文除非是纯写景的散文,一般很少有大篇幅的纯描写,散文中的描写常常与抒情议论相结合。

与小说不同,散文中的对话也较为讲究,常常是三言两语微妙地将人物性格托出。小说中的对话如同话剧台词,冗长繁絮,而在散文中如果出现单靠对话刻画人物,以替代叙述与描写则有"取巧"之嫌,毕竟家常的对话写起来容易,用它来延宕篇幅、填补空缺省事不少。

抒情是散文中常用的一种表达方式。温情、柔情、热情、激情……人是情中之物,真实的、缘自内心的,起自善良、正义感、责任感的情是散文动人的因子,适度的自然的抒情是必要的。

但是若认为高调的抒情,昂扬的抒情是散文感动人的手法,可以提升散文的人气指数,赢得观赏引出读者的好评则错了。

"情"可以抒但不能"滥"。"情"缘何而来,根基可否牢固?要好好斟酌。

为抒情而抒情,把抒情当作蛊惑人心的手段就不好了。最幼稚的读者也不一定在无心理准备的情况下就跟着你的"情"跑。"煽情"是有意为之的情,难免虚假、装腔作势、凌空蹈虚,使散文之风日渐浮躁、雕饰。

过度的抒情乍一出现还能迷惑一部分人,动辄就是长长的排比句,慨叹、伤情,或颂歌式的赞叹激情四溢……久而久之未免让人产生一种油腻之感,仿佛是在游戏"情感"、玩弄"情感",做作的东西总是失却了纯真。

议论在散文中的运用也颇为普遍。散文直抒胸臆的特点表现为边叙边议、夹叙夹议。议论具有深化文本意义的功能。

议论运用较多的属哲理性散文,这类散文常就现实生活中的种种现象及一些特殊的事件进行散文化的议论,文调接近随笔。

散文中的议论不能空穴来风,必须以事情的陈述为基础,在叙事中进行适当的议论。这种议论也常常与描写、抒情相结合,体现散文综合地运用叙述、描写、抒情、议论的特征。

当代散文是否秉承了现代散文的优良传统,与五四时期的散文相比何如?

当代散文历经了80年代"新时期文学"的新生之后,进入90年代、新世纪,散文繁盛、多产乃至膨胀起来。从吃茶喝粥到官场商界;从升学就业到成功之路;从历史文化的追思到市井文化展示;从地域风情到民俗民风;从民族的优越到山川名胜;从名人传记到伟人功业……散文的疆域广而又广,种类内容斑驳陆离、五花八门,也可谓热闹非凡。虚幻的繁荣之下是精神的匮乏。散文里缺少了人生意义和价值的追寻,与新的精神家园的构建。

散文究竟为何物,它的原质在媒介与印刷的汪洋中迷失了。张宗刚在《散文的流弊中》对散文及散文创作进行了颇为中肯的论说:

散文不是刻意为之的产物,散文是散淡的,自然的,质朴的,是饥者歌其食、劳者歌其事、感于哀乐缘事而发的;当然也不妨是凌空蹈虚的,但一定是空而不空,虚而不虚。散文未必与宏大叙事有关,但必须与心灵有关,与灵魂有关,与精神有关。"真人之心,如珠在渊;众人之心,如泡在水"(苏轼),这"真人之心"与"众人之心",正是高贵与平庸的分水岭。如何处理好散文的现实关怀和终极追求、书斋化写作和生命激情等范畴,是一个根本性的问题。散文不应仅仅是文学的小园香径,也可以是巍峨的崇楼宏厦。关注社会进程,强调良知道义,有益于散文精神的构建。高扬人文立场、秉持批判眼光的知识分子写作,并非小说专有,也是散文领域一种常青不凋的开阔的创作手法。(《中国文学评论双年选》第五辑)

王尧在《散文写作为何离散文远去》一文,对散文写作者应持的立场与态度,对散文的使命也作了翔实的阐述:

一个散文写作者必须保持知识分子的思想风度,对沉沦的社会保持警惕,不必剑拔弩张,但潜在立场不可或缺。有没有这样的立场对散文写作来说是大不相同的。为什么一些散文作者的文字虽然漂亮甚至也有些动人但最终还是从读者的心里飘忽而去?散文作者如果没有独立的思想背景,漂亮的文体又怎能不是一个空洞的符号?我们在现实中的处境,涉及人本的种种困境,而关注人的命运、生存意义和精神家园,是一个具有普遍性的主题,因此,散文可以回到历史、回到乡土、回到童年,但是所有的往回走和往后看,都应当是精神的重建而不是精神的消费。我赞成包括文化大散文之类的写作对历史叙事的运用,历史叙事探究文化、生命、人性的种种形态,打开中国知识分子尘封的心灵之门和与之相关的种种枷锁是必须的;但历史的所有询问其实只是探究我们精神来龙去脉的一种方式,历史的叙事同时应当是写作者关于自我灵魂的拷问、关于生命历史的考证、关于精神家园的构建。(《2007—2008中国文学评论双年选》)

宗白华在《美学与意境》中有一篇文专门谈哲学与艺术:

"……所以大艺术家最高的境界是他直接在宇宙中观照得超形相的美。这时他才是真正的艺术家,尽管他不创造艺术品,他所创造的艺术不过是这真、美境界的余晖映影而已。所以我们欣赏艺术的目的也就是从这艺术品的兴感渡入真、美的观照。艺术品仅是一座桥梁,而大艺术家自己固无需乎比。宇宙'真、美'的音乐直接趋赴他的心灵。因为他的心灵是美的。普罗亭诺斯说:'没有眼睛能看见日光,假设它不是日光性的。没有心灵能看见美,假使他自己不是美的。你若想观照神与美,先要你自己似神而美。'"

散文创作艺术中的真、美境界取决于艺术家本身、即散文创作者自身。他的心灵是否美的,即上文所言"真人之心,如珠在渊""知识分子的思想风度""潜在的立场"。视写作为"自我标榜",还是"自我灵魂的拷问"?是"文学的小园香径"还是文学精神的"巍峨的崇楼宏厦"?是"精神的消费"还是"精神家园的构建"?

问题的症结在哪里?

希腊的哲学家普罗亭诺斯所言极是,若要观照美,先要自己美。

视何为美?可否敢于直面现实、观照"真",这恐怕是散文创作需认真追寻的问题。

作家的"良知"、作家的"正义感""责任感"、作家的"价值观""人生观"——所有有关作家自身的因素,是决定散文去向的关键。

当代散文,在创作的力度、语言技法的示范性,在读者心灵引起震动等诸方面恐怕都很难与五四时期的散文抗衡。

现代散文发轫于"五四"新文化运动,"白话文"作为书面文字为散文写作形式拓展了无限空间;"文学革命"新思潮、观念的更新扩充了散文的内容;个性的自由解放、人格获得尊重改变了散文的深层结构。

郁达夫在《新文学大系散文二集》的序言中指出"五四运动的最大成功,第一要算个人的发现","以这一种觉醒的思想为中心,更以打破了械梏之的文学为体用,现代散文就滋长起来了。"

鲁迅在《小品文的危机》中说:"到五四运动的时候,才又来了一个展开,散文小品的成功,几乎在小说、戏曲和诗歌之上。"

真实的个性与随意抒写是现代散文的创作观,它既有中国文学的传统渊源,也有外国的影响。即周作人所说的新散文发达的两重因缘:外援与内应。"外援即是西洋的科学哲学与文学上的新思想之影响,内应即是历史的言志派文艺运动之复兴。"

周作人认为明代的公安派和竟陵派是新散文的主要渊源,它们的"独抒性灵、不拘格套"即是推崇个性、藐视古文的载道传统,主张以抒情的态度随意为文。

周作人在《燕知草·跋》中说:"中国新散文的源流我看是公安派与英国的小品文两者所合成。"英国的小品文便是"个性的充分袒露,真诚、坦率"的"任心闲话"。

五四时期可称为是真正的"散文时代",五四新文化运动促使了中国科学文化的启蒙,推进了中华民族思想文明的觉醒,开启了一个自由民主、个性解放、勇于革新的思想空前活跃的新时代。正是在这样的背景下,文坛呈现出来勃勃生机,不同流派不同风格的作家作品尽展风华。

鲁迅、周作人是五四时期白话文散文的先驱,对现代散文的贡献让世人瞩目。

郁达夫说:"中国现代散文的成绩,以鲁迅、周作人两人为最丰富最伟大,我平时的偏嗜,亦以此二人的散文为最所溺爱。"

李泽厚在评价鲁迅的作品时说:"在发掘古典传统和现代心灵的惊人深度上前无古人、后少来者。"

鲁迅的政论性的杂文、小品冲在新文化运动的前沿,鲁迅的散文诗、散文表现的是独立、张扬的个性,闪烁着人性的光芒;鲁迅以极为深广的洞察力观察中国社会,透视民族的历史、文化,因之鲁迅的文字精锐犀利,准确地穿透了中国国民性——最致命的地方、最根深蒂固的痼疾,时至今日仍有它的认识审视价值。鲁迅见地之深刻无以伦比。

以改良人生、改造国民性为宗旨的散文境界,以悲悯弱者关怀普通人的散文情怀,都是高扬人文主义旗帜的散文之魂,让世人仰视、为后代传颂。

周作人被称作五四时代人文精神的灵魂人物。对于封建礼教周作人同鲁迅一样予以锐利的批判。周作人的杂文体现出的是自由言论的特色:"任意而谈、无所顾忌",且充满了"戏谑"式的讽刺,让人心领神会,这是一种广博的智慧凝结的幽默,在超脱中收获战斗的果实。

周作人的小品散文是学者的散文,俊逸、质朴、恬淡、旁征博引、妙趣横生、舒缓从容。

文如其人,周作人取此种散文风格与他的低调的做人准则相吻合。

周作人无意成为文坛枭雄,尽管他已经享誉学界。他的话语透露了他的心迹:"不在学问如何高深,在于人文境界的深邃高远。"

朱自清是五四以来优秀的散文家。他以诗歌步入文坛,却因散文的艺术造诣名声鹊起。

朱自清的散文创作成就在中国现代文学史上独树一帜,占有重要的位置。

杨振声曾评价朱自清的散文风格:"……风华是从朴素出来,幽默是从忠厚出来,腴厚是从平淡出来。他的散文确实给我们开出一条平坦大道,这条道将永久领导我们自迩以至远、自卑以升高。"

只要我们打开朱自清的散文,便会感受到他的最真挚的情感,这情感是来自作家真切的生活体验。平淡的生活琐事却极富情致,因而很容易让读者受到感染。

朱自清写景的散文,细腻而深秀,凝重逼真如"工笔画"般,让人如见其景、如闻其声。谈到朱自清散文的语言,语言学家朱德熙说:"朱自清的散文是很讲

究语言的,他的整个风格跟语言有密切关系。"(《辞章与技巧》)

朱自清注重"形"的描写,以形为本、以形传神。正如他自己所言:"于每事每物必要剥开来看、于每事每物必要拆穿来看""于人们忽略的地方,加倍地描写"使"辨出许多新异的滋味"。朱自清语言的表现力得力于他精细缜密的观察、身心投入的体验。

朱自清着意锤炼语言文字,努力做到准确而饱满地表达。在语言运用上,朱自清崇尚自然,自然地流露,兴至笔随,如行云流水。

朱自清的文学特色是"艺术的""暗示的""永久的",给读者留下无尽阔远的想象空间与思考空间。

朱自清从创作起始就追求语言的口语化,他是最早用白话文写作的作家之一,他认为只有言文一致才能更接近读者、更亲近读者。追求散文的口语化正是他推崇文学的民众化的体现。

朱自清的口语化的散文语言秀丽、隽永,具有诗意美、韵律美,琅琅上口,深受广大读者喜爱,成为学习国语的楷模。

郁达夫是现代文学史上一位成就卓著的文学家,是浪漫主义文学团体"创造社"的发起人之一。

郁达夫的散文直率、热情、明丽、酣畅,既具有典雅的古典韵味,又有现代的浪漫主义气息。

郁达夫以"自叙传"的写作方式,将自己隐秘的内心袒露在清新洒脱的文字里。在他的散文里,人们真切地听到了五四时期迷茫、彷徨、困顿、苦闷中的青年"最哀婉的""灵魂的叫喊"(郁达夫在评论卢梭《孤独散步者的梦想》时说:这作品活跃着"最哀婉的一个受了伤的灵魂的叫喊")。悒郁感伤的心灵倾诉形成了郁达夫散文的浓重的感情色彩。

郁达夫的游记,体物入微,描摩极为传神,营造出一种古典的意远情深的境界,被称为是文宛中不可多得的奇葩。

郁达夫的散文恣肆放达,工愁善感,自成一家,不同凡响,表现出作家极高的文学素养与超凡的才情。

徐志摩是新月派的诗人和散文家,在诗歌和散文上均写出了自己的风格。徐志摩的散文如他的灵动自由无羁的性格一般流丽轻脆,优美而浪漫,"浓得化不开"。

徐志摩十分擅长抒写自我,他的抒情散文像诗一般想象丰富、意境幽深、神思飘逸;他的心灵独白,总能淋漓酣畅,一泻无余地将自己情感抒写出来并能深深地打动读者。

徐志摩的散文充满了诗人的气质。他将散文作诗般的提炼,使散文中充满了美丽的幻象,肆意的联想,极尽铺陈,词藻艳丽,让人感受到白话文的抒写魅力如同享受诗歌的魅力一样。

徐志摩散文的风格在繁复铺陈、富丽堂皇这点上乃是继承了我国古典文学中的赋与骈文的某些特征,并吸收了西欧文学的特点的结果。

行文夸饰、雕章琢句的语言风格体现了徐志摩整饰美的艺术追求。

徐志摩的散文的唯美主义倾向与他在英国剑桥大学所受的影响有关。徐志摩在散文的创作中追求的理想,也是他在短促的一生中所追求的。

无论是做人还是作文徐志摩都是自由自在,无拘无束,如永不驻足停留的云游。


中国现代著名作家、教育家叶绍钧,字圣陶,是中学语文教学理论家、作文教学的先导,对中等学校语文教育作出了杰出的贡献。

1921年文学研究会成立,叶绍钧是发起人之一,主张文艺为人生、文艺反映社会现实。

叶圣陶以身示范写作严谨,一字一词都十分讲究,一丝不苟,为树立良好的文风作出了榜样。

叶圣陶的散文平实、淳朴、简练、传神,"承袭了诗词的传统",白描的文字凝结着深刻的寓意。不论是记人叙事还是写景摹物皆明晰晓达,字句里闪耀着理性的光辉。

叶圣陶擅长用最为恰切的词语表情达意。

孙席珍在《论现代中国散文》中评述道:

"不苟且下笔,在凝重中仍保持着秀美,因为他不肯使文字过于粗疏,但也不愿意过分地去刻画它。"

叶圣陶散文的个人风格鲜明,亦如他对写作的主张:不只是意见、主张要是自己的,"便是细到像游丝的一缕情怀、低到像落叶的一声叹息"也要让人认得出是你自己的。


丰子恺是现代文化名人,中国漫画之父,散文写作的大手笔。

丰子恺笃信佛教,佛家提倡的博大、慈悲、真纯与清苦对丰子恺的性格与创作影响颇深。丰子恺一生崇尚自然、艺术。

丰子恺曾遵恩师李叔同(弘一大师)所嘱,为其作画《护生画集》六集数百幅。丰子恺为鲁迅小说作插图,对鲁迅的作品情有独钟。

丰子恺的散文表现了他很高的艺术造诣,受到了广泛的好评。

郁达夫在《中国新文学大系散文二集·序言》中说:"人家只晓得他的漫画入神,殊不知他的散文清幽玄妙,灵达处反远在他的画笔之上。"

宗教情怀使丰子恺的散文超离浮世,充满理想主义色彩。他笔下的人、事,均笼罩着佛理的光晕。

丰子恺对儿童有一种异乎寻常的爱,正如他的漫画有许多幅是以儿童为中心的,他的散文不少是抒写儿童世界的。丰子恺竭力想在人性中留住儿童的天真善良,他向往一个美好、自然、真善的人间,希望以他文中的博大的爱去拯救世道人心。

丰子恺的散文对儿童的心理表现得细致入微,童趣盎然,儿童的本真、健康活泼让成年人羡慕,实际上丰子恺的关于儿童的文学也是给成年人看的。在浮华喧嚣、利欲熏心的成人世界里,丰子恺的散文是拂面的清风,是洁净的乡土。

丰子恺的散文风格平实质朴、毫无雕饰,是他淡泊人生、朴素人格的真实流露。

丰子恺的散文雍容恬静,不见大起大落的情感轨迹,他能平静地梳理情感与思绪,写出自然恬淡的文字。

"一粒沙里见世界,半瓣花上说人情。"(郁达夫语)

丰子恺写的多半是身边的平常事,却透着人生的感悟与哲理,辉映出他观察的细微与思考的深刻。他的散文小品幽默趣味、小中见大、弦外有音,具有批判性、正义性,对芸芸众生常常表现出一种宗教关怀。

鲁迅、周作人、朱自清、郁达夫、徐志摩、叶圣陶、丰子恺等人的散文创作折射出 20 世纪前半个世纪中国现代文学的成就,呈丰富多彩、多元化的面貌。

五四时期被称作"散文时代",不仅仅是指散文数量之多,质地之优,也是指散文创作的自由开放。各种风格、各个流派、各类作家竞相登场精彩纷呈;散文的园地奇葩怒放、绚烂夺目,一片繁荣向上的景象。

"散文时代"给读者带来的精神财富如此丰饶,让一代一代享用不尽。

文学在发展,散文在演变。不同的时代、不同的地域、不同的政治文化背景、不同的文学语境,散文的创作与创作理论自然有所不同。

我们不希冀有哪一种理论,哪一种模式能指导散文创作的昨天、今天乃至永远。

20 世纪 60 年代兴起的一种散文理论"形散神不散"在散文写作上影响颇大,曾被广泛认同。中学语文教科书中的知识短文《散文的特点》谈的即是形散神不散的理论。

这种理论逐渐演变成一种创作模式,影响了几代人的散文写作,直到半个世纪后的今天仍然有人推崇这个理论,成为评定散文创作与学生习作的标准。

"形散神不散"或称"形散神聚"的散文理论自60年代起在以后的几十年里成为散文写作的理论,在此种理论的影响下涌现了一批实践这一理论的范本。

杨朔的散文《荔枝蜜》、《雪浪花》等篇目即为"形散神聚"的代表,持"杨朔风格"的还有其他作家。

逐渐地"杨朔散文的模式"在散文界漫延开来,盛行一时,初学写作者纷纷效仿。

"形散神聚"散文模式的特点是主题鲜明、集中,如"荔枝蜜""雪浪花"均是隐喻"劳动人民",赞颂他们的辛勤劳动、坚韧不拔的品格和献身精神。一般是在结尾处点出主题,以抒情性的议论点明喻意。

这类散文在写作技巧方面也颇为一律,营造一种所谓的散文意境,一种诗化意境,仿佛一首首古诗词的诗情画意,或托物言志、或借景抒情,言语豪迈壮丽者有之、柔情意浓者有之……不乏激情的文字造成了极致的效果。

阐释这类散文必须围绕形如何散、神如何凝聚这一论题展开。"文眼"的设计也为主题思想服务,材料的组织结构的安排均向一个中心靠拢,分析找到了"文眼"即解开了主题。

主题的单一性是"形散神聚"类散文的弊端之一。文学创作是形象的塑造,是心灵智慧的产物,文本的意义不可能为一个主题锁定,多元化、繁复性是文学创作的特征亦是散文的特征。

其次是它的虚幻性、虚假性。

散文是一种自由抒写的文体,它的个性化特征尤为突出,它应是个体发自心扉的声音,与个人的生活密切关联<u>丝丝缕缕</u>,"特殊性"是散文的生命。

杨朔散文的诗化的追求让散文脱离了繁琐的日常生活,实实在在的社会生活,常常漂浮在一个象征性的虚幻的境界中,刻意营造的美的气氛里,因而也就带有虚假性,并不那么贴近普通人的生活。这即如康·巴乌斯托夫斯基在《金蔷薇》里所说的"假花",在这样的散文创作中矫揉造作、缺乏真诚、功利而为则是难免的。

"我明白了这是华而不实的虚饰,是涂上漂亮颜色的刨花做的花朵,是一层箔纸上的镀金。"康·巴乌斯托夫斯基如是说。

"假花"无血无肉不是自然生成的,有的尽是人工刀斧的痕迹。"假花"与"谎花"一样,徒有华丽的外表,是伪饰的。它镀上耀眼的金色,一派富丽堂皇,恢宏气魄,然而在华丽外表下的却是空虚的内涵。

用一种"风格"去指导普遍的散文写作，用一种模式作为散文写作的理论显然是欠妥当的。

因为它起的作用不是"放开"而是"束缚"，它堵塞了散文活泼自在的源流，抹煞了作为散文的自由不拘一格的天性，从而也窒息了散文创作的无尽的才思和生命。

写作一旦有了固定的"套路"，即无创作可言。

20世纪60年代正是西方解构主义风靡美学界之时。法国思想家之一雅克·德里达的理论渗透于人文学科领域，改变了人们对文学作品的阅读方式和阐释策略，深刻地影响20世纪后期西方文学批评的走向。

关于"意义"在文学作品中，德里达的主张也许可供我们参考。

从这个角度来考察，任何言说和书写都不可能概括为一种精确的意义。如果说传统的写作和解读总是急于将自己固定在限定的意义上，或是试图去揭示文本的主要所指的话，那么，在德里达看来，意义恰好是在延异中生成的，或毋宁说是差异的系统游戏的产物。因此，任何概念和比喻的含义都是开放的、撒播的，因而也是无中心的、不可还原的。德里达反复强调，"撒播"就意味着意义不能被界定，意味着"不再还原到父亲的东西"，也意味着把注意力放在文本的多元意义或多元主题上面。（《文学理论——从柏拉图到德里达》杨冬著）

## 散文同题作文

请设想，同一题目、同一素材在相同程度之笔下，写出的散文会是什么样？同质化、一律化可否避免？

相同的题目、相同的题材、不同的作家写出的散文截然不同，迥然不同的风格，是写作个性化的最好的注释。当然这应该是真正意义的写作。

## 海上日出

巴金与日本富德芦花都描写了海上日出。

巴金："天空还是一片浅蓝，颜色很浅。转眼间天边出现了一道红霞，慢慢地在扩大它的范围，加强它的亮光。我知道太阳要从天边升起来了，便不转眼地望着那里。

果然过了一会儿，在那个地方出现了太阳的小半边脸，红是真红，却没有亮光。太阳好像负着重荷似的一步一步、慢慢地努力上升，到了最后，终于冲破了云霞，完全跳出了海面，颜色红得非常可爱。一刹那间，这个深红的圆东西，忽然发出了夺目的亮光，射得人眼睛发痛，它旁边的云片突然有了光彩。"

富德芦花:"忽然大海的尽头浮现出一点猩红,那么迅速,竟令人无遐想及日出,屏息定睛,只见海神轻展双臂,使仅露出水面的红点化作金钱、金梳、金色的马蹄,旋即一跃而脱离水面。初升的太阳在离水之前就已喷出万点金滴,一瞬千里,犹如长蛇飞腾在太平洋上,由远及近。蓦地,眼前的矶岸忽然溅起两丈多高的金色雪花。"

巴金以简洁朴实的语言描写了太阳在海上喷薄而出,光华四射的壮美景色。氛围庄重、情绪热烈又宁静,可谓"平淡中出文采"。

《海上日出》写于1927年1月,赴巴黎留学的途中。文中表达了一个爱国的进步青年向往光明,热爱自然,奋发向上的情愫。文中隐含了光明到来的艰辛而势不可挡:"太阳好像负着重荷似的一步一步、慢慢地努力上升""终于冲破了云霞,完全跳出了海面。"

德富芦花日本现代著名作家,他的散文是描写自然与人生的典范之作,是日本对国民进行美育教育的良好教材。

德富芦花是一位非常有个性的作家,文如其人,他不但文章漂亮,人格也高尚。

作者在描写海上日出前先描写了太平洋面的景致:海涛苍穹、晓月、灯塔、候鸟……海上日出的背景辽阔而壮美。

德富芦花描绘的海上日出色彩斑斓、生机蓬勃。太阳腾跃出海的那一瞬间是那么神奇,仿佛是海神轻展双臂将太阳托出水面,又是那么美艳,如"金钱、金梳、金色的马蹄",这一连串的比喻,依次地描写出日出由小到大的变化。接着将太阳出海后喷射的光焰比作"长蛇飞腾在太平洋上"让矶岸溅起的高高的海浪都染上了颜色,如同金色的雪花。德富芦花以浓墨重彩,为我们绘出了一幅绚烂多姿、光彩耀目的海上日出的画面,它美丽、伟岸、雄壮、令人震惊,"具有纯化和征服灵魂的浩大的力量"(华兹华斯语)。

## 《桨声灯影里的秦淮河》(节选)

### 朱自清

秦淮河的水是碧阴阴的;看起来厚而不腻,或者是六朝金粉所凝么?我们初上船的时候,天色还未断黑,那漾漾的柔波是这样的恬静,委婉,使我们一面有水阔天空之想,一面又憧憬着纸醉金迷之境了。等到灯火明时,阴阴的变为沉沉了;黯淡的水光,像梦一般;那偶然闪烁着的光芒,就是梦的眼睛了。我们坐在舱前,因了那隆起的顶棚,仿佛总是昂着首向前走着似的;于是飘飘然如御风而行的我们,看着那些自在的湾泊着的船,船里走马灯般的人物,便像是下界一般,迢迢的远了,又像在雾里看花,尽朦朦胧胧的。这时我们已过了利涉桥,望见东关头了。沿路听见断续的歌声:有从沿河的妓楼飘来的,有从河上船里度来的。我们明知那些歌声,只是些因袭的言词,从生涩的歌喉里机械的发出来的;但它们经了夏夜的微风的吹漾和水波的摇拂,袅娜着到我们耳边的时候,已经不单是她们的歌声,而混着微风和河水的密语了。于是我们不得不被牵惹着,震撼着,相与浮沉于这歌声里了。从东关头转弯,不久就到大中桥。大中桥共有三个桥拱,都很阔大,俨然是三座门儿;使我们觉得我们的船和船里的我们,在桥下过去时,真是太无颜色了。桥砖是深褐色,表明它的历史的长久;但都完好无缺,令人太息于古昔工程的坚美。桥上两旁都是木壁的房子,中间应该有街路?这些房子都破旧了,多年烟熏的迹,遮没了当年的美丽。我想象秦淮河的极盛时,在这样宏阔的桥上,特地盖了房子,必然是髹漆得富富丽丽的;晚间必然是灯火通明的。现在却只剩下一片黑沉沉!但是桥上造着房子,毕竟使我们多少可以想见往日的繁华;这也慰情聊胜无了。过了大中桥,便到了灯月交辉,笙歌彻夜的秦淮河;这才是秦淮河的真面目哩。

那时河里闹热极了;船大半泊着,小半在水上穿梭似的来往。停泊着的都在近市的那一边,我们的船自然也夹在其中。因为这边略略的挤,便觉得那边十分的疏了。在每一只船从那边过去时,我们能画出它的轻轻的影和曲曲的波,在我们的心上;这显着是空,且显着是静了。那时处处都是歌声和凄厉的胡琴声,圆润的喉咙,确乎是很少的。但那生涩的,尖脆的调子能使人有少年的,粗率不拘的感觉,也正可快我们的意。况且多少隔开些儿听着,因为想象与渴慕的做美,总觉更有滋味;而竞发的喧嚣,抑扬的不齐,远近的杂沓,和乐器的嘈嘈切切,合成另一意味的谐音,也使我们无所适从,如随着大风而走。这实在因为我们的心枯涩久了,变为脆弱;故偶然润泽一下,便疯狂似的不能自主了。但秦淮河确也腻人。即如船里的人面,无论是和我们一堆儿泊着的,无论是从我们眼前过去的,总是模模糊糊的,甚至渺渺茫茫的;任你张圆了眼睛,揩净了眦垢,也是枉然。这真够人想呢。在我们停泊的地方,灯光原是纷然的;不过这些灯光都是黄而有晕的。黄已经不能明了,再加上了晕,便更不成了。灯愈多,晕就愈甚;在繁星般的黄的交错里,秦淮河仿佛笼上了一团光雾。光芒与雾气腾腾的晕着,什么都只剩了轮廓了;所以人面的详细的曲线,便消失于我们的眼底了。但灯光究竟夺不了那边的月色;灯光是浑的,月色是清的。在浑沌的灯光里,渗入了一派清辉,却真是奇迹!那晚月儿已瘦削了两三分。她晚妆才罢,盈盈的上了柳梢头。天是蓝得可爱,仿佛一汪水似的;月儿便更出落得精神了。岸上原有三株两株的垂杨树,淡淡的影子,在水里摇曳着。它们那柔细的枝条浴着月光,就像一支支美人的臂膊,交互的缠着,挽着;又像是月儿披着的发。

而月儿偶然也从它们的交叉处偷偷窥看我们,大有小姑娘怕羞的样子。岸上另有几株不知名的老树,光光的立着;在月光里照起来,却又俨然是精神矍铄的老人。远处——快到天际线了,才有一两片白云,亮得现出异彩,像美丽的贝壳一般。白云下便是黑黑的一带轮廓;是一条随意画的不规则的曲线。这一段光景,和河中的风味大异了。但灯与月竟能并存着,交融着,使月成了缠绵的月,灯射着渺渺的灵辉;这正是天之所以厚秦淮河,也正是天之所以厚我们了。

朱自清早期的散文,记游写景的文字成就颇高,《桨声灯影里的秦淮河》就是景物描写的优秀篇目之一。被誉为"白话美术文的模范"。

朱自清写景细腻秀丽,秦淮河的声色光影渲染得淋漓尽致,形象丰满、浑厚、雅致而凝重,其逼真的程度足以让读者置身其中,仿佛在与写作者同游。

朱自清的散文联想丰富,渗透着作者诚挚的情感。朱自清擅长抒写个人的感受。秦淮河在作者的遐想与感受中,朦胧邈远、韵味无穷。

作者对秦淮河历史影像的追思始终是这篇散文的潜在的风景。

碧阴阴的水厚而不腻,那或是胭脂粉黛染成,和开篇"领略晃荡着蔷薇色的历史的秦淮河的滋味"呼应。作者脑中萦回着六朝时"华灯映水""画舫凌波"的秦淮河的淫乐无边的盛景,让眼前的秦淮河如梦似幻,朦朦胧胧。充满"水阔天空"的想象和"纸醉金迷"的憧憬的我们眷恋悱恻,不能自已。

现实的绮丽景色与历史的艳迹双重影像使秦淮河格外诱人。于是人物"飘飘然如御风而行"像神仙下界般,眼前的景物日渐日远,朦胧起来。

情景交融、情感随着景色的描绘而步步推进,于是读者不只在与作者同游、享受秦淮河的美丽风光,还能与作者气息相连,一同经历情感的波涛。真挚的感情的流露增加了散文的感染力。

作者特别抒写了"笙歌彻夜"的秦淮河上的感受。

歌声"生涩"因更夜"微风吹漾""水波摇拂",游者"还是被牵惹着,震撼着,相与浮沉于这歌声里了"。

生涩、尖脆的调子,正快意;杂沓嘈切的乐器也合成谐音——因为是在秦淮河上有想象与渴慕做美——"也使我们无所适从,如随着大风而走""疯狂似的不能自主了"。

这里作者还特别交代了造成情绪高涨的内在原因是作者内心的苦闷所致:"我们的心枯涩久了,变为脆弱""偶然润泽一下"便心旷神怡,不能自已。

这里船影与曲波、歌声与琴声、灯晕与光雾交汇在一起,给人的感觉是模糊渺茫的,人面的曲线在眼底消失。景物描写与人物感受均绵密,真切且和谐地统一,为下面的灯月交辉的场景作了衬托。

灯月交辉的秦淮河是这篇散文中工笔重彩描绘的部分。

在夜色灯光的背景衬托下,月色出现了。"灯光是浑的、月色是清的。在浑沌的灯光里掺入了一派清辉,却真是奇迹!"月色的皎洁夺目,灯月映辉的绝妙景观让作者发出由衷的慨叹。

接下来作者极尽铺陈将秦淮河的夜色推向了极致,用一连串的拟人比喻将读者带入月夜佳境:清瘦的月儿,晚妆罢,轻盈地爬上了柳梢头,它在一汪水似的蓝天里浴过,便出落得精神了;在浴着月光美女臂膊般的柔枝交叉处,月儿又像一个怕羞的小姑娘在偷偷地窥看;岸上的老树在月光照起来像是精神矍铄的老人;天际线的白云像美丽的贝壳……

在具体细致的描绘之后作者作了这样的总括:

"但灯与月竟能并存着,交融着,使月成了缠绵的月,灯射着渺渺的灵辉;这正是天之所以厚秦淮河,也正是天之所以厚我们了。"

灯月交辉的奇观,让游者感到月变成缠绵悱恻的月,灯呢,射着渺然的灵光——描写至此,无论是景色还是作者的心绪都达到了极致。

啊,这样美轮美奂、绝妙的景致竟出现在仲夏的秦淮河之夜,在我们同游秦淮河之际,这正是自然所厚待秦淮河的,也正是自然所厚待我们的。

浓浓的赞叹跃然纸上,文字充满了诗一般的隽永、哲理般的韵味。

## 《桨声灯影里的秦淮河》(节选)

### 俞平伯

我们消受得秦淮河上的灯影,当圆月如皎的仲夏之夜……小的灯舫初次在河中荡漾;于我,情景是颇朦胧,滋味是怪羞涩的。我要错认它作七里的山塘;可是,河房里明窗洞启,映着玲珑入画的曲栏干,顿然省得身在何处了。佩弦呢,他已是重来,很应当消释一些迷惘的。但看他太频繁地摇着我的黑纸扇。胖子是这个样怯热的吗?

又早是夕阳西下,河上妆成一抹胭脂的薄媚。是被青溪的姊妹们所熏染的吗?还是匀得她们脸上的残脂呢?寂寂的河水,随双桨打它,终是没言语。密匝匝的绮恨逐老去的年华,已都如蜜饧似的融在流波的心窝里,连呜咽也将嫌它多事,更那里论到哀嘶。心头,宛转的凄怀;口内,徘徊的低唱;留在夜夜的秦淮河上。

在利涉桥边买了一匣烟,荡过东关头,渐荡出大中桥了。船儿悄悄地穿出连环着的三个壮阔的涵洞,青溪夏夜的韶华已如巨幅的画豁然而抖落。哦!凄厉而繁的弦索,颤盆而涩的歌喉,杂着吓哈的笑语声,劈拍的竹牌响,更能把诸楼船上的华灯彩绘,显出火样的鲜明,火样的温煦了。小船儿载着我们,在大船缝里挤着,挨着,抹着走。它忘了自己也是今宵河上的一星灯火。

……

时有小小的艇子急忙忙打桨,向灯影的密流里横冲直撞。冷静孤独的油灯映见黯淡久的画船(?)头上,秦淮河姑娘们的靓妆。茉莉的香,白兰花的香,脂粉的香,纱衣裳的香……微波泛滥出甜的暗香,随着她们那些船儿荡,随着我们这船儿荡,随着大大小小一切的船儿荡。有的互相笑语,有的默然不响,有的衬着胡琴亮着嗓子唱。一个,三两个,五六七个,比肩坐在船头的两旁,也无非多添些淡薄的影儿葬在我们的心上——太过火了,不至于罢,早消失在我们的眼皮上。谁都是这样急忙忙的打着桨,谁都是这样向灯影的密流里冲着撞;又何况久沉沦的她们,又何况飘泊惯的我们俩。当时浅浅的醉,今朝空空的惆怅;老实说,咱们萍泛的绮思不过如此而已,至多也不过如此而已。你且别讲,你且别想!这无非是梦中的电光,这无非是无明的幻相,这无非是以零星的火种微炎在大欲的根苗上。扮戏的咱们,散了场一个样,然而,上场锣,下场锣,天天忙,人人忙。看!吓!载送女郎的艇子才过去,货郎旦的小船不是又来了?一盏小煤油灯,一舱的什物,他也忙得来像手里的摇铃,这样丁冬而郎当。

……

前面已是复成桥。青溪之东,暗碧的树梢上面微耀着一析的清光。我们的船就缚在枯柳桩边待月。其时河心里晃荡着的,河岸头歇泊着的各式灯船,望去,少说点也有十廿来只。惟不觉繁喧,只添我们以幽甜。虽同是灯船,虽同是秦淮,虽同是我们,却是灯影淡了,河水静了,我们倦了,——况且月儿将上了。灯影里的昏黄,和月下灯影里的昏黄原是不相似的,又何况入倦的眼中所见的昏黄呢。灯光所以映她的秾姿,月华所以洗她的秀骨,以蓬腾的心焰跳舞她的盛年,以饧涩的眼波供养她的迟暮。必如此,才会有圆足的醉,圆足的恋,圆足的颓弛,成熟了我们的心田。

犹未下弦,一丸鹅蛋似的月,被纤柔的云丝们簇拥上了一碧的遥天。冉冉地行来,冷冷地照着秦淮。我们已打桨而徐归了。归途的感念,这一个黄昏里,心和境的交萦互染,其繁密殊超我们的言说。主心主物的哲思,依我外行人看,实在把事情说得太嫌简单,太嫌容易,太嫌分明了。实有的只是浑然之感。就论这一次秦淮夜泛罢,从来处来,从去处去,分析其间的成因自然亦是可能;不过求得圆满足尽的解析,使片段的因子们合拢来代替刹那间所体验的实有,这个我觉得有点不可能,至少于现在的我们是如此。凡上所叙,请读者们只看作我归来后回忆中所偶然留下的千百分之一二,微薄的残影。若所谓"当时之感",我决不敢望诸君能在此中窥得。即我自己虽正在这儿执笔构思,实在也无从重新体验出那时的情景。说老实话,我所有的只是忆,我告诸君的只是忆中的秦淮夜泛。至于说到那"当时之感",这应当去请教当时的我。而他久飞升了,无所存在。

俞平伯是五四以来的著名诗人、散文家、红学家,研究古典诗词曲的专家。

俞平伯的散文"细腻而含点涩味,闲适而不免感伤"(唐弢《中国现代文学史》)。俞平伯的散文属于周作人这一流派:周作人的散文风格冲淡;废名的散文风格较苦涩;俞平伯的散文则介于两者之间,比较雅致。(《俞平伯散文选集》序言·孙玉蓉)

俞平伯的散文语言带有明显的文言痕迹,内容充满玄思妙想,古朴晦涩,给人一种朦胧虚幻、不即不离的况味。

俞平伯的古典诗词造诣颇深,谙熟古典小说、散曲,他的散文中典故的运用,古诗词的引用,散曲语言的吸收都十分恰当得体,因之他的散文精美、凝练具有诗意美与音乐美,有很高的鉴赏价值。

俞平伯的散文语言颇为讲究。他以口语为基础,加上了古文、方言和欧化语言的成分形成了自己独特的语言风格。

《桨声灯影里的秦淮河》选自《杂拌儿》,是俞平伯早期的知名散文。

秦淮河历来就是文人墨客歌咏凭吊的场所,留下了一些追古伤怀的诗句。
十里清淮水蔚蓝　板桥斜日柳鬖鬖
栖鸦流水空萧瑟　不见题诗纪阿男
(鬖 shān,柳丝下垂貌。阿男,名映淮,诗人)
年来肠断秣陵丹　梦绕秦淮水上楼
十日雨丝风片里　浓春烟景似残秋
(秣陵,南京。十日雨丝,细雨。风片里,微风)
千载秦淮呜咽水　不应仍恨孔都官
(孔都官,南朝陈后主的都官尚书)
傅寿清歌沙嫩箫　红牙紫玉夜相邀
而今明月空如水　不见青溪长板桥
(傅寿、沙嫩,明末秦淮名妓。红牙,拍板;紫玉,箫。)

上面几首古诗选自清朝王士祯的《秦淮杂诗》。

秦淮咏叹仿佛也浸染着俞平伯的散文。《桨声灯影里的秦淮河》对秦淮河的历史艳迹的追怀,同样也流露出对青溪歌妓命运的哀叹,一种凄凉感伤的气氛浓浓地笼罩着全文。

在对俞平伯的写作概况及秦淮河的特殊背景了解之后,理解俞平伯散文就会容易些。

秦淮夜色,萍泛绮思怎样抒写。俞平伯的散文善描写,却少描写,很少纯描写,而是在描摹的景物里掺合着些许哲思,在声色并茂的精绘之后是对风土人情、对人生哲理的思考。这些玄思妙想给散文造成了一种扑朔迷离的境界和不即不离的况味。俞平伯的这一写作特点加上用来表达的典雅的,带着文言印迹欧化倾向的生动的口语,致使他的散文如嚼青果般,涩味甜味融化在口中,余味无穷十分耐读。

开头一句十分简洁用的是倒装句,欧化的句式,"消受"又不同"享受",准确而独特且带有古诗文的色泽。

开篇伊始作者即交代了初次荡舟的情味:"情景是颇朦胧,滋味是怪羞涩的。"迷惘、惆怅该是这篇散文的基调。

在俞平伯的笔下,"河上妆成一抹胭脂的薄媚",是青溪姊妹的胭脂香粉熏染。这里历史的艳迹"六朝的金粉"融进了秦淮的夜景中。桨打水面寂静无声,青楼女子的密密的恨,追逐着逝去的年华,蜜糖般融化在流波心中,消融在她们心中。十里秦淮水呜咽哀嘶都是多余的。留在夜夜的秦淮河上的只有带着内心凄凉的浅吟低唱、流连徘徊……"绮恨""隐痛""悲吟",青溪姊妹的哀怨尽在句里行间,透露出作者的"恻恻的情怀"。

秦淮夏夜景色描绘只用了一句话概括:"青溪夏夜的韶华已如巨幅的画豁然而抖落。"然而惊喜之情陡然显现。下面只寥寥几句以描写杂沓的声音带过,转入玄妙的"绮思":小船载着我们走,它忘了自己也是今宵河上的一星灯火——正是:人在赏景又成了景中的一景。至于青溪夏夜的韶华究竟怎样,只待你自己去想好了。

俞平伯对秦淮夜景的描写是动态的,声色俱全的。

镜头随着船儿移动,转向秦淮河上的人物。人物的香气:花香、脂粉香、沙衣香……在微波上"泛滥"出甜密的暗香,随着河中的船儿荡。各种情态的秦淮歌女——声色香的"诱惑",消失在眼前,埋葬在心上。下面笔锋一转又是一番哲理性的议论:谁都是这样匆忙,上场"扮戏",作戏不一样,"散场一个样",无论是沉沦的青溪女子,还是飘泊的我们,大家都在逢场作戏。

"当时浅浅的醉,今朝空空的惆怅",作者表白游秦淮的心境,而这醉是因"微漾着、轻晕着的夜的风华"即前面提到的"青溪夏夜的韶华"所致。它是朦胧的,"朦胧之中似乎胎孕着一个如花的笑"以致"我们终久是眩晕在它离合的神光之下的"。

这心境既是朦胧的、眩晕的——所以作者方说是"梦中的电光""无明的幻相""零星的火种微炎在大欲的根苗上"。

俞平伯散文的涩味大概就体现在这样一些描写里,体现在一些慨叹和哲思里。

俞平伯描写用笔极轻,"奇在全不着力而得妙肖"。不见雕琢的痕迹。

在"幽甜"的待月时分作者写道:"虽同是灯船,虽同是秦淮,虽同是我们,却是灯影淡了,河水静了,我们倦了,——况且月儿将上了。"简单自然的短句即将静谧、恬淡的气氛烘托了出来。

晦涩味的语言与简单味的口语穿插,给人别样的况味。"灯光所以映她的秾姿,月华所以洗她的秀骨,以蓬腾的心焰跳舞她的盛年,以饧涩的眼波供养她的迟暮。"

这几句拟人句是写什么?

这段话前面是说入倦的眼中的月下灯影里的昏黄与灯影里的昏黄是不相似的。"昏黄"应该是秦淮河上的一片昏黄。那么接下来也应该是形容秦淮河的,灯光映着河水的茂盛的姿容,月华洗浴着河的秀丽的瘦水,蓬腾的心的火焰在她的盛世年华舞动,饧涩的眼波供养着她的暮年。但如果说这段话隐含着什么?即又在描写青溪姊妹的生命状态不是也很恰当的吗?

真乃:"状难写之景如在目前,含不尽之意见于言外。"正因为如此,才会有园足的醉、恋、颓弛,让心田成熟起来。

泊船、静待明月。眼前的月景又作何描述呢?

"一丸鹅蛋似的月,被纤柔的云丝们簇拥上了一碧的遥天。冉冉地行来,冷冷地照着秦淮。"

果然不凡。作者笔下之明月鹅蛋似的小巧玲珑,光圆可爱,被轻柔的一丝丝云儿拥上了一望无际的碧蓝的天空。这样的溢美之词包含了怎样的"心焰"——怎样的热烈的情感。可月儿呢并不领情,它被拥上天空之后,慢悠悠地移动来,冷冷地将光洒向秦淮河。苍白的鹅蛋脸冷若冰霜,心的热度顷刻降至零点,我们打桨徐归了。简短的勾勒一波三折,让人只有惊叹的份了。

接下来是一大段的议论。

"直曰"这段的意思是:归途的感念,因心与境交织互相感染,它的繁复绵密,难以言表。从哲学方面的思考,无论唯心唯物把事情都说得太简单、容易、分明了,实有的只是一个浑然之感。

就说这一次秦淮夜泛,圆满的解析来去间的成因,刹那间实有的体验有点不可能。归来后执笔构思也无法重新体验那时的情景,只是回忆,而回忆也只是偶然留下的微薄的残影。读者无法窥视到当时的感受,作者告诉读者的只是回忆中的夜泛。若要了解"当时之感"应去请教当时的我,而当时的我"已飞升了,无所存在",所以请教也无处请教。

这段玄思哲理有两层,一层是谈语言与它所表述的对象的关系。情境是复杂的浑然的远远超乎语言的表述。一层是执笔构思的东西无法再现"当时之感",只是回忆留下的点滴印象。瞬间的"感念""刹那间"的"体验"倏尔而逝,很难完整的保留与复述,因为人不可能回到彼时彼地的情景重新体验;若让现在的我回答当时的我的体验亦不可能,因为现在的我早已不是那时的我了。那时的我早已离我而远了。

套用一句歌词:"昨日之我不可留,今日之我奈何求。"

怅惘、空灵的境界在委婉、繁缛的文字背后。

俞平伯的散文充满了古诗文的韵味。能如此完美地将文言与白话水乳般地融合在一起,风格独特、自成一家,堪称现代散文的一支奇葩。

散文的风格与作者自身的气质、性情、学识、修养等有关。

不同的个性造就了不同的艺术风格。

散文的艺术风格是作家的个性在作品中的体现,是一种有意识或无意识的选择。

**散文叙事话语**

### 《一个女摄影师经历的"9·11"》(节选)

王小慧

在阅读王小慧的散文之前先介绍一下关于叙事理论的著述《叙事话语》。这本书的作者热拉内·热奈特从20世纪50年代后期从事文学批评活动,与巴特、茨维坦等人一道致力于叙事学研究。

《叙事话语》是热奈特系列论著《辞格三集》中的一部。"是一部运用结构主义方法分析叙事作品的经典力作",对叙述话语的分析详尽而独到。作为说明一般叙事作品的方法具有指导性的意义,也将对王小慧的文本研究起到启示作用。

热奈特指出:"讲述一件事的时候,的确可以讲多讲少,也可以从这个角度或那个角度去讲;叙述语式范畴涉及的正是这种能力和发挥这种能力的方式……叙事可用较为直接或不那么直接的方式向读者提供或多或少的细节,因而看上去与讲述的内容保持或大或小的距离;叙事也可以不再通过均匀过滤的方式,而依据故事参与者(人物或一组人物)的认识能力调节它提供的信息,采纳或佯装采纳上述参与者的通常所说的'视角'或视点,好像对故事作了这个或那个投影。"

热奈特进一步指出:叙述速度可以分为概要、停顿、省略、场景等四种基本形式。所谓"概要",就是用几段或几页篇幅叙述好几天、好几个月甚至好几年的生活。所谓"停顿",是指在故事时间停顿的情况下进行的描写,类似通常所说的"静态描绘"。所谓"省略",是指故事延续了若干时间,而在叙事文本上却基本不占篇幅。所谓"场景",就是用相当的篇幅来描写在情节中起决定性作用的戏剧场景。

热奈特的叙事理论以普鲁斯特的《追忆似水年华》为例子进行研究。他自称在寻找特殊性时发现了普遍性,即一般寓于个别之中,可知寓于神秘之中。他的研究适用于现代性文学作品。

王小慧的叙事散文共有四节,下面选的是文本的二、三节。

9月11日早晨八点五十五分,闹钟惊醒了梦中的我,10分钟以前,世贸中心的第一座楼已经被撞击。

几年来,我常有些奇怪而荒诞的梦,我总把它们记在日记本上,因为有些梦境具有超现实主义色彩,这些画面组合在头脑清醒时无法想象出来,这些梦若不在初醒时分立即记录下来便转瞬即逝,我会觉得可惜。我很想有机会创作一些超现实主义的摄影作品,何况梦境常常可以讲出许多潜意识中的东西,能帮我分析认识自己的心理状态。我床头总是放着笔和日记本,有时半夜里朦胧中也会下意识地记下梦中情景。尽管医生曾警告我这种习惯对身体健康不利,但我舍不得放弃我这个特殊的"素材库"和"灵感源"。我还相信梦境也是"本我"释放自己的机会,我可以通过怪诞的情节透露潜意识来和自我沟通。分析梦境能帮助我认识自己内心状态。

那天早晨我的噩梦被闹钟惊醒,醒来我犹豫了一下,是赶快记下梦境,还是先给朋友去电话?打电话可能会忘记梦境,可这梦太奇怪了,是我从未梦过的极其恐怖的画面,于是我匆匆在日记本上记下几句话:"梦到许多人死去,许多尸体和肢体碎块挂在空中,到处是黑色的管道和仪器,甚至一些很强壮的人都躺在地上,奄奄一息……"

后来我看到报道上说好多人已经找不到了,但找到七十多具尸体碎块,印证了我在梦中的画面。

我还来不及记下更多的细节,匆匆写下这几句我就给Thomas去电话,果然找不到他,我想他可能已经去开会了。早餐前,我在酒店的走廊遇上一位韩国女人,她神色慌张地拉我到她的房间去看电视,由于语言不通我还不知那么大的灾难已经发生,只是在她的门口远远看到屏幕上的画面,还以为哪个飞机失事,我回到房间顺手在本子上写了两句"事故每天都在发生,我们应当庆幸自己平安"之类,后又试着给 Thomas 打电话,仍然无人接听。后来我才知道,发生了这么大的事故,整个城市处于瘫痪状态,交通也几乎停顿,当然上不了班了。随后,我的一位中国朋友 Michael 赶到我的宾馆,他马上帮我打开电视让我看发生了什么惊天大事,他是懂中文的,当他看到我日记本里记录下的梦境酷似事故现场,感到十分震惊。

电视里只是不断重复失事的一个镜头,没任何新的说法,于是我们两个人决定出门,往世贸中心方向走去,想拍点录像和照片。没有交通工具,我们走了很远很远。事后让我感到后怕的是,我干女儿的父母 9 月 10 日整天都在世贸中心开会;值得庆幸的是另外一位德国摄影家朋友 Roland 那几天在 Thomas 的画廊办展览,那天早晨才离开世贸中心的 Marott 酒店,这酒店未能逃过厄运,而我差点听他俩的建议住到那家酒店去。只是因为 Roland 他比我早走两天,我不愿一个人在远离市中心的地方住,所以才没搬过去。Roland 也被邀请参加柏林的亚太周中国艺术节,这次我们被安排在同一家旅馆的隔壁房间,他的房间偏巧挂着大幅的纽约夜景的黑白印制品,艺术节主席为我俩拍了在这张印刷品前手捂双眼的照片,因为我们都惊魂未定。

世贸中心被炸之后,帝国大厦就成了纽约的第一高楼了,恐怖分子预告说,他们下一个目标就是要炸帝国大厦,因为不仅是纽约最高的建筑,还具有历史意义和标志性。出事后两天的晚上,警方忽然通知帝国大厦将要被炸的消息,酒店顿时乱成一团,人声嘈杂,"Go、Go、Go(快跑、快跑)"的声音不绝于耳。我甚至来不及锁上旅馆的房门,就随着众人匆匆逃离。当有人大声提醒我们带上贵重物品时,我没有去拿那些散放在浴室里的首饰,或锁在保险柜里的钱,只是拿了我的相机包,塞了一把胶卷进去,顺手拿了床头的日记本,其他东西统统扔在那里,没有多想就跑了出来。警方组织所有在这个地区的人紧急疏散,电梯也不让乘坐,所有的人都沿着消防楼梯一路逃跑,我们还闻到了一种电线烧焦的味道,大家甚至以为我们的楼里已有了炸弹。当时那位中国朋友 Michael 和我一起逃离到大街上,在警察的催促下与人群往河边的方向疏散。我跑得上气不接下气,因为我不断地用照相机和录像机拍摄那些惊慌失措的人们,再追上众人脚步。有一些女人哭着给亲人打手机,Michael 不断催促我快一些,而我仍然不能停止拍摄。他最后不得不拉着我跑,怕我掉队。最后逃到他家时已经近黎明。他说他可以做证明,我真的像我在《我的视觉日记》一书中假想过的:假如家中着火,我首先要抢救的是照相机和日记本。

当我几经辗转终于转到柏林"亚太周"现场时,曾和德国电视台的编辑们挑选我拍的"9·11"事件录像。看到这些颠簸之中拍下的情形,他们都十分惊讶,就像看到我在出车祸之后转院途中在救护车内的自拍像一样,觉得是不可思议的事情。

在被困纽约的几天里,每天给机场打无数的电话,却不知何时才有飞往德国的航班。好多人几天几夜等在机场候机室里,也有许多人怕再乘飞机。有朋友建议我先想法开车到美国西部或到加拿大再做打算,至少是到了安全地带。也有朋友建议我乘船到英国,就像我第一次来纽约时那样,航程整整五天五夜。我想在这种情形下,五天五夜会很漫长,太难熬了,而且我也赶不上18日在柏林亚太周艺术节我展览的开幕式了。我在美国各地的同学朋友纷纷邀我去小住,但我归心似箭。传媒每天对局势有新的说法,战争的猜测很多,主张还击的呼声也很高,我一下体验到了《卡萨布兰卡》里女主人公的那种焦虑心情。

白天,我走在纽约大街上,仍然有很多匆匆行人,仍然是秋天蓝灿灿的天空和明晃晃的太阳,仍然是那些建筑物,但这个城市给你的感觉却被彻底改变了。这感觉里有几分不真实,几分疏离,几分模糊,几分荒诞。

晚上,我到华盛顿广场参加"烛光晚会",那本是招贴告示寻找失踪亲人的地方,结果越来越多的市民带着鲜花和蜡烛,聚集在那里,共同哀悼死去的人们,也哀悼他们失去的那个城市的象征。这些人肤色不同,年龄不同,职业与身份也不同,但眼睛里流露出的是同样的悲哀。偶尔人们也会在告示上写下想说的话,去告慰亡灵;有时大家长久地沉默,人们会去拥抱一个完全不相识的人,好像抚慰一位多年的好友。我也曾拥抱过一位陌生女性,她的眼神那么绝望,我情不自禁去抱了一下她,来表示我对她的安慰,虽然这种安慰可能微不足道。有时人们会唱起关于和平或者关于美国的大家耳熟能详的歌曲,更多的人会跟着一起忧伤地唱起来,眼里闪着泪光,情景感人至深。

我想,在灾难中,人性的力量彰显出来,它就像潘多拉之盒最底部的东西,那就是"希望"。

那次去美国,没有带个好的相机,也没有带足够的胶卷,因为我只想与经纪人谈事才去的。为了拍这些场景,我几乎想买架新的相机和好的镜头。我买了一个非常昂贵的摄像机镜头,只为了在远处拍一下世贸大厦,因为我们不能走得更近了。在世贸大厦附近的汽车上积有厚厚的粉尘,很多人会抓上一把粉尘带在身上。我也抓了一把,作为永久的纪念。幸好我干女儿的妈妈找出许多我存在她家冰箱里的胶卷和她女儿的相机,我们每天在烛光晚会上流连忘返,拍下许多珍贵的镜头。也许有一天我会把这些珍贵的记忆用某种形式展示出来。

那几天,高速运转的纽约,突然来了一个休止符,一切都停顿下来了,大家都不上班,很多地方仍然在戒严,抢救的工作依然在继续,交通也不通畅,到处风声鹤唳。美国这个民族一向是充满自信的,但街上行人的表情那些天常常显得惊惶,有人会忽然控制不住,歇斯底里地痛哭。纽约成为一座摇摇欲坠的危城。

除了每天联系飞机航班,我带着相机无目的地四处行走,这些天的纽约已经不是我过去眼中的纽约,它已经成了一个被扭曲变形了的城市,一个被笼罩在悲凉气氛中的城市,一个被死亡的阴影追逐着的城市,一个支离破碎不完整的城市,一个无可名状不知所措的城市。虽然有来自不同国家的无数摄影师在这个城市里奔走,有无数的记者在记录这些日日夜夜,甚至许多普通的市民也随身带着相机,拍下他们看到的一切,但我想拍的不仅仅是我看到的纽约,更是我感受到的纽约。

后来我给艺术学院的学生做学术报告时曾以此为例,说明一个摄影艺术家和一个摄影记者的区别,虽然我们拍下来的都是真实的,但摄影记者拍的是客观的真实,而一个艺术家拍摄的则是一种主观的真实。我强调真实的主观性,因为它只能是个人化的,有个性的,与别人不同的东西,这样才有作为艺术品存在的价值。后来我发表了一组关于"9·11"事件的摄影作品,叫作《变形的城市》,那是我眼中的主观的艺术化了的"9·11"事件,虽然它只是那些天我复杂得多矛盾得多的心境里一小点点视觉化的反映,但它多少能够传达出我那几天的感受。(2008.5.1《南方周末》)

这是一篇较为独特的文本,它不属于新闻报道,有些类似日记,又不是日记。作为个人经历的叙写,在那些惊天的突如其来的灾难的日子里,归入叙事性散文更适宜。拿来研究叙事话语应该是一个不错的范本。

一节里交代的几件事:"我"去纽约是为和经纪人R先生探讨有关纽约的画廊方面的事,R先生要带她看几家画廊,见一些人。9月10日作者曾与一位德籍女友的丈夫约好次日晨9点通话,这位女友的丈夫T是典型的德国人,9点准时到办公室。

四节里主要写回到柏林的事,柏林的朋友对"我"在"9·11"的日子里所拍摄的录像感到难以置信,无法想象在混乱奔走的时刻还能想到去拍摄。作者回答她成功的秘诀是:"决不轻易放弃。"

这篇散文是纪实性的,第一人称的"我"即是作者本人,故事是作者亲身经历,抒写的是作者在"9·11"那几天的感受。作者采取的视角是个人视角,相对"全视角"而言是属于"小视角"。

热奈特谈的"投影"就是选择一个"视点"来调节信息。显然"小视角"限制了所提供的信息量,投影的覆盖面要狭窄些。但聪明的读者并不会苛求,反而会为作者的惊险的经历,真真切切的感受所打动。写此类散文不一定追求所谓的"事件全貌",因为全面反映这一骇人听闻的恐怖事件难度很大。

由奥立佛·斯通导演的反映"9·11"事件的影片即是一例。影片《世贸中心》的视角是纽约市一个街区的几位警官。故事写一个团队的艰辛的救助行动,写他们在生命危急关头的从容、镇定、乐观,表现他们可贵的为正义,为他人献身精神。

面对这个离奇的震惊世界的灾难,从具体的一个侧面入手是比较明智的选择。

大事件小视角是许多灾难片处理的方式,它易于叙写,能给人以"真实感"。

作为一个摄影师,"视角"多了一层含义,不只王小慧经历"9·11"那几天的所见所闻,还是她拍摄的"视角",而她想拍的一如她所说"不仅仅是我看到的纽约,更是我感受到的纽约""虽然我们(一个摄影记者与一个摄影艺术家)拍下来的都是真实的,但摄影记者拍的是客观的真实,而一个艺术家拍摄的则是一种主观的真实。"

这个"真实的主观性"是个人化的有个性的摄影。像王小慧的一组摄影作品《变形的城市》,即是"主观艺术化了的'9·11'"。它的拍摄"视角"是摄影艺术家的"视角",作者认为个性化的与众不同的东西"才有作为艺术品存在的价值"。而她的作品"多少能够传达出我那几天的感受",即她主观的感受。

由此我们有理由认为王小慧的散文的宗旨不仅在于真实地记录纽约在"9·11"中的情景,还在于那几天的纽约城给予她的强烈地感受:"一个被扭曲变形了的城市,一个被笼罩在悲凉气氛中的城市,一个被死亡的阴影追逐着的城市,一个支离破碎不完整的城市,一个无可名状不知所措的城市。"

这段话高度而形象地概括了恐怖袭击给纽约这个高速运转的国际大都市带来了什么样的"灾难"。感受是真切的,叙述夹议论中饱含着深深的同情悲悯。一个具有正义感的,富有同情心的善良的摄影艺术家的形象与她的文本同时呈现在读者面前,让所有人类的良知发现,让正直、纯朴的人为之动容,为之唏嘘流泪。

叙事时间与文本的结构安排,与"顺序"相关,是分析叙事性散文避不开的问题。

热奈特的《叙事话语》专有一章题为"顺序",讨论故事时间与话语时间的关系。

热奈特指出"在叙事作品中,存在着故事时间与叙事时间的区别,因此,必须研究故事中事件接续的时间顺序与这些事件在叙事中排列的时间顺序之间的关系"。

《一个女摄影师经历的"9·11"》记叙的起点是事件发生的当天,世贸中心被撞击的那天早晨,事件刚刚发生在10分钟之前。故事的时间与叙事的时间距离很短。纽约的景象、气氛、人们的状态……都沉浸在灾难中:"一切都停顿下来了……到处风声鹤唳……惊惶……歇斯底里地痛哭。纽约成为一座摇摇欲坠的危城。"这段"场景"的描写正是事件发生不久——这个"故事时间"里的场景。所以说"叙事的时间"紧挨着"故事的时间"。

这是纪实性散文的特点——具有新闻性,及时报道的特点。

二节里是按着作者"经历"的顺序叙写的,从世贸中心被恐怖袭击的当天早晨到出事后两天的晚上,最后几经辗转到了柏林"亚太周"艺术节现场,基本上采了"顺叙"。

中间有几段插入叙述:

插叙"梦"属于"概要",概要地讲了她几年来的奇怪而荒诞的梦。这段"插入叙述"交代作者多年来形成的一个习惯:将梦立刻记在日记本上。因为梦境具有超现实主义色彩有助于作者创作一些超现实主义摄影作品;还因为梦境出现许多潜意识东西帮助作者认识自己的内心状态。作者将梦认作是"素材库"和"灵感源"。

这段"概要"插叙交代了摄影师的习性。作者这个摄影师的角色、职业决定了散文叙事内容,占有一定篇幅是在写她的拍摄生活、拍摄的特点以及拍摄的成果。

这段"插入叙述"是之前的事。

其他两段"插入叙述"则是之后的事。

之后看到的报道印证了梦中的画面。

让作者后怕的亲友的幸免遇难的遭遇,及自己险些遭遇到灾难的情景,逐一作了补充。这段"插叙"的时间一直沿续到几天后她与R在柏林合拍照片——在纽约夜景的黑白印刷品前惊魂未定,手捂双眼的拍照。这段"插入叙述"增添了几分惊险。

两段"插入叙述"都有偶合的因素,与报道吻合的梦是偶然的,偶然逃脱灾难引起的"后怕"让当事人几天后仍惊魂未定。

三节里的叙述是按着"被困在纽约的几天"的时间顺序进行的。这节里的叙述后都有抒情与议论,议论占有较长篇幅。在故事时间"停顿"作静态或动态描写后均有个人感受的抒写与对"场景"的评论。

第一自然段主要描述等候飞往德国的航班的情形。作者急于离开是要赶上柏林亚太周艺术节她的展览开幕式。"我一下体验到了《卡萨布兰卡》里女主人公的那种焦虑心情",作者借用一部电影中女主人公的心情来抒写她当时的焦急、忧虑颇为恰当。《卡萨布兰卡》是16届奥斯卡获奖影片。卡萨布兰卡是摩洛哥北部一座城市,当时在纳粹的统治下,要从欧洲逃往美国必须绕经此地。女主人伊尔莎的丈夫维克多拉斯洛是捷克反纳粹的领袖,他们住在里克的酒店里。纳粹出入城里各角落,缉查抵抗组织人员,局势异常危急。恰巧碰上里克是伊尔莎旧时的情人,剧情复杂起来,伊尔莎的心情之焦虑可想而知。面临政敌情敌,维克多拉斯洛与伊尔莎能否脱险、逃离?……当然电影最终还是圆满的,在里克的帮助下他们成功地经卡萨布兰卡逃回了美国。用大家熟知的一部电影的女主人作类比,丰富了读者的想象,也更易于理解作者彼时的心情。

二段简洁地描写白天纽约的街景,天空朗日依旧,城市却变了。感觉里的城市"有几分不真实",与以往对照"几分疏离,几分模糊,几分荒诞",如下文所说"这些天的纽约已经不是我过去眼中的纽约",是被灾难扭曲变形的城市……上下文照应,结构很严谨。

三段是这节的重彩描绘的部分。"烛光晚会"的场景:越来越多的市民聚集在广场,鲜花和蜡烛,共同哀悼,眼神同样的悲哀,相互拥抱如朋友般抚慰,同声忧伤地唱歌……最末作者用一句话结束:情景感人至深。描述中含着浓厚的感情,画龙点睛的议论,是一段很精彩的场景描述。

四段承上作了小结,是哲理性的议论文字:"在灾难中,人性的力量彰显出来"如潘多拉盒最底部的"希望"。这里所说的人性力量内涵很广:灾难降临时的紧急抢救、援助、分担、同情怜爱、相互抚慰……共渡难关。

人性的彰显即是人类生存发展的"希望",人性的力量无穷,它会冲破重重障碍在被压制下彰显出来。

只有"希望"存在,人们才有活下去的理由与勇气。四段文字虽短,但分量很重。

五段叙述的速度舒缓下来,交代为拍摄世贸大厦和烛光晚会珍贵的镜头所做的准备。让情绪低下来,为文本的下一个高潮作酝酿。

六段镜头继续转向城市与街头,先写环境变化,"休止符"形象地比喻描绘出城市的停顿瘫痪状态。然后写行人的表情,感情的失控,最后用概括性的话语结束:"纽约成为一座摇摇欲坠的危城。"

边叙述边评论也是这篇叙事散文的特点,"美国这个民族一向是充满自信的……"评论衬托出灾难给人带来的巨大伤害。

七段是一段精彩的文字,一连串的排比句式再度将情绪推至高潮。"它已经成了一个被扭曲变形了的城市……一个无可名状不知所措的城市。"作者再次强调她眼中的纽约,她感受的纽约——这正是她作为艺术摄影师所要拍下的。

八段时间推移到事件之后,叙写"后来"的事。间距究竟多长作者没说,显然与她想说的关系不大。

以"9·11"事件的摄影作品为例谈自己对艺术家的摄影的认识,它的特殊的地方,它的存在价值,它在传达个体感受方面的作用。——这是作者作学术报告讲的内容。至此第三节的叙事全部结束。

经历——感受——拍摄——拍摄体验与对摄影的认识是这篇叙事散文的脉络,在文本中清晰地凸现了出来。

**记叙描写抒情议论综合表达方式的运用**

### 追寻那遥远的美丽(节选)

梁 衡

第二天我们驰车续行。雨还在下,飘飘洒洒,若有若无。草地被洗得油光嫩绿。我透过车窗看远处的草原全然是一个童话世界。雨雾中不时闪出一条条金色的飘带,那是黄花盛开的油菜;一方方红的积木,那是牧民的新居;还有许多白色的大蘑菇,那是毡房。这一切都被泅浸得如水彩,如倒影,如童年记忆中的炊烟,如黄昏古寺里的钟声。我不能满足这种朦胧的意境,身体前倾,头贴车窗,想努力捕捉到它,看清它的纹路、肌理。但每当那田、那房扑到车窗时,便又一下失去了它的倩美,甚至我还分明看到被风雨打得七倒八歪的田禾和院前小路上的泥泞。草原秋雨细如雾,美丽遥看近却无。这大自然的写意正像古人所说:"如蓝田日暖,良玉生烟,可望而不可置于眉睫之前。"就这样,我一次次地抬头远望,一次次地捕捉那似有似无的蜃楼。脑际又隐隐闪过五彩的鲜花,美妙的歌声还有卓玛的羊群。

　　我突然想到这自然世界和人的内心世界在审美上是多么相通。你看遥远的东西是美丽的,因为长距离为人们留下了想像的空间,如悠悠的远山,如沉沉的夜空;朦胧的东西是美丽的,因为它舍去了事物粗糙的外形而抽象出一个美的轮廓,如月光下的凤尾竹,如灯影中的美人;短暂的东西是美丽的,因为它只截取最美的一瞬,如盛开的鲜花,如偶然的邂逅;逝去的东西也是美丽的,因为它留给我们永不能再的惆怅,也就有了永远的回味,如童年欢乐,如初恋的心跳,如破灭的理想。陈毅论国画艺术有诗云:"大师摄其神,一纸皆留往。"王洛宾真不愧为音乐大师,对于天地间和人心深处的美丽,做的"提笔摄其神,一曲皆留往"。他偶至一个遥远的地方轻轻哼出一首歌,一下子就幻化成一个叫我们永远无法逃脱的光环,美似穹庐,笼盖古今,直到永远。

　　散文采用似游记的叙述,依时间依行程展开。记叙十分简洁,如同移动镜头,将视线转向景象。描写部分是作者精心经营,着力求工的地方。青海湖边的金银滩的景致描绘得如诗似画,这孕育着音乐家的才情的地方果然"清纯和美丽"。写景虚化:雨的飘洒时隐时现,"雨雾"的背景"闪出一条条金色的飘带"形容盛开的油菜花——全然如童话世界般的朦胧。

　　雨雾中的草原的美丽——存在于遥远处,近看全无。如海市蜃楼般若有若无,难以捕捉。此处的描写与记叙结合为下段的议论作好了铺垫,衔接十分自然,丝丝入扣。

　　节选前面记叙作者踏着王洛宾的足迹,追寻遥远的美丽。不只是遥远的青海湖金银滩大自然之美,还有美丽传说中仙乐缈缈的音律之美,民间倾诉着爱情的乐乡之美,最令人销魂的该是伟大音乐家创作的传世名作《在那遥远的地方》。这首歌是献给偶然邂逅又在短暂时光里飘忽而至、飘忽而去的卓玛,此外还有两首歌分别是写给罗珊与三毛的。"大约每个人的心灵深处都有一块遥远的圣地,都是一个鲜花盛开的金银滩。这滩里埋植着理想、幸福,也有遗憾和惆怅"。前面的这段话写出了王洛宾的内心世界,如李商隐的无题诗般的缠绵的爱情。

行文至此,情思逐步推向高潮。在散文的末段,作者从审美的视角作了颇为精譬的议论:遥远的、朦胧的、短暂的、逝去的东西是美丽的并作了形象的解释。议论与音乐家王洛宾的情感历程十分吻合。议论中仍夹着优美的描写句,笔力之工,无可挑剔。

议论饱含感情。对音乐家王洛宾的敬仰痛惜之情,对音乐家的天才创作的赞颂向往,都溢于言表,酣畅淋漓。读之让人怦然心动,难以平静。

作者的自由挥洒散文手笔,将记叙、描写、抒情、议论巧妙地结合起来,收到了摄人魂魄的艺术效果,这也正是散文的艺术魅力。

# 随　笔

随笔是散文的一种。鲁迅在厨川白村的《出了象牙塔》的译本中是这样界说的:如果是冬天,便坐在暖炉旁边的安乐椅上,倘在夏天,便披了浴衣,啜苦茗,随随便便,和好友任心闲话,将这些话照样地移在纸上的东西,就是 essay(随笔)。

周作人在《燕知草·跋》中谈现代散文的外国渊源:"中国新散文的源流我看是公安派与英国小品文两者所合成。"

英国的小品文即随笔。

闲适、洒脱、随意率真的谈话即是随笔。

唐弢在《谈随笔》中说:"……但我喜欢的却是随笔,即英国人所说的 Familiar Essay。这种文体的特点是不拘一格,随意而谈,只要言之有物就行。在英国最有名的代表是吉辛……"

"吉辛的笔墨冲淡而不热烈,从风格说,恰如周作人收在《谈龙集》《谈虎集》《雨天的书》中的散文,鲁迅早期杂文里也有这样的文字。扩大点说,所谓'语丝体'便是这种娓娓而谈的文体,……"

"不过就随笔而论,作者必需有渊博的知识,读书愈多,落笔愈奇,因为它可以广征博引,可以深思熟虑,妙在作者能自己向自己驳难,自己向自己辩论,增进思想的光彩和魅力。"

中国古代的随笔即是一种灵活随便的笔记。

宋朝洪迈在《〈容斋随笔〉序》曰:"意之所之,随即记录,因其后先,无复诠次,故目之曰随笔。"

现代随笔是白话文兴起之后产生的散文的一种形式,它受英国小品文的影响较大。

五四时期随笔曾一度盛行,深受广大读者欢迎。

20 世纪 90 年代随笔这一文体再度繁盛,在某种意义上推动了散文的发展与繁荣。

关于随笔,徐贲先生在他的随笔集子《什么是好的公共生活》一书的序中作了阐释。从中我们可以了解到随笔的"启蒙"意义,它在公共生活中的位置,随笔的特征及其对现实的观照。

摘要引述如下:

"随笔最早出现于文艺复兴时期,因为一个叫蒙田(1533—1592)的法国人以独特的方式记录他自己的私人'思想尝试'(essay)而成为一种写作样式。蒙田给后代读者的是一种私人随笔。"

那么随笔怎样由私人随笔变成现时这样的公共随笔呢?

蒙田还有他同代人培根(1561—1626)写作随笔的时代,既无报纸,也无期刊。他们的随笔作品都是以"书"的形式出现,也就是说是以"书"作为传媒流传于世。蒙田和培根的书里每篇随笔都称为"章"而不像报刊上那样称"篇",这种"私人随笔"当时"普通人"还读不到。直到18世纪报纸出现才有了变化。

1711—1712年艾迪生主笔的《旁观者》小报,把他的随笔从一种私人写作改变成为一种由报纸媒介来传播的公共随笔。这种公共随笔是一种公共议论文体,这种文体是普通人的读物。小报《旁观者》是咖啡馆读物,由咖啡馆订购,咖啡馆即成了普通人的读报室和议论报纸的场所。随笔的内容成了人们共同关注的话题。

这样公共随笔即具有了"启蒙"的意义,负有改造国民性和普遍国民人格的神圣任务。

艾迪生在谈到他写作随笔的自觉启蒙意识时说:"人们说苏格拉底把哲学从天上搬到人间;我希望人们会说我把哲学从国王议事厅和图书馆、学校和学院搬进俱乐部、公民议会、茶桌和咖啡馆。"

艾迪生所说的"哲学"是指深入的思考和理性的表达,要让"一般人"具有这种能力,是关于人的性格、秉性习惯的气质,因而它就有了"启蒙"的意义。

这种"启蒙"还体现在公共随笔对读者阅读能力要求上,有些随笔要求读者具备一定程度的理解力,是能配得上文字阅读的较高智力的理解力。既能读懂字面意思又能体察作者隐含的用意与态度,并与自己的偏见作比较,用自己的经历去印证——这是一种智能的阅读,是与作者互动的阅读。所以"这样的阅读对任何一个读者都可能有健康的思维训练和文化影响作用。这种训练和影响是启蒙的,更是自我启蒙的,对一个有危险成为'笨蛋社会'的文化环境,更是具有特别重要的救赎作用"。

随笔的特征与它在公共生活中的位置有关。

"是一种最要求诉诸于常识理性的作品""它是说理的,它的说服力存在于书面文字有序展开论点的力量之中。它虽然不追求文学的文采,但也不是不讲究'技巧',因为'技巧'是阐明和表述个人观点和看法的'正确方式',能使之更有说服力,否则既有辱于读者的智力,也暴露了作者自己的愚蠢,是公共随笔作为公众读物所不取的。"

"诉诸于常识理性文字能使公共话语有一种温和而有力说理的文化气质。这样的公共话语推崇客观而理性的思维,也鼓励严肃、有序的对话。"

作为公共文化的随笔,自然不容犯非客观的非理性的逻辑混乱的错误。

随笔的启蒙作用也取决于读者自身的要求。读者要有寻求知识与真理的要求。

随笔作为公共文化的一部分,它的特征自然与它拥有普遍的公众读者有关。

"随笔并不是一种提供'确实无疑'知识的写作,随笔作者对于某个问题的看法和认识来自他的经验和观察,而非他的学问,所以从根本上说,随笔是一种业余的写作。"

随笔作者运用自己的知识和学问是为了说明自己的看法,为了让自己说得更清楚。随笔与"学术文章"相比,所不同的,其一,议题不受任何限制,不像"学术文章"还要考虑选题的价值,可有新意,具备开拓性等等。其二,随笔中的引述不必提供周详的注释,不像学术论文那样对引文字句斤斤计较。

引文在随笔中是为与他人对话时的需要而不是提供权威的依据。

随笔对现实的观照,是思考。"思索从寻常的小事中晓谕世人不悦的真相"。"思索当然要接近真理,但那是一种有限的真理,一种因人的经验观照必然有所局限而不能不有限的真理。"

思索是对事物的某种随机性质的观照,它只涉及与具体对象相关的一些特征,是作者现在正在经历的想法。

徐贲先生在他的书里谈到关于随笔的诸项问题均很周延而恰切。

随笔的启蒙意义是从随笔由私人随笔变成公共随笔起始的,由于随笔是普通人的读物,随笔的内容成了人们议论的话题起始。

随笔的"启蒙"意义使随笔负有改造国民性和普遍国民人格的神圣任务。

随笔的启蒙还在于阅读能力的培养上。阅读随笔需要有较高智力的理解力,能读懂隐含的用意并能矫正偏见,用经历去印证,从而使随笔的阅读有健康的思维训练和文化影响的作用。这种训练和影响是启蒙,也是自我启蒙。

随笔作为公共文化在公共生活中占有重要位置,它的启蒙作用是取决于普遍的公众读者自身的要求,读者有寻求知识与真理的要求。

随笔的理性的文字对公共话语起着良好的影响,使公共话语有一种温和而有力说理的文化气质,推崇客观而理性的思维,鼓励严肃有序的对话。

随笔的启蒙作用与公共生活中的位置决定了随笔的特征。

随笔是说理的,它的说服力在于文本有序展开论点的力量之中。随笔的技巧让它以"正确方式"阐明观点,表述看法,使之更具说服力。

随笔的知识性与学术性也有别于"学术文章"。

随笔运用知识与学问是为了清楚地说明自己的看法，在选题与引述方面都不受限制与约束。

随笔对现实的观照，是思索，即艾迪生所说的"哲学"，即是深入地思考，然后作理性的表述。

至于这种思索是否就是真理，徐贲先生认为只能是接近真理，是一种有限的真理，因为作者的思索"因人的经验观照必然有所局限"。

徐贲先生关于随笔的文字对我们了解随笔的由来、特征、作用等十分有裨益。

关于随笔这一文体，陈剑峰作了这样的界定：

"散文作母概念，随笔则是子概念，散文中学术色彩较浓，具有较强的批判反思性，重视文化承载以理趣为主的一类自由文体。"（《论 20 世纪 90 年代中国散文的文体变革》）

这个界定强调随笔的思想内涵，即它的批判性与反思性。在公共话语中随笔以其思想启迪，反思与批判的言说与读者对话、交流，彰显了随笔的深刻的哲理意味和深厚的文化底蕴。这也是随笔"启蒙"意义之所在。

思想与文化是随笔的灵魂，缺乏思想文化内蕴的东西即使自己称之为随笔，恐怕也只徒有其名，只是一个空壳而已，并无随笔之实。

许多随笔的作者广见博识，能够站在中西两方理论的前沿，对中国传统文化进行审视，对当代文学艺术进行评论，对形形色色的社会现象、文化现象进行剖析，充分体现了人文精神与独立自由的意志。像新文化运动的先驱鲁迅那样，让读者心灵受到震撼。他们的随笔是优秀的具有启蒙意识的随笔，这些随笔以其理性的光辉照耀着崎岖不平的文学道路，也射穿了商业文化的重重迷雾；这些随笔以它关注、体恤弱者的博爱，叩击着人类的良知，具有强烈的感召力。

随笔率性而为，随意自然，十分自由，它很好地体现了散文自由抒写的特点。

随笔的取材颇为广泛：或思考学术流派的发展变化，或探讨历史、文化的渊源影响，或抨击社会弊端，或评述世态人情，或展示知识典故，或介绍地域风俗……天南地北，古今中外，纵横捭阖，无所不包，无所不谈，极大地开拓了读者的视野，丰富了读者的知识与生活体验，使他们享受到审美的愉悦。

随笔重真实，凡是记述历史，反映社会事件，纪念人物，怀旧思古，写人忆事……均以"史实""事实"为依据,尊重历史的本来面貌,尊重事实,以真实的历史事件,社会背景为基础。

随笔的纪实性类似新闻报道、回忆录、传记等文体的特征。重真实、讲真话体现了随笔作者真诚坦白的人格,弥足珍贵。

随笔是散文中学术色彩较浓的一种文体,又是学术知识类文章中通俗活泼、艺术色彩浓的文体。

随笔具有知识性、学术性,但它不追求逻辑推理的过程和学术观点的完整。

随笔重个体情感的体验,将这种体验与思考的结晶整合起来,用简洁、活泼、流畅的语言表达出来,给人以启示、感悟。

感悟富有情趣,启示耐人寻味,随笔的文字平实自然亦不乏幽默风趣,理趣是随笔的艺术素质。

自1979年始《随笔》创刊,随笔便有了自己专刊。

2010年1月《〈随笔〉三十年精选》出版了,它里面蒐集的文章可称为是现代随笔的精萃:作者许多是中国现代著名作家、学者、文化界著名人士。

如《随笔》主编谢日新在《〈随笔〉三十年精选》序中所讲:"发表在《随笔》上的文章,都能做到《随笔》老作者、杂文家章明先生说的那样:'言之有物、言之有理、言之有情、言之有文。'"

卓尔不凡的作者群体,是《随笔》杂志质量的保证,《随笔》杂志的办刊宗旨与风格使《随笔》"真正成为国人思想的园地",为广大读者所喜爱。

许多作家、名流,他们既是《随笔》的热情撰稿人,又是喜爱《随笔》的读者,他们以不同的方式给予《随笔》杂志以支持。

冰心和夏衍都把《随笔》看作他们最喜欢的刊物之一。朱厚泽先生说"对于《随笔》,我接触到的好些同志和我一样,是喜欢的。有的文章,一翻开就清风扑面;有的文章,一入口就浓醇芬芳"。(《〈随笔〉三十年精选》序)

目前接触到《随笔》的还局限在有一定文化水平的知识群体,期待随着国民文化素质的提高,《随笔》能拥有更多的读者,成为一个普及的刊物。在提升人文精神与塑造国民性格方面作出贡献。

文学批评的失语状态该结束了,文学艺术的发展呼唤相应的文学评论的发展。文学评论既是专业理论家的职责,也是广大群众的职责。广大读者有权参与批评,因为文学作品的质量关系着读者的利益,关系着读书人的生命价值——时间即是生命。读者欣赏水平逐步提高,终将摒弃那些虚荣苍白淡而无味的文字,以清洁自己的耳目。

# 圣 火

筱 敏

圣火点燃，在奥林匹亚点燃。

在西方遥远的城邦，山与海的一隅，据说是神居住过的地方，更是人成长为自由人的地方。那些如人一样生命力洋溢的诸神，那些如神一样心智澄明的人们。一如埃斯库罗斯的句子："高耸的山峰，比邻群星。"在希腊，自由的人们，比肩众神。

圣火点燃，在神殿之上点燃。

那里的神殿简洁，敞开，阳光自由行走。没有神秘的帷幕和森严的宫墙，没有权倾天下生杀予夺的主宰，神殿之下也没有心怀恐惧屈膝弯腰的人。那里的神是由人赋予其生命的，所有的神像，都是形象完美的人的雕像，神的庄严和高尚，仅仅是人的庄严和高尚的象征。

当整个世界深陷于古代，大地和天空都执掌在神权皇权手中，天空流布的是昏暝，地上蒸起的是蒙昧。唯希腊人用自己的手，而不是借助神明的手，在长夜点燃了理性的圣火。圣火让他们的眼睛亮起来，骨骼和肌肉也亮起来，世界的秘密在火光之下一点一点张开。希腊人记得神与人来自同样的出身，都从同一个大地母亲那里获得生命，人决不由神主宰，希腊人无所畏惧，站起来就迈出了古代，希腊人是自由人。希腊人在播种粮食的同时也播种思想，正如生存是人的权利一样，思想也是人的权利。希腊人说："所有的事物都要被怀疑、被验证，思想没有界限。"不是神在希腊放出了思想者，而是希腊的思想者把神还原为人。

科学起源于希腊，现代起源于希腊，希腊人是最早的西方人，最早的现代人。希腊人在自己建造的城邦自由言说，独立行走，没有哪里是必须止步的，甚至不需要统治者，希腊人认为专断的政府是对人的冒犯，而城邦的事务是公共事务，希腊人在广场上自己照管自己的事情。

因此希腊人是欢乐的，他们是最先开始游戏的人。他们身躯上没有轭，也没有繁缛的缠裹，他们自由张开人的肢体，张开昂扬的精神和强健的体魄。一个人，一个在大地上自由伸展的人太美好了，他奔跑，跳跃，投掷，他开拓，进取，挑战，他突破界限而创造的光荣，都是他自己生命的力量，而不是神或王的力量，也不是国家的力量。人的骄傲充盈着他的心灵，因为在广阔的生活空间中，人的生命得到了卓异的展现。

圣火点燃，圣火在人的生命中点燃。在自己被照亮的生命中发现了人的美丽，更发现了人的权利，是希腊人发现了人。

而长夜覆盖之下的人们是被蒙住眼睛的，他们看不见火光，更不能眺望远方，昏蒙之中即使觉出远方的异样，也会以为那来自不可窥测的天庭。埃及的法老，美索不达米亚的教皇，中国的天子，这些令人生畏的神明，从来没有人胆敢注视，更不敢心生疑问。整一个世界都没有人，有的只是神圣的帝王，以及归属于帝王的臣民。天底下的土地都归帝王所有，那叫做国土。人身和灵魂也归帝王所有，臣民们形同蝼蚁，因此也叫蚁民。生命从来不属于自己，自然也就没有自己的欢乐，他们的面容以及身躯都是诚惶诚恐的，假使帝王赏赐他们一笑，他们的身躯会缩得更紧。在那片因世代的死亡从而成为故乡的国土上，他们是用于役使，用于欺辱，用于牺牲的。倘若需要他们游戏，那是为了娱神娱君，也是为了显示帝王的威武，如果有谁体格或技艺出众，他便将被献出以做牺牲。神的节日，王的节日，帝王统御的国家的节日，他们在权杖之下游戏起来，祭祀，典礼，颂圣的歌舞，诡异的面具，角斗场的野蛮和血腥。王笑了，于是民也笑了，看着是普天同庆万众欢腾。

然而圣火来了。圣火从奥林匹亚来了。

奥林匹亚圣火为人的价值点燃，为捍卫人的独立和尊严点燃，自由的个人是希腊最鲜明的特征。圣火之圣是自由人的神圣。

人用自己的手臂举起圣火，用自己的双脚奔跑，点亮了一个城郭，又点亮了一个城郭，点亮了一个人，又点亮了更多的人。圣火在越来越广远的传递中，已经成为普世的圣火，希腊人所发现的人的价值，已经成为普世的价值。

现在，圣火翻过壁垒，跨越海洋，带着风一样快的思想，再也不可阻拦地向东方来了。神秘的东方一片喧声。

我们在人群之中，我们躁动。是看到西方来了吗，看到普世价值来了吗，看到人的自由吗，人的权利吗，人被点燃的理性吗，人挣脱了绑缚的生命力量吗，人所面向的更高的生存吗。

我们看到国家在布置盛大的庆典，国家在宣示其意志和强盛，于是我们看到举国欢腾。我们的欢腾究竟是因为张开自由人的身心迎接圣火，还是因为将向圣火注入东方的神圣，我们上下张灯结彩，是为迎接希腊精神，还是为了向世界展示我们国家的精神。

来自天庭的祥云即将卷裹圣火的火种，我们可以展示的东方元素何其繁盛。也许首先是东方巨龙，它盘踞千年，一代一代繁衍古代的品种。也许是向日葵地里竖起的兵马俑，它们裹在大国的盔甲之中。也许是从皇宫的重门舞出来的长袖，它们引领大众的欢腾。还有那些被征集的笑脸，苹果一样光滑红润，不要一丝记忆的皱纹。我们毕竟看见东方笑了，我们笑了，我们不知道那是生命被点亮了，还是灯笼被点亮了。我们看到了巨人的身影，但我们看不清楚，那是一个身心强健的人的身影,还是一个国家的身影。

圣火来了。

那真是希腊来了吗?

(《随笔》杂志 2008 年 2 期)

《圣火》这篇随笔旨在论说点燃奥林匹亚圣火与传递圣火的意义。

它不同于一般的议论性随笔,它采用的形式比较独特。

《圣火》的形式似散文诗,它采用了高度凝炼的诗化的语言,内涵十分丰富,概括力很强,在形象的描述中表达自己鲜明的观点,启发人们去思考。

《圣火》是一篇文艺性很强的论说随笔,是一篇哲理很深的"散文诗"。

高度的概括与提炼使《圣火》这篇随笔的知识含金量极高,而且它的立论又建立在悠久深远的历史文化背景上,因此无论从知识方面还是从历史方面均应有一些了解,方能很好地理解与把握这篇随笔。

"圣火点燃,在奥林匹亚","圣火点燃,在神殿之上点燃。"

你需对奥林匹亚有所了解,方可理会它如何"是神居住的地方",而希腊人与神的关系又如何是"自由的人们,比高众神"。

雅典原是奥林匹克运动的发源地。奥林匹克运动原是一种祭神的庆典活动。奥林匹亚有包括宙斯神庙在内的众多的寺庙神像,圣火仪式就在赫拉女神(宙斯之妻)神殿前的广场上举行。

希腊人信仰神,也更尊重人。他们勇于探索,崇尚自由与民主,善长思辨。希腊是欧洲文明的发源地和摇篮,希腊在科学方面的成就十分显赫,希腊在文学艺术方面的影响有口皆碑。

所以《圣火》一文中说:"科学起源于希腊,现代起源于希腊。"如果对希腊文明不知晓,对希腊在政体,教学,物理,哲学,医学,艺术建筑,文学等诸方面成就不知晓,就不能很好地理解《圣火》这篇随笔。《圣火》一文涉及了大量的关于奥林匹亚、关于古希腊文明,关于圣火的知识,掌握这些常识,对理解本文是必要的。

"圣火点燃,圣火在人的生命中点燃。""希腊人是最早的西方人,最早的现代人",不仅在于他们对科学文化的贡献,还在于他们对自由、民主的追求,对人的权力的维护。"希腊人在自己建造的城邦自由言说,独立行走,没有哪里是必须止步的,甚至不需要统治者,希腊人认为专断的政府是对人的冒犯……"

随笔《圣火》的前半部分明确地阐释了圣火点燃与传递的意义。"奥林匹亚圣火为人的价值点燃,为捍卫人的独立和尊严点燃,……圣火之圣是自由人的神圣。"

圣火传递的意义在于让"希腊人所发现的人的价值,成为普世的价值"。让全世界的人都看到人的普世的价值,看到人的自由,人的权利,人被点燃的理性,人挣脱了束缚的巨大的生命力,人将面向更高的生存状态。圣火传递的意义在于点亮生命,将希腊的文明与精神带给圣火到达的任何地方。

圣火"带着风一样快的思想,再也不可阻挡地向东方来了",由此转入到随笔《圣火》的后半部分。

随笔《圣火》的后半部分写圣火在东方产生的效应,东方中国的反响。

文中用"神秘的东方一片喧声"作一概括的描述,然后写"举国欢腾""张灯结彩""繁盛的东方元素""引领大众欢腾""东方笑了",写出圣火给东方带来的喧腾、欢乐。

那么奥林匹亚圣火所昭示的普世的价值呢?代表着西方文明的希腊文明呢?它在东方产生怎样的效应,这始终是作者关注的中心议题。

接着的三个自然段中作者描述接连用的排比句均是表示不确定意味的句式。

问句:"是看到西方来了吗,看到普世价值来了吗,看到人的自由吗……"

选择句:"是因为张开自由人的身心迎接圣火,还是因为将向圣火注入东方的神圣,……是为迎接希腊精神,还是为了向世界展示我们国家的精神。"

推测性的假设句:"也许首先是东方巨龙……也许是向日葵地里竖起的兵马俑,……也许是从皇宫的重门舞出来的长袖,……引领大众的欢腾。"

这些不确定意味的句式的排列形成一个探究问题实质的气势来引导人们去独立思考,寻求贴近事实的答案,这里充分体现了随笔启迪人心智,进行哲理性探询的特点。

在这些疑惑、不确定的语言中,我们深切地感受到作者的发自内心的热切的期待,对东方的美好的光明的前景的期待,对普世价值的期待。

"圣火来了。"

"那真是希腊来了吗?"

仍是疑问句结束全篇,留给读者无尽的思考。

# 诗　　歌

　　诗歌是最早问世的文学样式。原始时代,诗歌、音乐和舞蹈是三位一体的,后来随着社会的发展、艺术的发展诗歌独立出来,它的音乐特点,韵律与节奏感作为固定的形式流传了下来。

　　诗歌是一种有韵律、有节奏的语言艺术,它以奇特而丰富的想象,高度概括地反映生活,抒发情感。

　　纵观世界各民族的文学发展史,几乎都是从诗歌起始的。最早的文学理论也是从《诗学》《诗艺》起始的。

　　确立美学以独立地位的康德,将美的艺术看作内在审美理念的表达,他对美的艺术进行了分类,并对它们的审美价值作出了比较。

　　在各种美的艺术的审美价值中,康德认为:"在一切美的艺术中,诗艺(它把自己的源泉几乎完全归功于天才,并最少要规范或榜样来引导)保持着至高无上的等级。"

　　"对于所有其他美的艺术而言,诗艺具有最高的审美价值。诗艺所拥有的这种崇高审美价值,在根本上并不是因为它是所有艺术中最美的,而是由于它是最富于道德蕴涵的。"(《自由的审美之路》申扶民著)

　　诗艺具有最高的审美价值。诗歌是人类文明、艺术长河中美丽的浪花,诗承载着人类文明历史,是人类文明的记录与标记。

　　诗的深刻浓缩的内蕴、诗的凝练的清爽的外形、诗的旋律(韵律与节奏)、诗的丰富的意象……诗的一切均给人以美的享受、美的愉悦,这即是诗。

　　波德莱尔为诗的本质下了这样的定义:

　　诗的本质必定是,也只能是人类对于一种最高的美的向往,这种本质表现在热望之中,表现在灵魂的振奋之中,这种热望完全独立于表现为心的迷醉的激情,也完全独立于为理智提供材料的真实。(《波德莱尔十论》)

　　波德莱尔认为诗是人类对一种最高的美的向往,它表现在"热望""振奋"之中,却独立于"激情"与"真实"。波德莱尔是让"浪漫主义重新焕发青春"的诗人,他"将激越涌动的内心感受同冷峻严谨的控制完美结合","不把诗歌看成简单的情感宣泄",因之波德莱尔被称为新浪漫主义是颇为恰当的。

　　正是由于波德莱尔对浪漫主义某些有益方面的发扬和他对浪漫主义某些有害方面的批判,诗歌成为一种特殊的语言形式,它摆脱了模仿自然和表现情感的局限,成为诗人面对现象世界以直觉为出发点、在理性手段不能达到的高

度进行思索的手段。(《波德莱尔十论》波德莱尔与法国浪漫主义思潮)

诗歌慰藉人的心,让疲惫不堪的身心得以休憩。诗歌是人类的一片缀满红宝石的绿洲,是人类文明灿烂的硕果。诗歌在生活中不可缺失。

海德格尔曾呼唤"人诗意地安居"。而"只有当诗发生和到场,安居才发生"。"诗,作为对安居之度本真的测度,是建筑的原始形式。诗首先让人的安居进入它的本质。诗是原始的让居。"

荷尔德林的原诗:

人充满劳绩,但还

诗意地安居于大地之上。

这两句诗的含义十分丰富。

人建筑居所,在土地上栽培万物,用手制成一切作品——人充满劳绩。这样人委身于这块大地之上,作逗留。"但还"语意一转说这"安居"要"诗意地"。印象中,"诗意的安居"似乎要虚幻地漂浮在现实的上空。不!荷尔德林将它附加"于大地上",一语道出了"诗"的本质,诗并不是逃离大地凌空飞翔之物,诗"将人带回大地,使人属于这大地,并因此使他安居"。

海德格尔与荷尔德林都将诗与人类生存密切地关联了起来。

美国新批评派的两位中坚人物布鲁克斯和沃伦在他们的著作《理解诗歌》里写道:"自黑的史前时代人类出现以来,诗歌就以某种方式存在了,自此任何社会中都有诗歌被保存下来。……经过思考,我们甚至可以确信,诗歌源自于人的深层冲动,它现实了人的需要。"

布鲁克斯与沃伦所说"诗歌源自于人的深层冲动",既是讲人们读诗的冲动,更是讲诗人创作的冲动。

的确,诗的写作应该是诗人发自内心的一种最真挚最强烈的欲望。这欲望伴着诗人急于渲泄的情感。

诗人的情感汹涌澎湃如江河奔流,如瀑布倾泻,是无法遏制的"爆发",是抑制不住的冲动,是无法掌控的欲望……伴随情感涌动的是创作的灵感,如灵光闪现、瞬间领悟,意象,一连串的意象划过脑际,在意象的斑斓组合里,想象的羽翼凌空翱翔,想象弥满星空万里……快提笔锁住,用最最精辟的语句,用合着心曲节拍的韵律节奏,那是象征性的、隐喻式的,是意义的无极限,但它最终只是诗人个性化的瞬间感受,落在了诗页里。

1977年诺贝尔文学奖的得主、西班牙作家维森特·阿莱克桑德雷·梅洛的诗歌"思绪"记录了诗人艺术构思的过程。那是诗人切身的创作体验,是心血凝成的美丽诗句。

> 前额浮现一层涟漪
> 逐渐显现、清晰,
> 完美的形象、思想
> 像小船一样飘浮在海涛滚滚的脑际,
> 思绪缕缕升腾
> 缥缈。然而下面
> 在海底的深处
> 冒出完整周密的大船
> 托出创见,托出灵犀
> 有一刹那,
> 你那样迟疑不决
> 在柔和的波浪上游弋
> 风丝丝,吹正了你的桅帆
> 猛然地一股牵曳
> 把风撕成碎片,闯到公海
> 使你不得不前进
> 觉悟,去获得胜利。
> 直到外部的边缘——语言
> ——这把刀子
> 把你脑海中的全部深刻的迟钝的印象
> 割碎,化为言谈。

(《思绪》)

正如波德莱尔所言,诗的本质表现在灵魂的振奋之中。思绪由"涟漪"显现清晰完美的形象。思想——理性在如海涛般思绪万千中飘浮,思绪缕缕升腾仍然缥缈——在如海底深处的思维深层构思已经完成,大船喻文本的框架,使极具创见充满灵犀的构思由框架托出。

思绪至此仿佛告一段落,构思似乎趋于结束。

一如对波德莱尔诗的主张的评述那样:诗人面对现象世界以直觉为出发点,在理性不能达到的高度进行的。

理性就像丝丝的风在诗人迟疑、思绪荡漾游弋时"吹正了桅帆",端正了方向。诗人的形象思维直觉、顿悟猛然间摧毁了理性,将其"撕成碎片",于是诗人由直觉"牵曳""闯到公海"——那更宽阔的地带,诗人是被动地被灵感牵引前进,到醒悟"获得胜利"构思的最后成功。

构思由思绪的变化最后形成"全部深刻的迟钝的印象"它是整体的,然而作为诗文的外部边缘的语言则要一行行、一句句地表述,所以说语言像把刀子,再将思绪的完整构图割碎,化作语句来言谈。

这首诗形象地将思绪的状态展现出来,将思绪中理性与感性、意识与潜意识、常态与偶然、自觉与不自觉等等情态,惟妙惟肖地表现出来。

思绪隐隐约约如层层细波,渐渐显现清晰起来
美的形象还在飘浮,思想的海涛仍在翻滚
思绪一缕缕如烟在升腾,在缥缈间
然而任思绪飘浮,升腾
思想——由小船变成完整周密的构图大船冒出水面
如此构思是创新、灵慧和盘托出!

思绪会在刹那间幻变
让思想之小船迟疑不前,只在柔波中轻荡
正当理性之风吹正桅帆之时
灵感随思绪猛然转向,像一股神秘的力在牵曳
无情地将先前理好的思路撕碎,将你抛进开阔的海洋如同闯进公众的领域,逼迫你前进。
啊!你方才觉醒、领悟、胜利在招手。
思绪直到脑际外部边缘的语言出现才罢休。
任务交付给语言——这把刀子去裁剪。
于是刀子随即把思绪的成果——各种各样的印象(又回到形象)化成碎片——那是言谈所必须呈现的,话总要一词一句地传达呀!

诗的语言陌生化是诗歌创作的一个特点。修辞格的运用是这种陌生化的手段之一。

梅格用比喻既不用系词"像"也不用"是",省略了本体直接说喻本,大量运用借喻使无形的思绪、思想、构思蓝图……形象地有形地呈现在读者面前。

前额现"涟漪"
小船浮在"脑际"

构思的蓝图——周严的大船

豫疑——在柔波上游弋

将已成型的构思推翻,将即将成稿的构想撕毁

——把风撕碎

联想到更广阔的疆域——闯到公海

语言——刀子

将构思中的形象用语句表达出来——割碎化为言谈

陌生化的语言是更为大胆的想象,更为新奇的比喻,更为瑰丽的意象……诗的语言仪态万方,神思迷离,让人久久地逗留、寻味。

瑞典诗人帕尔·拉格克维斯特早年的作品《生命之船》将审美视角指向了人生的终结意义。在他荣获诺贝尔文学奖时所得的评价是:"他的作品努力解答人类面临的永恒问题",表现出"艺术力量和真正的独立精神"。

人,谁无生,谁无死,且听听这生命之歌。

你快要死去,不知道你,
乘生命之船漂向彼岸,
早晨在那神秘的岸上等待。

别担忧,在启程之时别怕。
一只温柔的手镇静地升起风帆,船
会把你从夜晚的国土运往白昼的国土。
无忧无虑地走向沉寂的岸,
踏上那穿过黄昏草地的柔软的小径。

(《生命之船》北岛译)

人从哪里来?人往哪里去?这一永恒的斯芬克斯之谜,悬挂在苍凉的时空。诗人无意去"揭榜",去解答这样的难题,但他却以诗的形式,给这一哥德巴赫猜想式的难题注入了浓郁的诗情。

在拉格克维斯特看来,一切都是那样的简单、明了、寻常,因此他选择的意象也是那样的简单、明了、寻常:船,岸,风帆。但这并不意味着单调的贫乏,其内蕴是丰富深邃的:

人的生命犹如一条船(诗题《生命之船》即是诗人对此的强调)。

人生是一条河。

有河便有岸。

人扬起生活的风帆，从此岸到彼岸——即从生到死。

简洁的意象组合成了诗的意境，人们几乎可以沿着诗行走进去，走上那条生命之船，航行在向对岸驶去的那条河上。

但航程毕竟是使人感到茫茫然的，对于它的终极目标——死，人毕竟也是感到恐惧的，这死对人来说是一个永远难以改变的命运。诗人不可能不意识到这一点，但他试图以诗抚慰人类那颗饱受沧桑、饱经忧患的心灵，所以他并不把"死"写得那样可怕。相反，他认为死的归宿是人的又一个早晨的到来："早晨在那神秘的岸上等待。"

在诗人看来，人从生到死的过程，是从"夜晚的国土"到"白昼的国土"的过程。许是诗人生活得太累了，他把人生看得是那样暗淡，所以在"走向沉寂的岸"，即走向死亡时，他反而感到"无忧无虑"，并以此情愫去感染读者的心灵。这种一反人们惯用的思维模式的独特思考，而这思考又融汇成一幅画，置于诗化的框架内——譬如诗人写到死亡的宿营地，即人的最终归宿竟是如此之美——

踏上那穿过黄昏草地的柔软的小径

谁人站在这幅画面前不会怦然心动呢？何况诗人通篇都用第二人称"你"娓娓道来，语调是那样的真挚！（《现代诗欣赏与创作》戴达奎著）

读这首诗我们感受到诗人那颗柔软的心，对芸芸众生的悲悯的善良的心。诗虽短但体现了诗人对人的终极关怀，向"饱受沧桑，饱经忧患的心灵"伸出手轻柔地爱恋地抚慰，用"浓郁的诗情"去合上那逝者的恐惧的眼神。逝者与悼者，与那些还在高扬"生活的风帆"的人一同笼罩在这诗意里，用爱的光穿透人的心灵的诗人，是怎样高贵的人啊！

与拉格克维斯克的诗的明朗语调，无忧无虑的情愫截然不同的是另一位诗人的诗：

> 我无法歌唱天堂或地狱，
> 无法减轻压在你心头的恐惧，
> 我无法驱除那迅速来临的死神，
> 无法招回那过去岁月的欢乐，
> 我的诗无法使你忘怀伤心的往事，

无法使你对未来重新生起希望，
　　我只是个空虚时代的无用诗人。

　　这首诗里充满了无能为力的自责、愧疚，全诗的主旋律是伤感与无奈。诗直面严酷的现实，不回避地狱、恐惧、死神、伤心的往事……诗人反复告白的是"无法"减轻恐惧带来的压力，无法驱逐过早到来的死神，既不能歌唱天堂来哄骗，也不能歌唱地狱来恐吓，曾经的欢乐招不回，曾经的伤心事忘怀不了，至于未来的希望呢？也无法重新生起……真是一个无用的诗人。

　　在空虚的时代，诗人何用？空虚的时代，诗与诗人一样的无奈，除了自责、悔恨，别无出路。

　　一种压抑，一种无可奈何的慨叹，一种无法摆脱的悲哀袭上心头，令你惊悸，令你哀伤，但埋在阴霾中的仍是一颗火热的为人类命运焦灼的心，一颗有责任担当的高尚的灵魂。

　　诗的审美视角可以是这样的，亦可以是那样的。视角不同，语调不同，表达的情绪不同……或悲或悦都是真情的表露，都是善意的坦白，都是美的诗句。

　　在诗歌发展史上，与随兴而至感情泛滥的浪漫主义不同，与巴拿斯派按科学的精神精确组合不同，与超现实主义的"自动书写"不同，与客观摹写、主观表现的传统文艺也不同，象征主义的创作方法特立独行，在各个现代文艺流派中均产生深远的影响。

　　韦勒克等评论家的《象征主义诗论与批评》一书里说道：

　　"不仅在法国，而且在整个西方世界，20世纪的诗歌观念都被法国象征主义者运动阐述的理论所支配。"

　　什么是象征？在研究象征主义诗歌的特征前，先了解"象征"这一概念的来源。

　　"象征"(symbol)在古希腊语中本指一块木板或陶片分成两半，双方各执其一，以保证相互款待的信物。作为"信物"的物体本身并没有多大的意义，它的意义关键在于暗示出在它之外，必定还有另一个与之相联系的东西。这一与"信物"相对应的事物才是真正的意义之所在。

　　那么，我们也可以这样来看象征主义作品，即把作品整个就看成一个信物，那它的意义也一定是在作品之外的，是通过作品中的形象暗示出来的某种思想感情、情绪体验等。对象征主义者来说，象征是一切可视、嗅、触、闻的感性形

象,同时这一形象是关涉心灵和情感状态的文字。(《波德莱尔十论》附录《探索"象征主义"的现代资源》)

象征主义的诗歌多凭直观的感应,使意象与人的心灵沟通,它通过形象,运用隐喻、类比、烘托、渲染、联想等手段去暗示和展示人的心灵与世界本体的融合。

象征主义诗歌以有形寓含无形,用有限表达无限,借瞬间抓住永恒。一位法国文艺批评家说得好:

象征主义诗歌"词句这么优美欲解剖他底意义固觉得不恭,诗意这般稠密若只安于美底欣赏又觉得不敬,诗义这般玄妙想彻底了解他又觉得冒昧"。这正是阅读象征主义诗歌的艰难之处,然而,这也正是它的魅力之所在。

卡莱尔曾在演说《诗人英雄》中指出:任何用以描绘事物构成象征的言辞,都"来自于这种明晰而强烈的事物的洞见",这洞见是对事物与事理的精微、透彻的体察。当这种"体察"达到先知般的感觉时,一个神奇而微妙的世界向我们敞开了。

一沙一世界
一花一天国
君掌盛天边
刹那含永劫

象征主义诗歌的意蕴就在于启发人的心灵对宇宙与人生终极意义的体味。

象征主义诗人追求"纯诗"这一诗歌独立自主的最高境界。"纯诗"起始于波德莱尔,之后是魏尔伦、韩波、马拉美、瓦莱里,他们分别在情感和感觉方面,完美与纯粹领域,延续了他并将"纯诗"推向了极致。

象征主义就诗歌创作而言是一个"纯诗运动"。

梁宗岱先生在《谈诗》中对纯诗作了精辟地分析:

所谓"纯诗"就是要求诗人"摒弃一切客观的写景,叙事,说理以至感伤的情调,而纯粹凭那构成它底形体的要素——音乐和色彩——产生一种符咒似的暗示力,以唤起我们感官与想象底感应,而超度我们底灵魂到一种神秘物表的光明极乐的境域。像音乐一样,它自己成为一个绝对独立,绝对自由,比现在更纯粹,更不朽的宇宙;它本身底音韵和色彩底密切混合便是它底固有的存在理由"。

梁宗岱先生早年留学巴黎时曾出入于瓦莱里的左右,对象征派的精神真髓可谓是心领神会。他也认为：象征主义无论在任何国度、任何时代的文学活动和表现里都是一个不可缺少的普遍和重要的元素。"这元素是那么重要和普遍，我可以毫不过分地说，一切最上乘的文艺品，无论是一首小诗或高耸入云的殿宇，都是象征到一个极高的程度的。"(《波德莱尔十论》附录《探索"象征主义"的现代资源》)

象征主义诗歌对提升人生的质量，完善人格起到特殊的作用，在枯燥的有限的物质世界里，它为受拘束、桎梏的形体开凿了一扇窗子，让生命去领略精神生活的自由和丰富。宗白华早年的一首诗正表达了这种期望。

### 生命之窗的内外

> 黑夜，闭上了生命的窗。
> 窗里的红灯，
> 掩映着绰约的心影：
> ……
> 是诗意，是梦境，是凄凉，是回想？
> 缕缕情丝，织就生命的憧憬。
> 大地在窗外睡眠！
> 窗内的人心，
> 遥饮着世界深秘的回音。

暗淡局促的世界关闭了生命之窗，一双渴望光明自由的双眸被囚禁在窗内。

首句完全用的比喻，隐含着人类困惑的境遇。

下一句即引入一个景象：窗帷内一盏橘红的灯光在闪烁，掩映的是绰约的"心影"，"心影"是诗人的内心世界的影像。

生命不甘于被幽禁被局限，心灵的世界仍然丰富多样、生机勃勃，有诗、有梦、有眼前的凄凉亦有追忆的时光——情思缕缕织成的锦绣般的憧憬是生命的永不熄灭的光明的前景。

景与情交融，画般的美在诗意朦胧中。

窗外沉寂的夜在延伸如沉沉的睡眠，默然无尽，

而窗内心更加活跃，思的内容永无止境——

如饥似渴地探究着世界的深层的奥秘，寻求着那遥不可及的答案。

宗白华先生的诗有力地佐证了作为艺术的高峰的诗歌的力量,诗歌,包括象征主义诗歌,是给人类注入汩汩流动的鲜活的血液,完成最完美的灵魂的塑造。

19世纪70年代首先在法国兴起的象征主义文艺运动,在对现实主义、自然主义、帕尔纳斯主义的反拨中,在对唯美主义的继承(浪漫主义又是唯美主义的先驱,因而实际上象征主义跟浪漫主义也是继承关系,有些学者将唯美主义和象征主义归为"新浪漫主义")中,再次提出了"音乐至上"的诗歌口号:

  音乐,至高无上,
  奇数倍受青睐,
  没有什么能比在曲调中
  更朦胧也更晓畅。

  对字词也要精选,
  切不可轻率随便;
  灰色的歌曲最为珍贵
  其间模糊与精确相联

  ……

  音乐,永远至高无上!
  让你的诗句插翅翱翔,
  让人感到她从灵魂逸出
  却飞向另一种情爱、另一个天堂。

这首诗的作者魏尔伦非常清楚地表达出了法国象征主义者的诗学追求。在他们看来,只有倾心于音乐的诗歌创作才是真正的诗歌创作,只有诗的音乐能够更好地暗示神秘感觉,人们也只能通过诗的音乐与诗人一起领受到这种暗示。诗歌就像音乐一样,对现实进行着一种不同寻常的、通灵术般的再现。而诗人就像音乐家一样,追随着超乎尘世的音响之流而创作。继魏尔伦提出这样的口号之后,许多象征主义者都把音乐视为创作秘密的代名词。(《音乐精神——俄国象征主义诗学研究》王彦秋著)

俄国诗人巴尔蒙特、勃洛克等象征主义者在文学追求方面更具有抒情性,激情澎湃地推崇"音乐至上"。

巴尔蒙特认为象征主义诗学特征,不仅仅是形象呈现或情感表达,"而是像音乐那样激起情绪,令听者陷入沉思",在阅读诗人的作品时能从优美的直观形象走向"其中的精神性灵",从而获取双倍的力量。

巴尔蒙特认为"诗乃是一种内在的音乐,用井然有序的和谐词语表现出来的音乐"。他致力于词语音响效果,在内容与形式和谐统一的前提下,注意词语语音与语义的内在关联。他运用的"复沓"不是词语的单一重复,而是在俄语词的词根、词性上着意地挖掘搭配,使他的诗歌像音乐般悦耳、响亮,富有吸引人聆听入神的魔力。

"诗歌的主导意象在同根词间转换、视象在改变、意义在扩展……"诗歌色彩与音乐让意象更加斑斓夺目,让意义向无限拓展。

下面即是巴尔蒙特完美地体现了"音乐精神"的诗。

### 我的歌吟

在我的歌吟中股股清泉潺潺流淌,
　　潺潺的声响愈来愈亮。
在我的歌吟中涓涓溪流柔情低语,
　　和着少女亲吻的气息。

在我的歌吟中覆盖着凝固的冰层,
　　永清剔透,万般晶莹。

在我的歌吟中绒绒雪花洁白松软,
　　还有云朵闪闪的金边。

响亮的歌声并非我自己缔造,
　　是山体崩塌将它们掷抛。
还有热恋的风儿抖动着琴弦,
　　把那铮铮颤音向我递传。

飘逸的歌声里闪烁着激情
　　我在清脆的雨滴旁倾听。
嬉戏的花纹般消散着光影

　　　　　我在星际的谐合中细盯。

　　　　我置身人间却不是凡人，
　　　　　我被河汛的琅琅吸引。
　　　　把全元音急急送往海洋，
　　　　　我把百声的歌儿吟唱。

　　听这首诗的朗诵如听音乐一般。

　　这音乐是天籁之声从美丽神秘的大自然而来，它的缔造者是"山体崩塌"，气势宏伟，是"热恋的风"将抖动着琴弦发出的颤音传递进人心中。

　　这首歌是静美的大自然的乐曲，里面有泉水溪流，它们灵通地向人"柔情细语"还和着最甜蜜温存的"少女亲吻的气息"。

　　这歌是最圣洁的大自然的画面，"剔透""晶莹""洁白松软""云朵闪闪的金边"。

　　是乐，是画，又是诗，它们都在将人引向"光明极乐的境域""更纯粹更不朽的宇宙"。

　　这是一首精美绝伦的如乐曲般的诗，它朗朗上口，铮铮地颤抖着心房。歌声飘逸、花纹嬉戏，诗境美妙无比。

　　歌吟者与所歌的自然亲密地接触：倾听雨滴；细盯星际和谐的光影，歌吟者与所歌的自然融为一体。

　　末节将乐推向高潮，歌者已超凡脱俗，像琅琅的河汛，把"全元音"急急送往海洋，唱尽百歌千曲。诗人最美好的向往表达得淋漓尽致，那是歌的向往。

　　俄语歌曲在歌唱时，只唱字母中的元音，所以诗人送的是"全元音"往歌的海洋。

　　在对音乐精神的追求上巴尔蒙特精益求精。

　　诗的音步、顿挫、韵脚、诗节等方面都运用灵动自如。美妙的意象与纯真的心灵相"应和"。

　　这首诗任你当作歌来放声高唱，任你当诗低声吟咏，得到的是同样的欣赏，同样的享受。

## 新诗撷英

　　新诗是指"五四"新文化运动前后用白话文创作的诗歌。
　　新诗亦称现代诗歌以有别于古典诗歌。
　　新诗的内容自由开放，倡导抒发个体的真实感受，合着个性解放的新潮流、新思想的节拍。

新诗的形式亦更为自由,不受古诗的格律的限制,即字数不定、行数不定、无严格的韵律限制。

冯文炳(笔名废名)在《谈新诗》中作了如下的评论:已往的诗文(旧体诗)无论旧诗也好,词也好,乃是散文的内容,而其所用的文字是诗的文字。我们只要有了这个诗的内容,就可以大胆地写我们的新诗,不受一切束缚,'不拘格律,不拘平仄,不拘长短;有什么题目,做什么诗;诗该怎么做,就怎样做。'我们写的是诗,我们用的文字是散文的文字,就是所谓自由诗。"

"旧诗词中也有用白话写的,但它填的是同一个谱子,用一定的格式,文法同散文也不一样,所以不能称其为新诗。例如,元人的小令'枯藤老树昏鸦,小桥流水人家,古道西风瘦马,夕阳西下,断肠人在天涯'。古诗中用白话写的例子不少,如'窗前明月光,疑是地上霜,举头望明月,低头思故乡'。但它仍不能成为新诗。它们内容散文化,形式则有一定的格式。新诗形式不受限制,但内容应该是诗的。"

朱自清在《新诗杂话》里也说:"新诗初期重在旧形式的破坏,那些白话趋向于散文化","新诗的白话,跟白话文的白话一样,并不全合于口语,而且多少趋向欧化或现代化"。

新诗的发展固然接受了包括俄国诗歌在内的西方文学的影响,例如象征主义诗歌的影响,但中国传统的古诗词的印迹仍然存在。这该是传统诗词长期熏染的结果。

冯文炳在《谈新诗》里谈到这点,特别提到试验外国诗体(包括十四行诗)的几位诗人:周作人、徐志摩、卞之琳等。

冯文炳说:"中国这次新文学运动的成功,外国文学的援助力甚大,其对于中国新文学运动理论上的声援又不及对于新文学内容的影响,新文学乃能成功一种质地。"

在《新文学大系·诗集·导言》中,朱自清说:若要强立名目,这十年来的诗坛就不妨分为三派:自由诗派、格律诗派、象征诗派。在《诗的形式》中说,"闻、徐(闻一多、徐志摩)两位先生虽然似乎只是输入外国诗体和外国诗的格律说,可是同时在创造中国新诗体、指示中国诗的新道路。"朱自清还依次列举了外国格律诗的试验者:陆志伟、徐志摩、闻一多、梁宗岱、卞之琳、冯至。"无韵体和十四行(或商籁)值得继续发展;别种外国诗体也将融化在中国诗里。这是摹仿,同时是创造,到了头都会变成我们自己的。"

顺着新诗发展的脉络,在新诗的花圃采撷几瓣落英共飨。

新诗的第一部诗集当推胡适的《尝试集》。作为新诗的倡导者胡适及其诗集《尝试集》在文学史上的地位是不容置疑的。

《尝试集》的序开篇明宗："我私心以为文言文决不足为我国将来文学之利器。施耐庵、曹雪芹诸人已实地证明作小说之利器在于白话,今尚需人实地实验白话是否可为韵文之利器耳。"《尝试集》序二表达了胡适改革的决心:"自古成功在尝试。"(陆放翁:"尝试成功自古无")

《尝试集》中第一首诗《蝴蝶》作于民国五年八月廿三日。

### 蝴　　蝶

两个黄蝴蝶,双双飞上天,
不知为什么,一个忽飞还。
剩下那一个,孤单怪可怜;
也无心上天,天上太孤单。

这首小诗原来叫《朋友》。胡适在《逼上梁山》一文里写到当时写这首诗的情景:"有一天,我坐在窗口吃我自做的午餐,窗下就是一大片长林乱草,远望着赫贞江。我忽然看见一对黄蝴蝶从树梢飞上来;一会儿,一只蝴蝶飞下去了;还有一只蝴蝶独自飞了一会,也慢慢地飞下去,去寻他的同伴去了,我心里有点感触,感触到一种寂寞的难受。所以写了一首白话小诗,题目就叫做《朋友》(后来才改作《蝴蝶》)。"

对诗的作者而言诱发"诗意"的情景有忆起与絮语的价值。但诗一旦问世,研究探讨的中心就该放在诗作本身。作者写诗的意图已限制不了"诗"本身的研讨了,诗作已逃离了作者的掌控,其意义、美学价值均由"诗"的文本自身决定。

《蝴蝶》意象较单一,但在读者那里引起的联想对诗的意境的领悟也还是颇为丰富的。

一对恋人"比翼双飞"何故离散? 彼此落到寂寞孤单之境?

一道同行的朋友"展翅高飞"何故分道扬镳? 丢下一人失意落魄,顾影自怜?

两个毗邻的邦国一齐"腾飞崛起"向着遥远的自由光明之地,何以其中一个无功而返、在原地形单影只饮尽孤苦?

……

蝴蝶飞呀飞,从庄生梦蝶到梁祝化蝶,从古诗词的蝶飞蝶扬到胡适的两只蝴蝶,飞过了千百年飞进当今的流行歌曲中已是漫天蝶舞了。

沈尹默的"月夜"发表在《新青年》四卷一号上,作于1918年1月15日,是最早的新诗杰作,被誉为中国新文学史上"第一首散文诗而具有新诗的美德"。

## 月　夜

霜风呼呼的吹着,
月光明明的照着。
我和一株顶高的树并排立着,
却没有靠着。

苍凉旷远的原野、霜冷的北风呼啸、尚见朗月高照——场景托衬出怎样的人物?

果然人物气宇不凡。与"顶高的树"雄伟、沉稳的树"并排立着""却没有靠着",一种宁可忍受艰辛磨炼决不依附于强势的形象突兀而现。五四精神、独立自主的个性跃然纸上。

小诗的气魄与崇高的境界如此之震撼弱小的国民心灵,不愧为新诗的开山之作。

诗人徐志摩以其超群的才情独步诗坛。徐志摩的诗情是在西方文化潮流的冲激下萌发的,他的诗深受英国诗歌的影响,"深得西诗的精髓",同时又吸收了中国古典文学的营养铸成了自己的风格。

## 沙扬娜拉——赠日本女郎

最是那一低头的温柔,
　　像一朵水莲花不胜风的娇羞,
道一声珍重,道一声珍重,
　　那一声珍重里有蜜甜的忧愁——
　　　沙扬娜拉!

沙扬娜拉是组诗《沙扬娜拉十八首》里最后一首,是徐志摩最珍爱的一首。

诗人选择道别那时刻、笼罩着淡淡的忧愁却含着蜜甜的叮咛嘱咐的声响,眼前是一位妩媚的日本女郎。

最最让人心动的是"那一低头的温柔",一位柔弱温存的女子像出水芙蓉般美丽,低头弯腰都透着温柔。

　　殷勤地连连道别叮咛,这依依不舍的告别的忧伤里却隐含着深深的爱意的甜蜜,怎能让诗人释怀不动情?

　　小首虽然很短,形象却十分鲜明丰满,日本女郎所特有的温柔、风韵历历在目。

　　"沙扬娜拉"深情的娇柔的暗响,仿佛离去了很远很远还响在耳边,许是将永恒地留在心底。

　　这乃是美得让人叫绝的精致的小诗。

　　日本女郎的天资丽质、温情脉脉,毫无半点造作;诗人诗情画意、由衷的赞赏与感动也浑然天成。


　　康白情的诗集《草儿》"在当时的白话诗坛上可谓一鸣惊人"。冯文炳认为康白情具有音乐天赋,"外界的景色恰恰碰在他的诗情的弦上,于是这个音乐就响起来","他的诗表面看是图画,其实是音乐、即是说是天籁"。

### 窗　　外

窗外的闲月
　　紧恋着窗内蜜也似的相思。
相思都恼了,
　　她还涎着脸儿在墙上相窥。

回头月也恼了,
一抽身儿就没了。
月倒没了;
　　相思倒觉着舍不得了。

　　这首诗意境美妙。幽静的月色恋着甜蜜的相思;相思恼月儿的缠绵,月儿依然羡慕地窥视;当月儿也恼了抽身而去的时候,相思又依依不舍这相伴的月儿。

　　窗外的洁净的月光与窗内恬静的相思如一首美妙的月光曲,天籁般融在一起,月儿的调皮,相思的娇嗔表现得恰到好处,不愧是天工之作。

　　冯雪峰是当时颇有名气的诗集《湖畔》作者,四位年青诗人之一(四位诗人是冯雪峰、潘漠华、应修人、汪静之)。他的两首描写西湖景致的小诗玲珑剔透、趣味盎然、惹人爱慕。

### 花　　影

憔悴的花影倒入湖里，
水是忧闷不过了；
鱼们稍一跳动，
伊的心便破碎了。

　　荷花盛开的西湖是最美不过了。盛开的花有凋零之时，憔悴的花影倒映在湖水里，墨绿色的湖水波澜不惊只管自个儿忧闷，太过忧闷了。偏偏鱼儿游过，鱼们稍微一跳动，映在湖里的荷花便破碎了，碎成片片花瓣散落在湖中。
　　荷花象征美人在暗然的绿色中忧伤，鱼儿们怎解人意，它们自由地跳跃，扰乱了一池湖水，美人儿的影儿凌乱了，美人的心破碎了。
　　西湖的静与动，花的影与水的绿、活泼的自由的鱼与憔悴破碎的美人的心，相互衬托、相互辉映组成了一幅古典的西湖景色图，不是水墨画，是彩绘图。

### 杨　　柳

杨柳弯着身儿侧着耳，
听湖里鱼们底细语；
风来了，
他摇摇头儿叫风不要响。

　　《杨柳》似一则童话，是大自然的"物语"。
　　杨柳深深地弯下腰如一位年迈的老者。做什么呢？原来他在侧耳聆听西湖里鱼儿们的轻声细语。
　　风吹过来摇着杨柳——老人摇头；
　　老者摇摇头："风呀！不要作响"，"我正在听鱼儿们说话呢！"
　　未泯的童心书写着一首"童话诗"，撩动着人们的童年的回忆。

　　郭沫若被誉为五四以来一代诗圣是有理由的，新诗的气魄没有比郭沫若更恢宏的了。

宗白华谈读郭沫若诗的感觉："你的凤凰还在翱翔空际,你的天狗又奔腾而至了。""你的凤凰真雄丽,你的诗是以哲理做骨子,所以意味浓深。……白话诗尤其重在思想意境及真实的情绪,因为没有词藻来粉饰他。"

郭沫若的诗感情浓烈,一般多直抒胸臆,也借景物抒怀,寓意深远、想象奇丽。《夕暮》就属于此类,被称为新诗的杰作。

夕　　暮

一群白色的绵羊,<br>
团团睡在天上,<br>
四周苍老的荒山,<br>
好像瘦狮一样。

昂头望着天,<br>
我替羊儿危险,<br>
牧羊的人哟,<br>
你为什么不见?

诗的想象极为奇异,比喻贴切。
天上朵朵白云,团簇似绵羊,
绵羊成群团团围拢:睡着。
天边四周是苍老的荒山,
像瘦骨嶙峋的狮子:卧着。
被食者与食者同在天上,只要你是昂着头——望得远,就会见到那危险的境地,怎能不为那熟睡不醒的羊群担忧,好险哪!饥饿的狮子就在你们身旁。
绵羊的守护神牧羊的人,为什么你看不见?
看不见前景、觉察不到危机,可怜的弱者岂不要成为猛兽的餐中肉?

这是一首寓意颇深远的诗歌,它的丰富的蕴涵留给人偌大的思索空间,当然它的寓意与现实是密切相联系着的。它的哲理意味会跨越时空,具有永远存在价值。

郭沫若诗里的豪情、正义,是与楚辞离骚一脉相承的。优秀的诗歌传统血液注入到新诗里,让新诗更具魅力、更具民族特色。
气贯长虹、振聋发聩,使郭沫若的诗情感如火焰喷射、如海涛奔流,具有极强的感召力。

## 蜜桑索罗普之夜歌

无边天海呀!
一个水银的浮沤!
上有星汉湛波,
下有融晶泛流。
正是有生之伦睡眠时候,
我独披着件白孔雀的羽衣,
遥遥地,遥遥地,
在一只象牙舟上翘首。

啊,我与其学做个泪珠的鲛人
返向那沉黑的海底流泪偷生
宁在这缥缈的银辉之中,
就好像那个坠落了的星辰,
曳着带幻灭的美光,
向着"无穷"长殒!
前进!……前进!
莫辜负了前面的那轮月明!

"蜜桑索罗普"是厌世者之意。此诗最初发表于1921年3月15日出版的北京《少年中国》2卷9期田汉所译《莎乐美》之前,发表时另有副题:"此诗呈salome之作者与寿昌"。《莎乐美》乃英国诗人王尔德所作剧本。

诗中引用了"人鱼哭泣,眼泪化珠"的传说。张华《博物志》:"鲛人从水出,寓人家积日,卖绡将去,从主人索一器,泣而成珠满盘,以与主人。"

一节景象阔远恢弘,仿佛梦境般"缥缈"神秘。

无边无际的大海水面上,银色的浮沤那是鲛人的泪珠呀!天上星河系如湛蓝的波浪,下面是融着晶莹银辉的泛流。在这万物生灵沉眠之际,主人翁独自盛装泛舟翘首远眺,白孔雀的洁白的羽毛是他的外衣;剔透的象牙是他的小船。

这是一个"缥缈的银辉"境界。

二节两个意象:鲛人与殒星;两种生存状态:流泪偷生与向无穷长殒。两种生命生存状态背景不同、形象不同,鲛人是在黑沉沉的海底、挂着泪珠的人鱼;殒星是在缥缈的银辉世界,带着幻灭的美光长曳。

主人翁的选择:与其悲哀的苟且偷生,宁愿像坠落的星辰长殒——那么是厌世者吗?不!人生从生到死,原本就如殒星般在浩渺的无边的宇宙划过,漫长而又短暂。殒星是向无穷坠落,前面有光明的月亮——向着光明前进、前进,多么激动人心、多么壮丽,即使幻灭也无悔,因为没辜负前程光明的召唤。

这是一个理想主义者高尚的自由的选择。

有着"雨巷诗人"之美誉的诗人戴望舒,是中国现代派诗歌的代表。《雨巷》巧妙地运用了象征的手法,将诗的艺术发挥到极致,是中国现代派诗歌成熟的标志。

戴望舒受法国象征主义诗歌的影响,诗歌迷茫、朦胧,富于韵律美;和谐、明快,仿佛流动的音乐,独具艺术风格。

## 过 旧 居
### 初 稿

静掩的窗子隔住尘封的幸福
寂寞的温暖饱和着辽远的炊烟——
陌生的声音还是解冻的呼唤?……
挹泪的过客在往昔生活了一瞬间。

戴望舒曾写过一首《游子谣》表现他——一个漂泊他乡的游子欲罢不能的对家乡的思念。"即或是在鲸鱼海蟒间,有清丽的旅伴陪伴,乡愁仍萦系心房,在四周徘徊踟蹰。"带着一颗疲惫的游子之心,诗人回到了家园,在旧居前落寞惆怅、扼腕叹息、泪流涕泗。

静静地掩了多年的窗子尘封了美好的记忆、隔住了童年的幸福,旧居拉开了时间的距离,幸福早已封存。

伫立在旧居前仍有丝丝暖意,这温暖里仍饱和着辽远的旧居的印象记忆,那是屋顶缭绕的炊烟带给归来人的温暖。家的生气、家的温馨,多么美好、多么幸福!

伫立在旧居前恍惚听到的是日渐陌生了的亲人的声音,还是在冻结了多年之后又解冻的呼唤?太久的别离让亲人的声音都生疏起来,感情的呼唤也冰冷了,因忆起方才解冻。

挹着泪水的游子过客只在往昔生活了瞬间——一瞬间回到了美妙的童年时光——之后呢?……这首小诗体现了象征主义诗歌的特点:"诗意稠密"。蕴含深远,词句在时空交替中转换,高度概括与凝练,仿佛是超负荷的音符,重重地敲击在心头,音流也艰涩起来。

20世纪著名诗人艾青是一个丰产的诗人。他的诗与时代的气息相通,但格调却不尽相同,《西湖》即是别一种风格的诗。构思十分奇巧,整首诗是一个喻体,比喻又很恰当。

### 西　湖

月宫里的明镜  
不幸失落人间  
一个完整的圆形  
被分成了三片  

人们用金边镶裹  
裂缝以漆泥胶成  
敷上翡翠、涂上赤金  
恢复它的原形  

晴天,白云拂抹  
使之明洁  
照见上空的颜色  

在清澈的水底  
桃花如人面  
是彩色缤纷的记忆  

诗人将偌大的西湖美景缩成一面明镜,宏观变微观:月宫里——天上的明镜失落人间;仙物降凡——不幸,尤为不幸的是完整变三片,圆满不再。

所幸的是人们将它修复:弥合裂缝的漆泥即是苏堤、白堤,敷上翡翠——种上绿树;涂上赤金——立上朱红栏杆,明镜又恢复了圆形。而且镶嵌上金色的边——湖岸,灯火辉煌。

上有天堂,下有苏杭,"西湖"诗人笔下的人间天堂再现了:美不胜收的湖上景色。

湖面上轻拂淡抹的是湛蓝的晴空、悠悠白云,使光洁透明的湖水映照着上天的蓝色。天上湖下浑然一体真乃绝佳的人间仙境。

更绝妙的湖底水清澈照人,明镜恢复了形状,又恢复了功能。人面桃花在湖水的涟漪里色彩缤纷——花瓣散落,桃花醉了,碎了!镜圆了,美人般的花却碎了——那正是记忆,色彩缤纷的记忆、繁复的碎片似的记忆,西湖水晃动出如梦如幻的回忆。

瑰丽的画面来自大胆奇妙的想象,是超凡的想象创造了美,是仙境又是人间,美充溢在赏者的心田。

"所有的好诗,都是从强烈的感情中自然而然地溢出。"——华滋华斯说道。新诗成功的是情感的自然流露,栩栩如生的形象的塑造。严辰的诗就做到了。

在俄罗斯圣彼得堡的皇村"普希金城"门前立着一尊青铜雕像——普希金。

诗人严辰瞻仰了雕像后写下了一首诗:"雪落满了你的黑色的大氅"。题目赫然拥出了俄罗斯著名诗人普希金的形象,醒目地吸引着人们的目光。

严辰在雪地上伫立观赏诗圣普希金。

雪落满了你黑色的大氅,
雪落满了你鬈曲的两鬓;
低着头你沉思什么?
竟忘记了冬夜彻骨的寒冷!

在回忆高加索的流浪生活?
或者怀念乡间别墅秋天的黄昏?
一个新的火花在眼前闪耀,
一个新的思潮在胸中沸腾。

谁在你脚边呈献一束鲜花?
带着悠远的芳香无限的尊敬;
是温柔的泰姬雅娜?
是有了自己祖国的茨冈人?

你的预言早已实现,
全俄罗斯响遍了你的七弦琴;
它超越了时间和空间,
飞过一个国境又一个国境。

> 你将不会感到寂寞,
> 到处有你的读者,你的知音;
> 陪伴你踱尽这寒夜的,
> 还有远方来的异国的诗人!

  雪花纷飞中,普希金的形象在开篇用两句诗勾勒了出来,是有特征性的:鬈曲的双鬓,身披黑色大衣。雪,白色雪花装点了普希金的形象,庄严肃穆的氛围中令人肃然起敬。接下来转入对诗人神态的描摹,低头沉思、忘记了寒冷——冬夜彻骨的冷。由沉思什么引入下节。

  高加索流浪与乡间别墅的秋天黄昏,两种不同的状态概括了普希金的一生。

  不管在何处,创作的火花始终在闪烁,新的诗的思潮时时在胸中飞腾。

  是创作,是诗伴随着诗人,在严寒中忘情的沉思;迸发的是新的创作火花,新的诗歌潮涌。

  一个伟大的诗人的价值让世人敬仰。

  脚边的鲜花是谁人所献?是身边的恋人还是这方的流浪者?不管是谁献给普希金的,都是悠远的芳香和无限的尊敬。

  下面诗句将感情推向高潮:普希金曾经的预言早已实现,他的诗歌如七弦琴般美妙的声音响遍了全俄罗斯并超越了时空响遍世界。

  即或是在寂静寒冷的冬夜也将不会感到寂寞,有无所不在的读者、知音来陪伴。

  这不,还有我这个远方异国的诗人,在普希金纪念像前的严辰。

  全诗的语言晓白如话,朴实自然,怀念与敬仰的情感在流畅的诗句里一泻无余。

  散文化,不刻意追求诗的技巧,亦是新诗花苑里的一朵朴素的花。

  诗的思路清晰,诗节之间衔接紧密,体现了诗人严谨的写作风格。

  朦胧诗是新诗的许多流派中的一支,兴起于 70 年代,几经波折终于为人们所接受,深受青年人的青睐,成为诗坛上风靡一时的奇葩。

  朦胧诗内涵丰盈,意象朦胧,在捉摸不定之中给人以哲理的启迪。它的寄寓性与暗示性具有美的诱惑,给人以别样的感受。

## 一　切

> 一切都是命运
> 一切都是烟云

　　　　　一切都是没有结局的开始
　　　　　一切都是稍纵即逝的追寻
　　　　　一切欢乐都没有微笑
　　　　　一切苦难都没有泪痕
　　　　　一切语言都是重复
　　　　　一切交往都是初逢
　　　　　一切爱情都在心里
　　　　　一切往事都在梦中
　　　　　一切希望都带着注释
　　　　　一切信仰都带着呻吟
　　　　　一切爆发都有片刻的宁静
　　　　　一切死亡都有冗长的回音

　　北岛，朦胧诗派的代表人物，中国当代著名诗人，写了许多脍炙人口的诗篇，具有凝重的历史感、时代感。

　　荒蛮悖谬的"文革"时期，人的生存状态、真真切切的个体感受，在朦胧诗中得到了展现。《一切》是其中的一首。

　　人不能主宰自己的命运，只能听凭命运的摆布

　　生活如过眼烟云，未曾留下珍贵的印记

　　开始了却了无结局，是一个没有成果的开端

　　苦苦的追寻、转瞬即逝（诗人在《走吧》写道："我们去寻找生命湖，曾经执着地追寻生命的价值心灵的归宿。"）

　　命运、生活、努力奋斗、执着的追寻——这些均是人生中最最重要的东西全部被毁掉了，被时代无情地践踏了。

　　诗接着描绘人的生活状态、生存的实况：没有发自内心的欢乐，浸在苦难中而不敢流泪，主流语言一遍遍地在重复，朋友间仿佛刚刚结识般的冷漠，纯真美好的爱情不敢表露，爱情在禁区。往事如梦般缥缈、失去记忆，希望附加政治注释，只允许有群体的希望、权力者的希望而无个人的一丝希望。因为你有过的信仰将倍受煎熬，在痛苦中呻吟——所有的人生活的常态扭曲了，一切都是虚妄的、悖谬的，社会失衡、世界在倾覆。

　　最终呢？

　　诗的末尾两句给出了果断地回答：片刻的宁静后总会要爆发、死亡也不会无反响地消亡，逝者的声音会是经久不息的，如空谷中的回音。

　　"一切"在时代阴云下无一遗漏地被笼罩。

诗的复沓、反复吟诵、倾诉,是诗人强烈的主体意识的觉醒,是诗人情感的迸发。朦胧诗的哲理蕴涵给人以长久的咀嚼的韵味。

朦胧诗的足音响遍五洲四海,海外游子参与到朦胧诗创作的行列,一首首华人的精堪的小诗如飞来的彩翼鸟,一齐装点美丽的诗坛。海外的朦胧诗与大陆诗人相比少了些"伤痕"的印迹,格调较为明快。

眸

推千扇窗<br>
我只想听<br>
荷叶上晶莹水珠的<br>
清唱<br>
<br>
掩千扇窗<br>
我只想看<br>
心轨上知性和感性交会的<br>
小站

这是台湾诗人钟顺文的一首小诗很有情趣。

它展现的是十分明朗而纯净的心境。

千扇窗在同一时刻推开,有多少光景要看,有多少声响要听,"我只想听荷叶上晶莹水珠的清唱"。绿色的荷叶如盖,亭亭立在池塘,上面的晶莹的水珠在流淌,这美景够赏心悦目的了,但诗人不在乎看,而是用心在听。

千扇窗在同一时间掩上,有多少事要想,有几回路要虑,"我只想看心轨上知性和感性交会的小站"。心路历程上的小站,理性与情感相逢那又是什么?如何能看得到? 仿佛是在作心灵的窥探与透视……模糊的语境给读者以恒久的思考。

千窗向外听最细微的景致,<br>
千窗向内看最开阔的驿动。<br>
听不到的"水珠",他却要听,<br>
看不见的"心轨",他却要看。

妙就妙在将看风景、听心声反着来,朦胧执拗得可爱。

### 落幕的原因

在掌声最热烈的时候
舞者悠然而止

在似乎最不该结束的时候
我决定谢幕 也许
也许有什么可以留在
那光灿和丰美的顶端了

如果我能以背影
遗弃了观众 在他们终于
遗弃了我之前

我需要有足够的智慧
来决定
落幕的时间

  这是新加坡的诗人淡莹的一首诗,隽永而蕴意无穷。
  一个场面:舞者在表演最成功,受到热烈追捧时悠然地停了下来。
  如同舞者"似乎"最不该结束、因为事业正处在高峰("似乎"的不确定表达的语义恰恰是确定)我决定谢幕,退出舞台。口吻极其果断坚定。
  落幕的原因:我是在光灿夺目、表演丰美的顶端退出的。"也许""也许"连连推测"有什么可以留在那顶端?""那光灿和丰美的顶端了"是完成句,落幕即留住了。
  是些什么可以留住?容读诗的人思索一番。
  成功、倍受爱戴的人在顶端留下的是最得当的让人赞赏的演姿;谦让大度、适可而止的形象;举贤若渴、给他人机遇的人品;无私宽广的胸怀……留下的是耀眼的光环。
  落幕的原因:在观众厌倦抛弃我之前,我先背对观众谢幕离开。任何演员、艺高一筹压倒群芳的演员,总有一天会不再走红、被观众遗弃——谁也逃脱不了自然淘汰的规律。
  但却不是轻而易举能决定落幕的时间——似乎在最不该结束的时候,需要有智慧,这智慧只一点点还不行,要"足够"的智慧才能作出决定。在鼎盛时期退出是自由自主的智者的选择。

# 说　　明

以说明为主要表达方式的文体为说明文。

它说明事物的性质、形态、特征、功能、成因结果、发展变化等。说明向人传授科学知识、教人以技能。

说明这一表达方式在日常生活中应用十分广泛,几乎是生活与工作须臾离不开的:家用电器的使用说明、药物服用说明、各种各类产品问世的介绍、机械操作流程说明、关于自然科学的介绍说明、教科书的编写……说明在社会生活各个领域普遍运用。

说明文的实际用途很广泛,说明文的写作具有实用价值。

**说明文的特点**

科学性与知识性是说明文的主要特征。由这个特征决定,说明必须符合科学原理,知识准确。说明要符合客观实际,对事物作客观的冷静的介绍说明,一般不应掺杂个人主观色彩,尊重科学,尊重知识。

说明应言而有序。要想说明清楚必须很好地安排说明的顺序,按着客观事物的发展安排。是以方位为顺序、以时间空间为顺序,还是以观察的角度为顺序,以事物自身的结构特点为顺序……要看说明的对象来决定,应采用适合于该事物的性质规律的顺序。

说明文的语言准确、朴实、简洁,这是由说明文的知识性与科学性决定的。

准确的才是科学的,科学的语言必须准确。说明文字从选词、造句到成文都必须符合科学性、知识性,一般不允许有太多的随意性。一些专业术语、专用词语都不能随意更改,不得有误差。

说明的语言要求平实晓达、言简意赅,给人以清晰的印象。用最经济的语言文字传递最广博的信息,推广最先进的科学成果以满足日益提高的求知欲望与应用的需求。

说明文以及其他说明性文体以说明为主也兼用叙述描写抒情议论等方式。科学小品即是将文学语言与科学语言完美地结合起来,增加了说明文体的文学色彩和趣味性。

总体来说,说明文体是靠科学知识本身去吸引读者,在语言文字上无需作太多的渲染。

**说明的方法**

分类与举例。对所说明的事物按一定的标准划分成不同的类别,逐类加以说明即为分类。分类的方法适用于较为复杂事物、事理的说明。分解法亦如是,把事物分解为几部分,对局部逐一说明。

举例是说明中常用的方法,将抽象的事物具体化,用实例说明易于说清楚,并具有说服力。

比较和比喻。将不同事物或同一事物的几个侧面作出比较,以便更好地凸显事物的本质、特征。比较分横向比较与纵向比较。前者是此事物与彼事物相比;后者是事物处身在不同时段的特点相比较。

比喻是一种修辞格,在说明中运用比喻,可以形象具体、深入浅出地说明事物。

定义与注释。定义即给事物下定义,用定义解说事物的性质、特点。说明某些科学概念、科学原理经常用下定义的方法。定义应具有概括性和简明性。定义要符合逻辑,定义的对象与所下的定义外延相等,所下的定义应从一个方面完整地揭示出概念的内涵。注释即给事物作注解。在说明文中运用较普遍,可用来解释概念,也可用来解说事物的特点、功能等。

图表与数字。图表是一种较为精确地说明方法,对庞大复杂的事物可以井然有序地说明,又可以用图表作比较,让人一目了然,是一种简易而清晰的说明方法。

数字亦是一种精确又有力的说明方法。数据对文字起辅助作用、简便而有说服力。

图表与数字皆需准确,准确无误、来源可靠。数字的列举形式多样:倍数、百分比、比例等都是经常运用的数字样式。

引用。引用相关的资料加以说明,可以起到佐证等作用,也是说明文常用的方法。

不是只有说明文才用说明,说明这一表达方式在叙述性文体、议论性文体都运用,散文、议论文有需要介绍、说明事物即可运用说明,给人清晰、简明的印象。

## 鲸鱼"自杀"的谜底

地球上每年都有几百条鲸鱼在各地的海滩上搁浅死亡。它们为什么要"自杀"呢？长期以来，无人能作出科学的解释。英国伦敦大不列颠博物馆自然历史部的两位研究学者凯瑟林·帕里和迈克尔·穆尔找到了这个谜底。他俩曾对数十具在英国海滩搁浅死去的鲸鱼尸体进行解剖。结果发现在鲸鱼的耳朵中都有一种身长仅为二点五厘米的小虫。这种虫产生于被污染的海水中。目前尚不知它们是怎样钻入鲸鱼耳中的。鲸鱼靠自己耳内的天然雷达发射和接收超声波以测定方位，耳内一旦钻进了小虫，发射和接收工作便受到了干扰，"雷达"一失灵，这些无法测定方位的庞然大物，就像没头的苍蝇在大海中到处乱游，直至撞到海滩上，在那儿搁浅死去。（编译自《阅读》杂志）

这是一篇知识短文，全文只一段，讲述一个"新发现"怎样揭开了鲸鱼"自杀"的谜底。

说明可长可短，根据内容与需要而定。这篇说明虽短，但解说十分清楚明白。开头用问句引出"谜"，然后直截了当地介绍了英国两位学者发现了钻进鲸鱼耳中的小虫，耳内的天然雷达受到干扰无法测定方位。在对鲸鱼的生存特性作出分析后找到了"谜底"。

简单明了符合说明文的行文特点。文中用"雷达"比喻鲸鱼耳内的"测定方位"功能很恰切。

## 婴儿天生有三种性格

最近外国专家们的一项研究表明，婴儿天生有性格，包括睡觉、饮食、穿衣、排泄和身体移动等，大致都离不开以下三种性格：

一、合作型：大部分婴儿均属这一类型。他们很快便固定了有规律的时间表，经常表现得很欢乐，也能迅速适应新时间表、新食物和新面孔。

二、慢热型：这类婴儿比较害羞，其突出的特性是不太活跃，每逢接触到新事物，第一个反应是退缩，而一般情绪较消极，对任何事情都表现不热情。

三、麻烦型：此类婴儿精力旺盛，其饮食和睡眠均不规律，要经过较长时间才能适应新时间表和新活动，而且爱哭。

专家们指出，家中有前两种性格类型婴儿的父母是比较幸运的。但遇到第三种类型婴儿，父母就比较麻烦，需要这些父母具有耐心和忍耐力。要按婴儿的需要进行照理，不可只坚持一套方式和一种时间表，并要尽量使他们不承受

压力,使婴儿的活动逐步走向规律性。(苗 1989 年 3 月 3 日哈尔滨生活报)

对婴儿的观察研究是人的生理研究范畴。这项研究对儿童的生长发育的认识有重要意义,可以帮助父母用相应的正确的态度和方式来培育婴儿、关系着儿童的健康成长和良好性格品质的培养。这正是介绍外国专家的这项研究的意义所在。

这篇短小的说明文字条分缕析,用分类方法简明扼要地说明了婴儿与生俱来的性格。末段给父母提出了应对的恰当态度与方法,使短文具有实用的价值。

## "厄尼诺"潮流与全球天气异常

王继志

1983 年出现了全球范围的天气异常,其发展状况有频率高、灾情重、分布广、类型多等几大特点。在今年的异常天气中,一种作为海洋与大气系统重要现象之一的"厄尼诺"潮流扮演着重要的角色。

何谓"厄尼诺"?这是西班牙语的译音,原意为"神童"或"圣明之子"。相传,很久以前,居住在秘鲁和厄瓜多尔海岸一带的古印第安人,很注意海洋与天气的关系。他们发现,如果在圣诞节前后,附近的海水比往常格外温暖,之后不久便会天降大雨,并伴有海鸟结队迁徙等其他怪现象发生。古印第安人出于迷信,称这种打破常规的温暖潮流为"神童"潮流,即"厄尼诺"潮流。

"厄尼诺"潮流纳入科学家研究的范畴,则是 20 世纪 60 年代以后的事。1969 年,气象学家皮叶克尼斯首先指出:太平洋赤道上空大气环流的长期变化,与赤道东太平洋的南美西海岸附近出现的异常暖流,即"厄尼诺"潮流有关。接着,美国天气预报专家纳麦斯应用"厄尼诺"现象对北美洲几个冬季异常天气作出了解释。这以后,科学家们发现,许多地区的异常天气都与"厄尼诺"现象有关,"厄尼诺"潮流对天气的影响是全球性的。

"厄尼诺"潮流是怎样影响天气的呢?地球上空有两个重要的大气环流,一个是纬向的瓦克环流,一个是径向的季风环流。这两个环流影响着东西半球和南北半球的热量、动量、水汽的平衡和交换。一旦这种平衡被打乱,地球上的天气就会出现异常。而"厄尼诺"潮流的出现恰恰会不同程度地影响这种平衡。

以瓦克环流为例,人们发现,"厄尼诺"现象一旦出现,东太平洋海温异常增暖,那里的上升气流也随之加强,于是在正常情况下存在于瓦克环流中的下沉运动便会遭到破坏。数月之后,赤道附近的低空东风气流也被减弱破坏,甚至转为西风。再过数月,影响到赤道太平洋西端,那里将出现下沉气流,破坏或取代正常情况下的上升气流。其结果:冬季应干燥少雨的南美被多雨和洪涝所代替;半年之后的夏季,应为雨季的南亚和澳洲却出现了酷暑和干旱。

科学家们查阅了第二次世界大战以来三十余年的天气档案,发现几次重大的"厄尼诺"现象发生年,都出现过全球性的天气异常。例如,人们记忆犹新的1972年全球天气异常,就是在"厄尼诺"年发生的。今年的天气异常,早在去年九月就露出苗头;到去年十一月,东太平洋近赤道地区的海温异常增暖,范围越来越大,圣诞节前后,栖息在圣诞岛上的一千七百余只海鸟不知去向;接着秘鲁大雨滂沱,洪水泛滥。据此,科学家们确认,一个新的"厄尼诺"事件正在发动,随后便发出了1983年可能出现重大天气异常的预告。事实证明,这种预告并不是危言耸听。

今年以来,多种灾害天气连续未断,地球上几乎每隔二十四小时就有二至三起异常天气发生,破了每七至十天发生一起异常天气的纪录;受灾地区遍布五大洲。

年初,美国从东到西连降暴雪,雪量达三十五英寸,波士顿、纽约市都积雪齐腰,机场关闭。五月上旬,美国中西部再降大雪,得克萨斯州暴雪成灾。五月十七日,伴有四十三米/秒强风的暴风雪席卷科罗拉多州。到了夏季,高温热浪接连袭击这个国家。七月中旬,美国中部许多城市气温在摄氏三十八度以上,极值达四十二度。

在我国,天气反常现象也十分明显。四月十二日福建出现一次历史上罕见的强龙卷风。五月初,东北北部出现强烈的风雪灾害,罕见的大雪、雨淞淞和强风的突然袭击,使北方城市齐齐哈尔交通电信中断。六月以来,长江流域连降暴雨,江水猛涨,到七月中下旬,武汉以下的赣、皖、苏各段,水位均超过特大洪水的1954年。与此同时,华北地区的高温酷暑与东北地区的低温冷害也是近些年来不多见的。

在日本,四月下旬北部因干旱引起大火,六月南部暴雨成灾。七月北部出现低温,平均气温为十一度,与秋冬相差无几。七月下旬的梅雨季节,又暴雨成灾。

盛夏,西太平洋台风寥寥无几,但第三号强台风袭击了八个月干旱之后的菲律宾,使它遭受了二次大战后最严重的风灾。印尼、印度、斯里兰卡大旱,巴基斯坦洪涝,异常天气遍及整个亚洲。

非洲大旱之国多达十五个,埃塞俄比亚、坦桑尼亚的干旱为百年所未见。

"厄尼诺"带给大洋洲的下沉气流,使年初澳大利亚天气干旱,二月初发生大火,五月又转旱为涝,洪水泛滥。

在欧洲,四月莱茵河水袭击了西德波恩,塞纳河水进入法国巴黎市街,英国首都则"陷落"于泰晤士河,而地中海沿岸却干旱酷暑,森林大火蔓延。

当然,如果认为有了一个"厄尼诺"现象,全球异常天气的答案就可囊括其中,那是不切实际的。如今年我国长江流域的特大洪水,就不能从"厄尼诺"现象得到直接的回答。事实上,除"厄尼诺"现象外,还有其他许多因素影响天气。如近年来火山连续爆发产生大量的火山灰飘尘,破坏了地球上接受太阳辐射的原有平衡,也是造成天气异常的因素之一。

从今年"厄尼诺"现象发生早、强度大,同时伴有高频火山活动的特点看,异常天气还有持续向前发展的趋势。就我国而言,由于上半年台风季节台风偏少,下半年台风活动有可能会增多。如果这种现象发生,那么除北方冬季可能出现大雪外,东部沿海气旋、大风天气以及南方雨雪、低温、雨凇等灾害天气,也是需要我们警惕的。

首节点出本篇说明文说明的现象:1983年全球范围天气异常,"厄尼诺"潮流扮演重要角色(与"厄尼诺"潮流影响有关)。

二节诠释概念,说明"厄尼诺"名称的来源,原义为西班牙语的译音"神童"即潮流。此节引用了一段印第安人的传说。

三节"厄尼诺"现象的研究史:气象学家皮叶克尼斯首先提出,美国专家进行了解释,科学家们发现"厄尼诺"潮流对天气的影响是全球性的。

四节对"厄尼诺"怎样影响天气的作了解说。举例说明:以纬向的瓦克环流和经向的季风环流为例说明。

五节至十三节列举了全球五大洲许多国家1983年发生的自然灾害,天气的异常是"厄尼诺"现象引起的。这部分列举了大量灾难事例,材料翔实、数据可靠。

十四节指出,"厄尼诺"现象并不能囊括全球天气异常的原因,除"厄尼诺"外火山连续爆发也是造成天气异常的因素之一。此节说明体现了说明文科学的严谨与知识的整体性,这是说明文体很重要的特点。

十五节末预示受"厄尼诺"发生时间与强度影响,今年(写文章年)异常天气有持续向前发展的趋势,需警惕。与首节衔接,完整地结束全文。

《"厄尼诺"潮流与全球天气异常》一文是典型的说明文,科学性、知识性兼备。综合地运用了注释、分类、举例、数据、比较、引用等各种说明方法。材料丰富、资料翔实,采用了符合"厄尼诺"现象特点、规律的顺序,说明有条不紊、脉络清晰,语言干净利落、准确恰切,具有可信度与说服力。

# 短　　评

　　短评属于议论文体评论中常见的一种形式。

　　评论涵盖面很广,从政治经济到伦理道德,到文艺创作,到社会生活的方方面面,从那个切入点切入都可以写评论。

　　短评的特点是短小精悍,自由灵活,一般适宜一事一议或针对某一现象、某种风气、某类思想倾向等进行简要的评论。

　　它区别于学术性专业性很强的评论文字,如学术论文、专题评论、文学批评与评论,也区别于有关社会普遍关注重大问题的政策性强的长篇评论。

　　曾经有一度时兴一种"小评论",应该是与短评接近。短评因其短而易于掌握,是练习写议论文字的很好的形式。短评在快节奏高效率的信息时代像轻骑兵一样风驰电掣,对时代最敏感的问题迅速作出反响,起到振聋发聩发人深省的作用。

　　短评的写作特点,由议论文体决定,它要求抽象思维能力强,要讲求逻辑性,对所评论的内容进行较严密地逻辑推理,这样道理才能讲明白,也才能令人信服。

　　短评取材丰富,包罗万象,世相风情、思想动态或褒奖或针砭都轻松自如、透明公允。

　　由事件、现象……评论出道理,理论应具有一定的深度,即所谓切口小,开掘深。这不仅要求作者具有敏锐的社会洞察力,还要求作者具有理论家的"哲思",使短评精粹,无懈可击,无可辩驳。

　　切入口的选择很重要,正如看准了一个泉眼,选对了切入点,评论的文字就会像泉水一般汩汩地流出。

　　如果事件、现象……具有新闻性,短评则像时评,及时、迅速。时间性关系短评的价值,时过境迁,阅读价值就会受影响。

　　切入点实际上即短评的"引子",常以叙述、说明方式作扼要的交代,然后引入议题。议题——评论的中心是用笔着力的地方,论据充足、论证有力、语言表达简洁而且要有文采。短评不必把话说尽,点到为止留有读者思考的空间,文虽短而余味无穷。

　　短评依评论的对象分类亦可分为多种:时评、书评、影评、文学评论、美术作品评论……一般见诸报端都比较短小,统称短评。

书评因与阅读、写作密切关联重点介绍一下。

读书享受过程中的乐趣,还享受收获的快活。

读书的结晶、丰厚的收益是每个读书人所期盼的。那么该怎样留住它,不让它随着时间的推移而流失呢?

"最淡的墨水也胜过最浓的记忆。"让读时的感怀、印象、醒悟……鲜活而不褪色,最好的办法是记录下来。记的形式有许多种,读书笔记、读书札记、夜读偶记、读后感……书评是其中的一种。

书评,将自己读书的启示、对书的评价等展示出来与众人交流,带有推荐的意思。

书评亦称书品。书评十分灵活:推荐性,对内容作概要简单的介绍;对书的内容形式等各方面特点作较详尽的评论;对一本书进行学术方面的评价、理论方面的探讨。

书评一方面能对读书的收益锁定,另一方面又练习了写作,将读与写很好地结合起来,是一举两得的事。

书评常见于报章杂志,尤其是一些新出版的书籍,向广大读者推荐的书,书评非常及时,亦有作家学者的书品专辑,供初读者作学习的参考。

近些年网络书评十分活跃,为读者打造了更为便捷的交流平台。网络书评对书籍的反响异常迅速,受人欢迎。网络书评以国际化的大量信息,以它的快捷优于其他形式。

悉尼大学的易丹尼自己开了一家书评网站dannyreriews.com,是网上书评最知名的一家。易丹尼收辑了 900 多篇他写的书评,几乎涉及所有门类的图书,是易丹尼读书生活里的最辉煌部分。他总共花了约十年时间,每周以两三篇书评的速度更新。书评的语言简洁朴素,网上的点击率极高,仅 2002 年页面的点击量就达 340 万。易丹尼评的书大多是 20 世纪出版的,并有定评的书,他的书评概括书的主旨、脉络、特色,有时还给书评级。易丹尼是当代知名的读书人与书评者。

## 推己及人

夏震霏

前不久看到"灯花"栏内一篇论及向上海人问路的文章,颇有同感。其实,我们上海人也要出差,也会陌路问讯。记得一次在北京,大清早叫不到出租车,只能坐公交车,须在一小时内赶到长途汽车站。当我们向一位北京人问路时,他详细指引,先到哪,坐什么车,在哪儿换车,说得明明白白,使我们准时抵站。当时我忆及上海向外地人指路时,有时敷衍了事,不禁自愧不如。

人们生活在社会上,难免互有所求。若能设身处地为他人着想,多行善举,整个社会就能和谐一致,许多矛盾也会迎刃而解。"己所不欲勿施于人""与人方便自己方便",皆不无道理。我们讲社会主义精神文明,更主张"我为人人,人人为我",推己及人,助人为乐。

现在值得注意的是,有些人面对不正之风和人情淡薄之事,深恶痛绝,但临到自己头上,却如法炮制。有人上班坐车受了气,到单位里拿自己的服务对象出气;有人买到伪劣商品后骂声不绝,可他自己经销伪劣商品却又泰然自若。有人把这种现象喻作行业间的"冤冤相报",没完没了。若能推己及人,将心比心,那就不同了。过去曾开展过"假如我是顾客……"之类活动,便是教人将心比心,推己及人。推己及人虽不及"毫不利己、专门利人"那么伟大,但终究是净化社会风气的一帖良药,而且每个人都不难做到,还是很值得提倡的。(1992年3月30日上海《新民晚报》)

设身处地为他人着想——推己及人,多行善举,社会就能和谐一致。这是这篇短评的中心。

可贵的是短评并没停留在道理的表层,接着又引用民谚说明推己及人是讲社会主义精神文明之所需。作者进而剖析了不能推己及人的心态,造成"冤冤相报"的恶果,从反面论证了推己及人的重要。最后将推己及人与"毫不利己,专门利人"作比较,指出推己及人虽然不及"毫不利己,专门利人"那么伟大,但也不失为净化社会风气的一帖良药。说理有一定深度,分寸掌握得很好。确实如此,要求人们都达到绝对无私的境界也是不现实的,如果都能做到推己及人就不错了。

## 直白的思辨(节选)

### 吕 鲜

眼下要是轻易夸一个人老实,那便大有骂其无能的嫌疑。

已经有人开始嘲笑老实人了,已经有老实人开始自嘲了,已经有老实人因不再老实而春风得意了,已经有老实人因仍然老实而受窘。

每个时期有每个时期的道德标准。那么,是我们自己心甘情愿不再老实下去了,还是社会已不需要老实人来维护了,抑或是社会不肯维护老实人了,也许

症结并不在老实人无能,而只在老实人吃亏。(1992 年 11 月 4 日哈尔滨《新晚报》)

三言两语的直白,充满了思辨性。三段中只有最后一段是评。评论是严密的逻辑推理。

前提:每个时期有每个时期的道德标准。

推断:我们现时的道德标准需不需要做老实人了。

这个推断未用肯定句表达而用的是选择疑问句:"是……还是……抑或是……"是个人情愿不做老实人,还是社会不需要?抑或是社会不保护老实人?

结论:一语道破天机,找出问题的症结:并不在老实人无能,而只在老实人吃亏。(针对开头所说老实人无能)

为什么做有道德的、合乎道德标准的老实人会吃亏了?这是否意味着眼下社会整体的道德水平在下滑?

短评严密的逻辑推理是源自清晰的思维。

## 炫耀的年代

文 采

最新的阅读经验告诉我,现在时兴的小说写作仿佛进入了一个"炫耀的年代"。炫耀性别,炫耀美色,炫耀另类姿态,炫耀大胆而直白的欲望,炫耀一切隐私性创伤性的生活经历……想当作家,似乎想象力和创造性已经不必要了,甚至连基本的语言和小说形式训练也可以忽略。

想快速成为畅销作家,需要的只是一张适合广告招贴的面孔和尽可能多的体验混乱精彩的物质生活,去享乐,去受伤,然后赤裸夸张的加以记录就可以了。大胆是最大的法宝。如果还有才能模仿,成为大作家真是很容易的事。

这种小说写作潮流的代表是一批被自己炒作得炙手可热的"另类"作家,炫耀是她们的标记。她们高擎"文学新人类"的旗帜,刻意突出自己的个体经历,取得了商业上的巨大成功。她们在文学全面衰落的时代重新创造了作家拥有少年"追星族"的奇迹,成功地"把写作变成很酷很时髦"的事业。她们在纷纭喧嚣的物质社会为文学青年,特别是长相漂亮的女性文学青年指点了一条成功成名的康庄大道。这些本来都是很不错的,甚至应该博得其他苦苦觅食的写作者们的感激。毕竟在这个以欲望和金钱为中心的消费时代,文学也应有自己的生存策略。但也许是因为她们的成功过于气势逼人,也许是她们所受的盲目无知的毁誉让人心生不满,所以很想解析一下她们。

先是关于"另类"。80年代末、90年代初余华、格非、孙甘露等人写作的先锋小说是另类的,里面有对历史的解构与重写,有对主流意识形态和话语的背叛,有小说叙述形式的实验[可能并不成功],有故意设置的让读者摸不着头脑的一个个陷阱和"迷宫"。这里面有一些对于汉语写作来说称得上"新"的东西。至少表明他们的写作目的更纯粹一些,更文学一些。

另外,"个人化"写作并不仅仅意味着描写个人的"私"事,我想它更重要的是一种写作态度。从这一点来说,她们的作品其实很不"个人化",因为她们对于市场的策略性、目的性太昭著了。她们更希望自己被视为"作家"而非"女作家"。因为作家具备了吸引男性窥视者和女性崇拜者的兴奋点。这种主动与男权社会、消费主义合谋的做法其实是女性意识的大倒退。

如果说她们在刚出道时还带来一些新鲜的生命力,可过分的商业炒作和自我炫耀已经使她们变成了僵硬的招贴。当然,能够成为招贴在这个时代也是一种常人求之不得的福气和幸运。可我想,她们本人和她们的作品所承受的誉与毁、得与罚都显得太过分,与其作品的价值根本不相称。

最后还应是,"让恺撒的归恺撒,让文学的归文学"。(2000年9月3日哈尔滨《新晚报》)

这是一篇文艺评论。文艺评论主要是对作家作品、文艺方面的各种现象作研究与评论,以帮助人们提高文学鉴赏力,也为提高作家的创作水平提供有价值的参考。

写文艺评论应对评论的作品或文艺现象有透彻地认识与研究,需要掌握文艺理论的相关知识。评论者最好既有文学创作方面的理论水平,也有具体的创作经验。这样评起来才得心应手,左右逢源。

《炫耀的年代》评述的是小说的一种倾向:作家自我炒作,作品以"炫耀"为特征,用个人隐私性、伤痛类的经历吸引读者。这些所谓"另类"作家,尚且得到了过分地毁誉,与作品的价值相距太远。

评述很具代表性,代表了相当数量的人对当今时尚小说的看法。作者颇有见地,且笔锋锐利,不乏嘲讽的味道。

作者先解说"另类",举先锋小说作例。虽然在文学解构重写历史,在话语、叙述形式等方面并不被认同,其隐晦、暧昧难以解读,但总还有"新"可论,是写作目的纯粹的文学。之后作者又说明"个人化"写作是一种写作态度而非仅指写"私"事,指出所谓"个人化"写作是为迎合男权社会,投市场所好。

结尾道出了作者对文学创作的主张。"让恺撒的归恺撒,让文学的归文学。"恺撒是古罗马统帅、政治家、作家。后来成为罗马及西方帝王习用的头衔。

这里是否可理解为"权势",一切权势包括商业炒作的及市场经济的。让权势的归于"权势",让文学的归文学。还文学的本来面貌,让文学更纯粹,更朴实些。

## 《读书》的品格(节选)

于 群

《读书》外在形式的藏而不露、收而不展使其命定不能走俏市场。《读书》不轰动,为数众多的文化消费者对其不知所云,但真正的读书人对于《读书》情有独钟。同时,在更深的层面上,《读书》是办给写书人看的杂志。写书人吸纳、获取了《读书》的精髓与给养,输入自己的血脉,再重新参与自身的生命过程与创作过程,从而,给予社会更多的各种形式、各种层面的精神产品。我始终认为,这才是"精品读物"阅读率最恰当的计算方式与评价方式。如今,在心为形役的出版界,《读书》的沉静与扎实已划出一条圆熟与超逸的归途。无限风光只在平易与简单之中。

《读书》没有个性。融汇百家而了无痕迹。它贮积了太多的门类,于是变得没有门类;它汇聚了太多的角度,于是变得没有角度。最重要的是,《读书》既不屑于传统与现代的识别,亦不屑于在两者之间厚此非彼,或巧妙地寻求平衡。它对于客体世界的参悟远胜于对于表现手法的选择。《读书》的多数文章并不具备阅读时的快感,这些作者亦从不以个性为藉口来掩饰自己种种准备的不足,或强加于读者渗水的文字。《读书》从容不迫,常常将文章的赘累有效地降低到零。读其,没有云蒸霞蔚的感觉,滤出的全是思想的晶体。

因为,《读书》的目标读者十分确定。这个族群大抵已对文字游戏失去兴趣,从而进入透视文章的境界。《读书》的定位是博、大、精、深。它涵盖任何个性,静观而宽容。

《读书》的品格是一种既入世又出世的品格。入世越深,参悟的东西越透,愈易生长出世的风骨。因此,《读书》往往在揭示人生、社会、历史、现实深刻冲突与矛盾的同时,又能达成认知上的高度统一,从而拓出一片平缓实在的生命景象。

书评亦称书品。

人有品格,书籍刊物亦有品格。

《读书》的品格正是这篇书评所论及的。

在评介中,作者始终把《读书》和诸种杂志作比较,把《读书》的外在形式的选择与内容的定位放在大的文化市场的背景上来观察,因而具有很强的现实性与针对性。

在商业利益的驱动下,在"心为形役"的出版界,《读书》不用色彩斑斓,光芒熠熠的现代包装去占有走俏市场。它自愿形式单一,外在形式藏而不露,收而不展。不追随大众,不追求轰动效应。

《读书》"包含着独特的文化品位和价值标准","它所创设的权威性、全面性始终高屋建瓴地俯瞰着各门类学术"。它的定位是博大精深。

《读书》是办给写书人看的,为写书人提供给养,以生产出丰富多样的精神产品。《读书》的目标读者"大抵已对文字游戏失去兴趣,从而进入透视文章的境界"。

书评一步步由形式说到内容,说到读者族群,全面地展示了《读书》的品格,并指出这种品格对现今文化市场的意义:"划出一条圆熟与超逸的归途。"浮华过后必趋于淡雅、扎实。无限风光在"平易与简单之中",《读者》的品格正是新时代文化艺术的归途。

完美的文化艺术应是内容与形式的和谐统一。这篇书评之所以极力赞扬《读书》"对客观世界的参悟远胜于对于表现手法的选择",在形式上"全没有现代手法的引入与变革",是因为《读书》的品格贵在它"超越了时下斑驳陆离荒诞不经的文化时尚,超越了内容的陈旧、空泛与形式的现代化、科技化之间的悖谬"。

《读书》以其"思想的晶体"赢得读者的"情有独钟",成为读者"引以自豪的经典"。书评高度评价了《读书》在读者心里的地位。

书评最后归结《读书》的品格是一种既入世又出世的品格,参悟深透,认知高度统一,展示出的即是平缓实在的生命景象,一种超凡脱俗的风范气韵。"对于出书、写书和读书的人应该有一种不能回避的警示",即是《读书》存在的意义。

## 时评,正在成为一种脑残文体(节选)

叶匡政

这类时评来得快,去得也快,等你勉为其难刚想瞅它两眼时,它们却像海潮般退得无影无踪了。于是日子就变成了一个热点接着一个热点,除了留给读者满头的雾水,和一两声百无聊赖的叹息,其实啥也未曾剩下。只是浪费了那些印新闻的好纸,白白地被这类面目可憎的文字糟蹋了一回。好在读者们对这类文字都选择性失明,根本没心思瞧它,所以人们也就任它自生自灭去了。

这类时评还有一个特征,就是味如嚼蜡,不仅语言枯燥,观点亦是人云亦云,只不过张嘴说了点能放在台面上的瞎话。他们似乎学了点屠龙术,拿的却是一把水果刀,逮了几只蜥蜴就以为是真龙了,脸上是露出了不屑的表情,文字中的媚骨却处处可见。他们自以为是思想者或请命者,其实神经比很多网民都要脆弱得多,喉咙也早已丧失了呐喊的功能。他们有点像红颜薄命的林黛玉,腹中明明只有点花谢花飞的忧怨情怀,摆出的却是心系社稷苍生的道学家的谱儿。明明是能够载舟的大江大水,时评家只学会了用它来煮粥。

……

他们非常清楚什么能说,什么不能说;什么当说,什么不当说。他们写作的目的,似乎就是为了让民众忽略那些利益攸关的大事,领着人们忘记那些主流话语中被省略掉的内容。黑夜给了时评家一双黑色的眼睛,他们只用它来翻翻白眼。低头写作是需要勇气的,同样抬头呐喊也要有底气……

一笔好字被电脑废了,一手好文章给时评废了。脑残逻辑……

……

时评,如今成为了一种脑残文体,而且塑造着一种脑残逻辑。读者面前堆满了文字,却依然找不到任何思想的出路。

这是一篇对"评论"的评论,评的对象是时评。

前面一段是短评的切入口:时评将不值得一提的"芝麻点"大的新闻及"荒诞不经的话题"选来评论,且引起"蝴蝶效应""媒体到处都在唠叨"立马成了"社会热点"。

是些什么事被时评盯上了呢?笔者举了例子:该不该给老师送礼物(仿佛是说教师节),宋丹丹上不上今年春节晚会。

时评这一文体没毛病,是"时评家"没正确地运用发挥它应发挥的作用,体现它应具有的价值。

这篇短评观点鲜明、义正辞严地指出了当前某些见诸报端的被媒体"热销"的评论的弊病。笔锋犀利,文字冷讽热嘲痛快淋漓。

评论先剖析这类时评的特征:来去匆匆,给读者留下的只有满头雾水(找不到"思想的出路")和百无聊赖的叹息(时评的尽是鸡毛蒜皮毫无价值可言,自然是无聊的)。读者最后选择"失明"(与"失语"同列,不瞧),"任它自生自灭"。

短评接着剖析这类时评的特征:观点陈腐、语言枯燥、技法笨拙——"杀鸡焉用宰牛刀",屠龙怎用水果刀,原来是以"思想者"或"请命者"自诩,摆出"道学家的谱儿",文字里却只见"媚骨",神经脆弱,丧失了呐喊的功能。

短评学习鲁迅痛打落水狗的精神,不依不饶,穷追猛打,一针见血地揭示出这类时评家的本质,指明他们如此作为的目的。"翻白眼"——不正视现实,引导人们集体失忆,忘记忽略利益攸关的大事。

最后,文字感情已溢出纸面,向伪时评者大声疾呼:写作需要能力;呐喊要有底气。篇末有力地推出题义"时评正成为一种脑残文体",并且言明后果:脑残文体将颠覆正常的逻辑推理、塑造出一种脑残逻辑。

优秀的议论文字应是清醒的、理智的,处处闪烁着理性的光辉。短评的写法灵活多样,可以严肃地正面议论,摆事实讲道理,也可以对谬误进行抨击,语言带有讥讽嘲弄,甚至是戏谑……都不必苛求。

这篇短评说理透彻、层层深入,结构尚属严紧。语言诙谐幽默,一些句子似乎有些不恭,如用载舟的大江大水煮粥,黑色的眼睛只用来翻翻白眼,但是在当今盛产玩世不恭戏嬉语言的语境下,也无可厚非。

# 儿童题材的小说

儿童题材小说属于儿童文学。儿童题材的诗歌、戏剧、寓言、童话、科幻、魔幻等也隶属于儿童文学。这里谈的小说是以儿童现实生活为题材，它不同于童话性质或科幻、魔幻性质的小说。

儿童文学作品以反映少年儿童生活为内容、接受主体主要是少年儿童，他们的年龄特征及其审美需求应该是儿童文学创作要考虑到的。

郭沫若认为儿童文学是"儿童本位的文学"，是"儿童心理因素的文学"。

写儿童题材的小说，首要的是要了解儿童、深入了解儿童的生活状态，包括游戏、交友、学习与家人或他人的关系……要潜入儿童的世界，了解他们想的、做的、想要做的，掌握他们的心理，了解儿童的各种生活体验、情感体验……要透澈地了解儿童也并不是件容易的事。

"儿童像一汪水，一眼看到底。"

说儿童单纯、幼稚、不伪装、不掩饰容易被了解，也对。但实际情况：儿童的千差万别的个性特征，儿童如湖水般深奥的内心也不一定都浮在水面、表露在外。如果不是与儿童有相当亲密的接触，要真正了解他们也不是一件轻而易举的事。

儿童有儿童的生存状况，未成年人一般受大人监护着，没有完全的独立自主权，受许多限制、干预，他们没有全部的自由（因各自家庭不同，自由的程度有不同），做事有一定的隐蔽性。假设儿童有朋友，他们活动在自己的圈内更畅快、自由，因之儿童的群体、儿童的世界有许多不为人知的秘密，孩子们固守着这些秘密，如同常人守护自己的财富。孩童的世界是一座水晶迷宫，透明却不可揣测。

儿童天真善良、富有同情心，愿意接近一切肯于与他们接近的人。儿童具有与生俱来的正义感，如果他们认为值得，便会产生很大的勇气，去做他们认为该作的事而不考虑后果。

儿童幼小的心灵有着浓浓的情，他们的感情温馨而弥久、偏执而强烈。他们并不如大人们所见那样无忧无虑，每个孩子心中都曾卷起过风暴，有过莫名的孤寂与惆怅，也有解不开的情结长久地磨难着他们。

在大人的眼里，孩子弱小而笨拙、不会做的事太多，犯错闯祸是常事，但孩子们的聪明睿智也是大人始料不及的。只消看看他们自得其乐的游戏，看看他们别出心裁的调皮的恶作剧，看看他们小手做出的精巧的"私人订制"，听听他们天马行空的想法、出的绝妙的点子……就会明白原来孩子竟这样"了不起"。

少年儿童的纯真、善良、正义、勇气,充满对美好事物的向往,人性中许多不曾被磨光消损的宝贵品格,真的让人惊讶,让老于世故的成人汗颜。

儿童文学的创作者们,为孩子们写作是否既有趣味又艰辛呢?

成功地刻画出一个孩子、真实地映现出孩子的心理,与塑造出一个英雄同等辉煌。

推荐两部小说:现代儿童题材的小说。

罗曼·加里的自传体小说:《童年的许诺》。

乔斯坦·贾德的哲理小说:《苏菲的世界》。

## 绝　　望

我的一位当工程师的朋友看见一个可怕的情景——一个小男孩在院子里的汽车上捉到一只鸽子,他用剪刀把它的爪子剪掉了。鸽子在地上拼命挣扎,想要飞起来。它的头、翅膀和全身都在无力地抖动着,在柏油路面上留下一道道血痕和一些灰色的羽毛。

小男孩就像在做着极其重要的实验似的,皱着眉头,十分平静而专注地观察着这只鸽子。工程师向他奔了过去,夺下他手中的剪刀,他无法理解男孩的行为,愤怒地嚷道:"你这是在干什么呀?干嘛要把鸽子……"小男孩吓坏了,他轻声说:"没有脚它就不飞了。""你爸爸妈妈在哪儿?喂!告诉我,你住在什么地方?"他使劲抓住小男孩的肩膀,孩子弯着腰,发白的嘴唇哆嗦着,快要哭出来了。

他终于把工程师带到家中。房里只有他父亲一个人,他穿着一件洗得褪了色的睡衣,长得虚胖,满脸的胡子只是胡乱地刮了一下,当他从厨房的桌旁摇摇晃晃地站起来的时候,一只假腿咯吱咯吱直响。他听完了工程师的话,拳头往桌子上使劲一捶。"你来干嘛?"他像一个掉进了深坑里的酒鬼似的,绝望地大吼了一声,"他是砍下了你的脚还是怎么的?"(允·邦达列夫,俄罗斯)

这是一篇小小说,篇幅虽短,却十分动人。小说中出现的三个人物性格都鲜明突出。工程师看到的可怕情景让人迷惑不解:本该喜爱鸽子的小男孩为什么残酷地去剪鸽子爪?待到工程师见到小男孩的瘸腿的父亲绝望的样子,问题才得到了答案:原来男孩要作个实验,看看剪断爪子的鸽子能不能飞起来。

和父亲的绝望相对照的是小男孩的希望。显然小男孩不屈服命运:"没有脚它就不飞了。"这轻声的话语仿佛是在对他的父亲说:没有腿你就不前进了?对父亲的挚爱、痛惜、忧虑和希望,这就是小男孩的全部内心活动。他热切地盼望父亲的生命出现奇迹,盼望父亲能振作起来。一颗童稚的令人心颤的心灵。

小说对鸽子凄惨的状态及小男孩平静、专注的神态的描写逼真生动,使小说悬念迭生,又为后面的结局埋下了伏线。

这是一篇构思精巧的小说。

俄罗斯文学中有许多优秀的儿童文学作品,都极其成功地塑造了少年儿童的形象,个性鲜明、活泼可爱的天性与种种动人的经历交织成一曲又一曲儿童的歌,一幕又一幕儿童的人间悲喜剧,感人至深。

俄罗斯是一个十分重视少年儿童教育的颇有远见卓识的民族,在俄罗斯文学宝库中儿童文学有一席之地。

高尔基的《童年》,契诃夫的儿童短篇,艾特玛托夫的《白轮船》,以及《铁木儿及其伙伴》、《卓娅与舒拉的故事》等作品都深受少年儿童以及成人的喜爱。

俄罗斯儿童文学的共同特征是对儿童心理的开掘很深,恰到好处地表现了儿童的年龄特征,而并非表现成人心目中的儿童"想当然""理应如此"的儿童,因而称得上是真正的儿童文学。

俄罗斯文学的伟大之处也正是在于它很好地表现了人性,成人也好,儿童也好,他们均是现实生活中有血有肉的实实在在的人。读之,不能不为之怦然心动。

## 《城南旧事》(原文省略)

**作者简介:**

林海音,原名林含英。原籍台湾苗栗。1918年3月18日生于日本大阪,后返台湾。日本入侵后举家迁居北京,在北京长大。1948年8月回台湾,任国语日报编辑,曾任《世界日报》记者,1953年开始创作,主《联合报》副刊,1967年创立"纯文学出版社",鼓励年青作家进行文学创作。

林海音,写了大量的散文与小说。代表作品有《城南旧事》《冬青树》《绿藻与咸蛋》《晓云》《婚姻的故事》《金鲤鱼的百褶裙》《我的京味回忆录》《写在风中》《春声已远》《芸窗夜读》《剪影话文坛》等。

林海音是20世纪享有盛誉的中国女作家,台湾文学的亮丽的一道风景。小说《城南旧事》曾拍成电影,由沈洁、郑振瑶主演,深受观众喜爱。关于《城南旧事》写作的起因,林海音说:"北平是我住了四分之一世纪的地方,读书,做事,结婚都在那儿,度过的金色年代,可以和故宫的琉璃瓦互映,因此我的文章自然离不开北平。我是多么想念童年住在城南的那些景色和人物啊!我对自己说,把它们写下来吧,让实际的童年过去,心灵的童年永存下来。就这样,我写了一本《城南旧事》。"

**故事梗概:**

《城南旧事》由序篇"冬阳童年骆驼队"和"惠安馆""我们看海去""兰姨娘""驴打滚儿""爸爸的花儿落了"五个部分串连起来的童年往事的回忆。

英子跟随父母从遥远的一个海岛来到古城北京。在英子家的胡同里,有一个大学生曾居住过的惠安馆。英子与惠安馆的疯女秀贞相识了,疯女把自己的事讲给英子听。原来秀贞和一个大学生相爱并生了一个女儿,大学生走了,女儿小桂子被遗弃在城门下,从此秀贞便患了疯病。英子同情喜欢疯女,当她发现她的小女伴妞儿就是秀贞的小桂子时,就毫不迟疑地帮助她们母女团聚。疯女携女儿出奔双双被火车撞死,英子在雨中与妞儿及疯女别离时晕倒。

病好后英子随全家搬到了新帘子胡同。她十分喜欢读课文《我们看海去》。一次英子在空房子旁找皮球偶然发现了小偷藏在草丛中的东西,从而结识了与她攀谈的"小偷"。谈话中得知,贼人是为了供自己的兄弟读书迫不得已而为之。后又在毕业典礼上见到了学业优秀的弟弟及供养兄弟的哥哥,英子觉得小偷不是坏人,于是两人成了朋友,还相约要看海去。英子在无意间让探子看见了草地上拾到的铜佛,泄露了小偷的秘密,小偷被抓住,捆绑着在她家经过时,英子难过极了,她又失去了一个朋友。

英子家里来了个风尘女子兰姨娘,花俏又活泼,招人喜欢。英子从中看出"门道"了,自己作牵线人把兰姨娘和德先叔撮合到一起,宽了妈妈的心,可又觉得对不住爸爸。当他们的马车离开时,英子心里不知是什么滋味。

宋妈在英子家做奶妈已四年,她人厚道勤快,英子姐弟兄妹们都舍不得她离开。一天,长得像驴脸模样的黄板牙——宋妈的丈夫给宋妈带来了伤心的消息:宋妈的儿子已淹死一年了,女儿小丫头早就送人了。为了寻找女儿的下落,宋妈跑遍了北京城的马车行……最后只好骑着毛驴回乡下去了。院子里,驴打滚留下了一堆粪球。

英子小学毕业了,在毕业典礼上她将代表同学领毕业证书和致谢词。可是爸爸倒在医院里不能参加。英子想起爸爸的教诲:无论什么困难的事,只要硬着头皮去做,就闯过去了。待到英子回到家,爸爸的花儿落了——英子急忙奔向医院。英子不再是小孩子了。

**作品评析：**

  这是一篇中篇小说。展开书页，当年的京城风韵，往事烟云即在眼前：古老的城墙，叮当的驼铃，小巷的叫卖，四合院内的花木……在浓厚的乡土气息的背景前出现一双水盈盈的大眼睛，用童稚的好奇的目光注视着她身边发生的一切。

  中篇小说巧妙地剪裁了几段记忆深刻的事件、真实的生活情景，组合了一幅特定时代的生活画卷，写出了人类命运共同的东西，成功地塑造了一个聪明伶俐机智善良的女孩的形象。

  英子是小说的小主人，用她独特的视角去看世上的人物事情，因为她有自己的思维活动，全然不同于大人的理解问题的方式。

  在开篇的序言中对驼铃的理解，父亲说铃铛是人类对骆驼的一种保护，防备狼的伤害，英子说铃当可以为漫长的寂寞的行程增加情趣。

  "我的幼稚的心灵中却充满了和大人不同的想法。"英子的"自白"贯穿在小说的故事中，成了情节内在的线索。

  成人看来需要躲避的疯女，英子却觉得可亲可爱，她喜欢和秀贞在一起。大人们幸灾乐祸地议论贼子被抓，英子觉得她供弟弟上学不得已所为，为人又和善也是她的神秘的大朋友。兰姨娘带领英子到城南游艺园，又让英子家庭气氛活跃，让英子满心喜欢，并不在意她是否烟花女子。在替妈妈抱不平之后又觉得爸爸寂寞的身影可怜，孩子的想法不只与大人不同，还充满了解不开的情结。

  "你们又常常说，哪个是疯子，哪个是骗子，哪个是贼子，我根本分不清。"就像分不清蓝天与大海一样，英子幼稚的心里充满了困惑与迷茫。她只凭自己感觉去判断，依着自己善良的天性去行事。

  英子同情疯女秀贞，同情自己的小伙伴妞儿，她带病领妞儿去与她妈妈秀贞团聚，并把自己的手表与从妈妈首饰匣里拿到的金手镯送给秀贞母女……英子的友爱之情与援助别人的勇气足以撼动任何一颗自私的灵魂。英子的感情世界亦是很丰富与微妙的，不管是朋友还是亲人，有时还伴有无名的恐惧，恐惧与朋友分离："我很怕离别，将来会像那次离别疯子那样的和她离别吗？"英子在小偷出没的草地上暗自落泪。伤别离是"城南旧事"的又一主线。小说在描写英子带病送别秀贞与妞儿时的场景十分动人：

  出了椿树胡同口，我追不上她们了，手扶着墙，轻轻的喊："秀贞！秀贞！妞儿！妞儿！"

远远的有一辆洋车过来了，车旁暗黄的小灯照着秀贞和妞儿的影子，她俩不顾我，还在往前跑。秀贞听到我喊，回过头来说："英子，回家吧，我们到了就给你来信，回家吧！"

声音越细越小越远了，洋车过去，那一大一小的影儿又蒙在黑夜里。我趴着墙，支持着不让自己倒下去，雨水从人家的房檐直落到我头上、脸上、身上，我还哑着嗓子喊："妞儿！妞儿！"

我又冷，又怕，又舍不得，我哭了。

这时洋车从我身旁过去，我听车篷里有人在喊：

"英子？是咱们的英子，英子……"

啊！是妈妈的声音！我哭喊着：

"妈啊！妈啊！"

我一点力气也没有了，我倒了下去。倒下去，就什么都不知道了。

英子冒着雨淋送别秀贞与妞儿的情景委实让人辛酸。谁都清楚它的后果，一个疯女连自己的恋人的住址去向都不清楚却要领刚刚认来的女儿去寻找孩子的父亲，更不必说她神智都不清醒，哪里有能力去完成这个使命呢？作者写"暗黄的灯光照着她们母女的身影"，之后"一大一小的身影又蒙在黑夜里……"已暗示了故事的悲惨结局。但英子与妞儿却不然，她俩都满怀希望与憧憬，英子认为帮妞儿找到了亲妈，秀贞找到了失去六年的小桂子，除了离别她们团聚该多美满；妞儿虽然认陌生女人为妈妈有点胆怯，但找到了亲妈有了依靠，对幸福的家庭也充满憧憬，所以痛痛快快地跟秀贞出奔——这就是孩子的世界，她们幼稚的心里尚无疯子的概念，出于童心的一连串的行为只在孩子中进行，他们单独与疯人打交道就不能不或大或小的遭到伤害。儿童的独特的视角与不为大人了解的秘密导致的后果充满惊险，如宋妈所说："唉！真是越想越怕人……"

这里小说对儿童心理的探索与表现是恰到好处的，是成功之笔。

离别的愁绪笼罩着小说的人物。在后面的故事中，英子的大朋友，大人称其为"贼子"，被逮住而离别，英子喜爱的兰姨娘跟德先生坐马车去了，连英子一家时刻离不开的奶妈宋妈也因失去儿子与女儿悲伤地回乡了，最后慈爱的爸爸也病逝了……英子在京的童年所拥有的太多太多离她而去，淡淡的哀伤伴着缠绵的相思深深地刻在英子童年的记忆里。

在毕业典礼上唱的歌《送别》（李叔同词，[美]P·奥特威曲）刚好表达了小说的情感线索，成为了《城南旧事》的主题曲："长亭外，古道边，芳草碧连天，晚风拂柳笛声残，夕阳山外山。天之涯，地之角，知交半零落。一觚浊酒尽余欢，今宵别梦寒。"

儿童的情感纯朴真挚未沾染半点功利色彩,它会持续很久地占据着稚嫩的心灵,那是人类宝贵的幼芽!人们呀,该如何保护它们,滋润它们,让其茁壮成长为参天大树呢!

## 《木偶戏子波勒》(节选)

**作者简介:**

特奥多尔·施笃姆(1817—1888),德国 19 世纪的小说家,是中国五四以来最受喜爱、最有影响的外国作家之一。

1840—1890 是德国文学史上所谓诗意现实主义时期。施笃姆是诗意现实主义的一位杰出代表。他以写抒情诗开始其创作,1853 年出版《诗集》,然而施笃姆一生的主要建树仍在中短篇小说的创作。著名作品有《茵梦湖》《白马骑者》。《木偶戏子波勒》收在小说集《茵梦湖》中。

《茵梦湖》在中国大陆及港台的译本达 22 种,译者有郭沫若、巴金、梁遇春等大名鼎鼎的作家。

施笃姆的小说诗意很浓,语言朴素优美,写景状物自然生动,他尤其善于以景物烘托气氛,创造意境,常常能做到情景交融、以景寄情。

感情是文学作品的生命,施笃姆的成功之作无不写得情真意切,感人肺腑,催人泪下。

中国的几位前辈作家都给予施笃姆很高的评价。郁达夫称施笃姆为"一流不朽作家";唐性天赞施笃姆的文笔"简练老当,并没有刻意求工的气味,却是描写情景栩栩如生,真到了自然绝妙的境界";巴金称赞施笃姆小说文笔清丽,结构简朴,感情纯真,说它们可以安慰"劳瘁的心灵"。

**前面的故事梗概:**

一辆载着两口大箱的木偶戏架子车的来临,足以引起小城镇的男孩小保罗的兴趣了。

当小保罗大胆地与木偶艺人的小女孩丽赛搭讪时,他俩便结识了。保罗帮助丽赛在自家父亲开的店里不花分文地弄到了给木偶作饰装的布头;丽赛呢,从她父亲那里给保罗要到了免费的头等座位的戏票:就这样,保罗与丽赛两个孩子的友谊开始了。

一次演出前,保罗在丽赛的帮助下偷偷地溜达到后台去看那些表演得神灵活现的木偶。保罗忘记了丽赛的告诫,竟去操作起木偶来,结果把表演最精彩最叫座的小丑木偶卡斯佩尔的胳膊弄断了,卡斯佩尔在演出时胳膊失灵了。为逃避小丽赛将受的责罚,两个孩子在阴冷的夜晚躺在后台的一个装木偶用的箱子里竟睡着了……当他们被发现时,两家父母原谅了他们的过错,从此保罗与丽赛的友谊日加深厚。保罗的母亲给丽赛改制一件暖和大衣,小丽赛在旁边帮着做了小活计,保罗就在一边给朋友谈《儿童之友》,两颗幼小的心紧紧地贴在了一起。

　　享受着真挚的友情带给他们的无穷的快乐。整个故事是用第一人称写的,接下来的情节:

　　然而生活里的任何事情都有个期限。滕德勒一家的全部剧目已经演完,打靶场的木偶戏台拆掉了,他们又做好了继续上路的准备。

　　于是,在十月里一个刮大风的午后,我就站在城外的一处高高的土丘上,目光哀戚地一会儿瞅瞅那向东通往一片荒凉旷野的宽阔的砂石路,一会儿充满期待地回首张望,瞧瞧那在低洼地中烟笼雾罩着的城市。瞧着瞧着,一辆小小的敞篷车就驶过来了,车上放着两口高高的箱子,车辕前套着一匹活泼的棕色小马。这次滕德勒先生坐在前面的一块木板上,他身后是穿着暖和的新大衣的丽赛,丽赛旁边是她母亲。——我在客栈门前已经和他们告过别,可随后我又赶在前面跑到了城外,以便再看看他们所有的人,并且已经得到父亲同意,准备把那本魏森的《儿童之友》送给丽赛作为留念。此外,我还用自己节省下来的零花钱为她买了一包饼干。

　　"等等,等等!"我高叫着冲下土丘。

　　滕德勒先生拽住缰绳,那棕色小马便站住了。我把自己小小的礼品给丽赛递到车上去,她把它们放到了旁边的座位上。可是,当我与她一句话也说不出来地把四只手紧紧握在一起的一刹那,我们两个可怜的孩子便哇的一声哭出来了。这当口滕德勒先生却猛一挥鞭。

　　"别了,孩子! 要乖乖儿的,代我感谢你的爸爸妈妈!"

　　"再见! 再见!"丽赛大声喊着。小马开始迈步,它脖子底下的铃儿又丁当丁当响了起来。我感觉到她的小手从我手里滑出去了。就这样,他们又继续漂泊,在那广阔而遥远的世界上。

　　我重新爬上路旁的高丘,目不转睛地遥望着在滚滚尘土中驶去的小车。铃儿的丁当声越来越弱。有一会儿,我还看见在木箱中间有一块白色的头巾在飘动。最后,一切都渐渐消失在灰色的秋雾中。这当儿,一种像是死的恐怖似的感觉突然压在我心上,你再也见不到她啦,再也见不到!

"丽赛!丽赛!"我大声喊叫起来。

可是毫无用处,也许是由于转弯的缘故吧,那个在雾气中浮动的小黑点完全从我视线中消失了,这时我便疯了似的,顺着大路拼命追去。狂风刮掉了我头上的帽子,靴统里也灌满了沙,我跑啊跑啊,可是能见到的只有一棵树也不生的荒凉的旷野,以及罩在旷野上的阴冷的灰蒙蒙的天空。

薄暮时分,当我终于回到家里时,我的感觉是城里的人仿佛已全部死绝。这,就是我平生所尝到的第一次离别的滋味儿。

此后的一些年,每当秋天又来到,每当候鸟又飞过我们城市的花园上空,每当对面的裁缝旅店跟前的那些菩提树又开始飘下黄叶,这时节我便会常常坐在我家门外的长凳上,心里想着,那辆由棕色小马拉着的敞篷车终于又会像当初一样,顺着大街,丁零丁零地从下边爬上来了吧。

然而我白白地等待,丽赛她没有回来。

**后面的故事梗概:**

十二年过去了,保罗已长大,学成一名技艺颇为精湛的技师。经历了三年漫游后,在一个城市的富人家作工。奇迹出现了,保罗偶然遇见了丽赛,丽赛的母亲已死去,丽赛与父亲又身处困境,保罗挺身而出解救了他们父女。童年的友谊在十二年后终于发展成恋情。保罗在当时能突破传统观念的束缚,以一个有根基的手工业者的身份娶了木偶艺人的女儿作妻子,全源于他们童年的珍贵的友情。他俩双双地回到了家乡——当年的小镇,重振家业,过上了幸福美满的生活。因为保罗帮助岳父,老木偶艺人在家乡又上演了一次木偶戏,轰动一时,由此得了个外号——木偶戏子波勒,受到镇上一些人的歧视。但好人终归会受到敬重的,保罗这个精通技艺的机械师受到了众人的爱戴,当上了当地的市民代表。故事以美好的结局结束了。

**作品评析:**

在节选的离别场面的描写为我们展现了一系列的特写镜头,将儿童的依依别情表现得淋漓尽致。

高高的土丘上的小男孩哀戚的目光期待的张望;男孩与女孩的四只手紧紧握在一起放声大哭,狂风中男孩发疯似的拼命地追赶……小保罗与丽赛此时在情感上所经历的滋味是什么?双方的依恋、难舍难分、分离的悲痛到保罗感觉永别的恐怖——因为他们是孩子,弱小而又无力,常常会害怕,而当保罗的心里想到再也见不到丽赛时产生的是像死一样的恐怖。于是他大声喊叫,不顾一切地发疯似的追去,可以想见保罗经历的情感之强烈,如卷起了十二级风暴。当他终于绝望的疲惫的回到家里时,让他感觉城里寂寞得仿佛人都死绝。

一个孩子的情感竟这样猛烈,幼小的心灵竟装下如此深厚的情谊,哪一个读者能不为之动容,为之震撼。

分离场面的景物描写对小主人的心情起了很好的烘托作用。面前的荒凉旷野、灰色的秋雾、狂风沙石、阴冷的灰蒙蒙的天空,增加离别的凄凉忧伤。

施笃姆笔下的儿童有血有肉,有情有义。他们活泼好动,追求新奇与美丽,有着丰富内心活动,有着善良天性,他们的生活充满了童趣,令人怜惜,叫人喜爱。

## 《家庭女教师》(节选)

**作者简介:**

茨威格,奥地利作家。

在19世纪与20世纪交替时期,奥地利文学进入了一个前所未有的鼎盛时代。维也纳作为奥地利文化生活的中心,它的丰富多彩的生活和浓厚的文化氛围赋予了作家以创作激情。茨威格就是在这个时代的文学氛围中走上文坛的。

1881年11月28日,斯·茨威格出生于维也纳。父亲是犹太人,经营一家纺织厂,母亲出身于一个犹太银行世家。优裕的家庭使茨威格受到了良好的教育,培养出他对文学艺术的爱好。还是中学时,他就经常出入在维也纳文学艺术活动扮演重要角色的咖啡馆,结识了许多青年人敬仰的作家。这时的茨威格的审美情趣、文字表达力远远超出了业余文艺爱好者的水平。17岁时茨威格发表了他的第一首诗,到进大学时已发表近200首之多。

在柏林大学就读时,茨威格有了更多的时间从事他喜爱的文学活动。1902年发表了他的第一篇小说《出游》,出版了他翻译的波特莱尔诗文集,1904年取得博士学位。

两次世界大战之间,茨威格创作了大量中篇小说和一部长篇,并完成了一组题为《世界建筑师》分为三部的作家传记。1938年纳粹德国吞并了奥地利,翌年二战爆发。茨威格的精神与肉体受到了双重摧残,他的作品被掷入火堆,茨威格不断地受到迫害,被迫在欧洲各地逃亡,先在英国居住,后去法国、美国和拉丁美洲演讲旅行。1941年去巴西定居,完成了他的最后一篇小说《象棋的故事》和自传《昨日的世界》。1942 年 2 月 22 日他与妻子一道自杀于寓所,年仅 60 岁。

在茨威格的小说里有四篇儿童国度里的故事:《夜色朦胧》《家庭女教师》、《灼人的秘密》和《夏天的故事》,引起了文坛的注目。他以绚丽多彩的笔触描绘了儿童的心理及处在青春萌发期的儿童的心态。茨威格是比弗洛伊德(1856—1939)稍晚一些的同代人,在心理描写方面受弗洛伊德的影响,如罗曼·罗兰所说,他是一个"灵魂的猎者",热衷于描述和探索人的感情的轨迹和精神活动。但茨威格并未局限于弗洛伊德的精神分析学说,他的犀利的目光投向了现实,凭着作家的良知和道义感,写出了许多具有强烈时代气息的作品,揭示了特定社会中人物的活动与命运。

茨威格的作品被译成了 50 多种文字,成为世界文学中的瑰宝。

**前面的故事梗概:**

十二三岁的姐妹俩发现她们的女教师在自己房内暗自哭泣,她们推想家庭女教师是在与堂兄奥托恋爱。在她们看来恋爱是挺美妙的,干吗哭?这个秘密让姐妹俩坐卧不安,她们默默地观察,偷偷地探听。她们同情"小姐",深爱着她们的家庭女教师。当姐姐探听到"小姐"与奥托的秘密谈话后惶惑不已:"小姐"说有了奥托的一个孩子是怎么回事,依她们幼稚的心儿怎么也不明白,孩子在哪儿,而奥托怎么还说不知道?姐妹俩愈发怜悯她们的"小姐",为她的悲伤而悲伤,也愈发想弄清这个折磨她们的心灵的秘密。

**下面的情节:**

第二天吃饭的时候,她们听到了一个突如其来的消息:奥托要离开她们家了。他跟他叔叔说,马上就要考试了。他得加紧复习,在这儿干扰太多。他准备到别处去租间房子住一两个月,到考完再回来。

两个女孩一听到这话,激动得要死。她们感到,这事和昨天的谈话之间有着一种秘密的联系。凭着她们敏锐起来的本能,她们感到这是一种懦怯行径,是一种逃跑行为。当奥托向她们告别的时候,她们态度粗暴,转过身去不理他。但是,等他站在小姐面前的时候,她俩又斜着眼睛偷看。小姐的嘴唇微微抽搐,可是她安详地把手伸给他,一句话也不说。

这几天两个孩子完全变了样子。她们不玩、不笑,眼睛失去了活泼开朗、无忧无虑的光彩。她们心里又不安又不踏实,对周围所有的人都极端地不信任。她们不再相信别人跟她们说的话,在每句话里都闻出谎言和计谋的味道。她们成天东张西望到处偷听,窥探别人的一举一动,注意人家脸上肌肉的抽动、说话语气的变化。她们像影子似的跟在别人背后,耳朵贴在房门口,偷听别人说话。她们拼命想从自己的肩膀上摆脱这些秘密织成的黑暗的罗网,或者至少透过一个网眼向现实世界投去一瞥。那种孩子气的信念,高高兴兴、无忧无虑的盲目性已经从她们身上脱落。然后,她们从郁闷的空气预感到山雨欲来,生怕错过了这个瞬间。自从她们知道,身边尽是谎言,她们也就变得坚韧而有心计,甚至变得诡诈起来,善于说谎。

在父母面前,她们假装天真烂漫,稚气十足,一转身就突然变得伶俐机警。她们的性格大变,变得神经过敏、焦躁不安。她们的眼睛原来具有一种柔和而宁静的光芒,现在燃烧得极为炽烈,眼神也变得更加深沉。她们在不断的侦查窥探的过程中孤立无援,结果她们彼此相爱得更为深切。有时候她们感到自己实在天真无知,强烈渴望得到柔情抚爱,会突然间互相热烈地拥抱起来,或者突然泪如雨下。看上去似乎无缘无故,她们的生活一下子变成了一种危机。

许多屈辱她们直到现在才有所体会,当中有一种她们感受得最为深切。她们不声不响,一句话也不说,心里暗暗打定主意,小姐是这样地悲伤,应当尽可能使她心里高兴。她们勤勉而又仔细地做着作业,互相帮助。她们安安静静,不发一句怨言。小姐想要什么,她们总预先办到。可是这一切小姐一点也没注意,这使她们非常难过。在最近一个时期,小姐完全变了样子。有时候,一个女孩子跟她说话,她就一哆嗦,好像从睡梦中惊醒。她的目光也总要先彷徨片刻,才从远方慢慢地收回来。她常常一连坐上几个小时,呆呆地望着前方出神。于是女孩子们就踮起脚尖走来走去,免得惊扰了她。她们朦朦胧胧地、极为神秘地感觉到,现在她正在想念她那在远方什么地方的孩子呢。出自她们日益觉醒的女性的柔情,她们越来越爱她们的小姐,她现在变得这么温柔、这么可爱。她原来的那种生气勃勃、热情奔放的步伐现在变得更加沉着稳重,她的动作也变得更加谨慎小心。孩子们从这一切变化感觉到一种隐蔽的悲哀。她们从来没有看见她哭过,可是她的眼圈常常是红红的。她们发现,小姐想要在她们面前掩盖她的痛苦。可她们没法帮她的忙,她们简直感到绝望了。

有一次,小姐把脸转向窗口,用手绢去擦眼睛,妹妹突然鼓起勇气,轻轻地握住她的手说道:"小姐,您最近总是这么伤心,该不是我们惹您生气吧,您说呢?"

小姐深受感动地望着她,轻轻抚摸她的柔发。"不,孩子们,不是你们,"她说道,"绝对不是你们。"她温柔地吻了吻孩子的额头。

她俩窥探着,观察着,在她们目光所及的地方发生的事情,她们一点也不放过。这几天,两姐妹中的一个有一次进屋的时候,突然听到了一句话。仅仅就是一句话,因为父母亲马上住口不说了。可是现在每一句话都可以在她们心里引起上千个猜想。"我也觉得有些异样,"妈妈说道,"我要把她找来盘问一番。"小女孩起先以为这是说的她自己,吓得胆战心惊,跑去找姐姐商量求援。可是到吃午饭的时候,她们发现,她们父母亲的目光一直盯在小姐的那张漫不经心的、迷惘恍惚的脸上,然后互相交换眼色。

吃完饭,母亲随口对小姐说了句:"请您待会儿到我屋里来一趟,我要跟您谈谈。"小姐微微地低下了头。孩子们浑身猛烈哆嗦起来,她们感到,现在要发生什么事情了。

等小姐一进她们母亲的房门,她们就马上扑了过去。把耳朵贴在门上,把各个角落搜查一遍,偷听,窥探,对于她们来说已经成了自然而然的事了。她们根本不再感到这样做有什么丑恶,有什么丢人,她们一心只想探听到人家瞒着她们的一切秘密。

她们侧耳倾听,可是只听见喊喊喳喳的一片轻声耳语,她们的身体神经质地不住颤抖,她们生怕什么话都听不见。

屋里有个声音越来越大。这是她们母亲的声音。听上去,恶狠狠的,像吵架似的。

"您以为大家都是瞎子,这种事情都没觉察到?凭您这样的思想和品德,您是怎样在尽您的本份的,我可以想象得出。我竟然委托这样一个人去教育我的孩子,教育我的女儿,天晓得您是怎样忽视她们的教养来着……"

小姐好像回答了一句什么。可是她说得声音太轻,孩子们都没听清。

"花言巧语.尽是借口!每个轻佻的女人都有自己的借口。随便碰上个男人就跟了,别的什么也不想。余下的事反正有仁慈的上帝来料理。这样的人还想当女教师,还想去教育人家的女儿,简直是无耻!您总不致于认为,在您目前的情况下,我还会留您继续待在我们家里吧?"

孩子们在门外偷听,一阵阵寒噤透过她们全身。这番话她们一点也不明白,但是听到她们的母亲这样怒气冲冲地讲话,而小姐唯一的回答却是一阵猛烈的低声抽泣,她们感到害怕。孩子们的眼里涌出了泪水。可是她们的母亲似乎火气更大了。

"您现在大概只有哭天抹泪这一招了!但是不会使我心软的。对于这种人我绝不同情。您现在怎么办,跟我丝毫无关。您该去找谁,您自己心里明白。这事我问也不问您。我只知道一个人下作到玩忽职守的地步,我是不能容忍的,她在我家里一天也不能多待。"

回答的只是抽泣,绝望的、伤心透顶的抽泣。这呜呜咽咽的抽泣像寒热病似的使门外的孩子浑身打颤。她们有生以来也没有听见人家这样哭过。她们模模糊糊地感觉到,哭得这样伤心的人是不会有过错的。她们的母亲这会儿不吭声,等待着。末了她突然粗暴地说道:"好吧,我想跟您说的就是这些。今天把东西收拾一下,明天早上来拿您的工钱,再见!"

孩子们一下子从门口跳开,逃进自己的屋里。这是怎么回事?她们觉得这简直是个晴天霹雳。她们脸色苍白、浑身颤抖地站在那儿。她们第一次不知怎地感觉到了现实生活的真实情况,第一次敢于对自己的父母感到一种类似愤懑的情绪。

"妈妈这样跟她说话,太卑鄙了。"姐姐咬着嘴唇说道。

妹妹听见这句放肆大胆的话,吓了一跳。

"可是我们根本一点也不知道,她到底干了什么事。"妹妹结结巴巴地抱怨。

"肯定没干什么坏事。小姐不可能干坏事的。妈妈不了解她。"

"瞧她哭成那样。我听着心里直害怕。"

"是啊,真可怕。可是妈妈还跟她嚷嚷来着。这真卑鄙,我跟你说吧,这真叫卑鄙!"

姐姐气得直跺脚,泪水充满了她的眼眶。这时小姐进屋来了。她看上去疲惫不堪。

"孩子们,我今天下午有事,你们两个就自己待着吧,好吗?可以信得过你们吧,是不是?晚上我再来看你们。"

她说完就走,也没注意到孩子们激动的神情。

"你看见了吧,她的眼睛都哭肿了。我真不明白,妈妈怎么能这样对待她。"

"可怜的小姐!"

这句话又响了起来,充满了同情和眼泪。她们站在那儿,茫然不知所措。这时她们的母亲进屋来了,问她们想不想跟她一起乘车出去兜风。孩子们支吾了半天。她们怕妈妈,同时她们心里又暗暗生气,小姐要走了,这事竟一点儿也不告诉她们。她们宁可单独留在家里。她们像两只稚燕,关在一个窄小的笼子里扑过来扑过去,被这股说谎和保密的气氛压抑得透不过气来。她们考虑,是不是可以跑到小姐的房里去问问她,劝她留下来,对她说,妈妈冤枉她了。可是她们又怕惹得小姐不高兴。再说她们又感到羞愧:她们知道的一切,全是悄悄地偷听来的。她们不得不装傻,装得就跟两三个礼拜以前那样的傻。所以她们就待在自己房里,度过整个漫长的无边无际的下午,思索着,流着泪,耳边始终萦绕着那些可怕的声音,时而是她们母亲的凶狠的、冷酷无情的怒吼,时而是小姐的使人心碎的呜咽。晚上小姐匆匆地到她们房里来看看她们,跟她们道了晚安。孩子们看见她走出去,难过得浑身都颤抖起来,她们真想还跟她再说些什么。可是现在,小姐已经走到门口了,又突然自己转过身来——似乎被她们无声的愿望给拉了回来——她的眼睛里闪着泪花,水汪汪的、阴沉沉的。她搂住两个孩子,孩子们放声大哭起来。她再一次吻吻孩子们,然后急步走了出去。

孩子们泪流满面地站在那儿。她们感到,这是诀别。

"我们再也见不到她了!"一个女孩哭道。"你瞧着吧.等我们明天放学回来,她已经不在这儿了。"

"我们以后说不定还可以去看看她。那她肯定会把她的孩子给我们看的。"

"是啊,她人多好啊!"

"可怜的小姐!"这一声叹息已经在悲叹她们自己的命运了。

"没有了她,我们怎么办,你能想象吗?"

"再新来个小姐,我是永远不会喜欢她的。"

"我也不会。"

"谁也不会对我们这么好。再说……"

她不敢把话说出来。但是,自从她们知道,她有了个孩子,一种下意识的女性的感情使她们对她肃然起敬。她们两个老是想着这事,现在已经不再怀着那种孩子气的好奇心,而是深深地感动,充满了同情。

"喂,"一个女孩说道,"你听我说。"

"什么呀!"

"你知道吗,我真想在小姐走以前,让她再高兴一下。让她知道,我们都喜欢她,我们跟妈妈不一样。你愿意吗?"

"那还用问吗?"

"我想过了,她不是特喜欢丁香花吗?那我就想,你猜怎么着,我们明天早晨上学以前,就去买它几枝回来,然后放到她屋里去。"

"什么时候放进去呢?"

"吃午饭的时候。"

"那她肯定早就走了。你猜怎么着,我宁可一大清早就跑上街去,飞快地把花买回来,谁也不让看见,然后就送到她屋里去。"

"好,明儿咱们早早地起床。"

她们把自己的扑满取来.一个子不落地把她们攒的钱都倒在一起。一想到她们还能向小姐表示她们无声的、真心诚意的爱情.她们心里又高兴多了。

天刚亮,她们就起床了。她们微微颤抖的手里拿着盛开的美丽的丁香花去敲小姐的门,可是没人答应。她们以为,小姐还在睡觉,便小心翼翼地、蹑手蹑脚地溜进房去。房里一个人也没有,床上的被褥整整齐齐,没人睡过。房里别的东西凌乱不堪。在深色的桌布上放着几封白色的信。两个孩子吓坏了。出了什么事了?

"我找妈妈去!"姐姐果断地说道。

她倔强地站在母亲面前,脸色阴沉,毫无畏惧,她问道:

"我们的小姐在哪儿?"

"在她自己房里吧。"妈妈说道,感到十分惊讶。

"她房里没人,被子也叠得好好的没动过。她准是昨天晚上就走了。干吗不跟我们说一声?"

母亲一点也没有注意到女儿恶狠狠的、挑衅寻事的口气。

她脸色刷的一下发白了,走到父亲房里去,父亲马上跑进小姐的房里。

他在那里待了好久。孩子们一直用愤怒的目光死盯着母亲。她看上去非常激动慌乱,都不怎么敢去看孩子们的眼光。

父亲终于出来了,他脸色灰白,手里拿着一封信,和母亲一起到自己房里去,和她喊喊喳喳地说些什么。孩子们站在门外,突然一下子不敢再偷听了。她们怕父亲发脾气。父亲现在这副神气是她们从来也没有看见过的。

母亲眼泪汪汪、气急败坏地从屋里出来。孩子们似乎被她们的恐惧所驱使,下意识地迎上前去,又想问个究竟。可是她口气生硬地说道:"上学去吧,已经晚了。"

孩子们只好去上学。她们在那儿坐了四五个钟头,夹在其他的孩子当中,像做梦似的,老师的话一句也没听见。一放学她们就发狂似地冲回家来。

家里一切照旧,只不过大家的心里好像都有一个可怕的念头。谁也不说,可是所有的人,甚至于佣人,眼光都很异样。母亲冲着孩子们迎了过来,她似乎已经胸有成竹,要跟她们说点什么。她开口说道:"孩子们,你们的小姐不回来了,她……"

可是她不敢把话说完。两个孩子的眼睛炯炯发光、咄咄逼人,直盯着她的眼睛,以致于她不敢向她们当面撒谎。她转身就走,逃回自己的房间里去。下午奥托突然出现了。家里派人去把他叫来,有封信是给他的。他的脸色也异常苍白。他神情慌乱,站在哪儿都觉得不合适。谁也不跟他说话。大家都躲着他。他一眼看见缩在角落里的两个女孩,想跟她们打个招呼。"别碰我!"两姐妹当中的一个说着,厌恶得浑身直哆嗦,另一个在他面前吐口唾沫。他狼狈不堪,不知所措,到处磨蹭了一会儿,然后就溜得无影无踪了。

谁也不跟孩子们说话,她们彼此之间也不交谈。她俩脸色苍白,迷惘惆怅,像关在笼子里的野兽,一刻不停地从一个房间串到另一个房间,串了一会儿,又碰在一起,用哭肿了的眼睛你看我,我看你,一句话也不说。她们现在什么都明白了。她们知道,别人欺骗了她们,所有的人都可能是坏蛋,卑鄙无耻。她们不再爱她们的父母亲,不再相信他们。她们知道,她们今后对谁也不能信任,而可怕的人生的全部重担今后都将压在她俩瘦削的肩上了。她们似乎从欢乐安适的童年时代一下子跌进了一个万丈深渊。她们现在还不能理解她们身边发生的可怕的事情。可是她们的思想正卡在这上头,几乎要把她们憋死。她们的面颊上泛起热病似的红晕,她们的眼里有一股凶狠的、激怒的眼神。在孤寂之中她俩像发冷似的荡来荡去。她们看人的神情是这样的可怕,谁也不敢跟她们说话,连她们的父母在内。她们脚不停步地在屋里转来转去,这反映出她们内心的骚动。虽然她俩谁都不说,可是都感到休戚相关,祸福与共。沉默,一种渗不透、摸不准的沉默,一种执着的,既不哭喊、也无眼泪的深锁在心里的痛苦,使她们跟谁都疏远,对谁都仇视。谁也接近不了她们,通向她们心灵的通道已经阻断,也许多少年都不会畅通。她们身边的人都觉得,她们是敌人,是两个再也不会原谅别人的坚决的敌人。因为从昨天起,她们就已经不再是孩子了。

这天下午她们年纪大了好几岁。一直到晚上,她们单独待在她们黑洞洞的房间里的时候,儿童的恐惧才在她们心里觉醒,对孤寂的恐惧,对死人的恐惧,以及对模糊的事物充满了预感的恐惧。全家上下一片慌乱,竟忘了给她们屋里生火。她们冷得哆哆嗦嗦地钻进一条被子,用她们细瘦的孩子胳臂紧紧地搂在一起,弱小的、还没有发育的身体互相紧贴,仿佛因为害怕而在寻找援助。她们一直还不敢互相说话。但是,妹妹终于热泪盈眶,姐姐也跟着抽抽搭搭地大哭起来。两个人紧紧搂在一起痛哭。温暖的眼泪先是迟迟疑疑地,接着畅畅快快地流下来,沐浴着她们的面颊。她俩胸贴着胸,哭成一团,直哭得气噎喉干,死去活来。在黑暗中两个人化成一股痛苦,两个人变成一个人在悲泣。她们现在已经不是在为她们的小姐而痛哭,也不是在为她们从此失去了父母而痛哭. 而是一阵猛烈的恐惧震撼着她们。对这个陌生世界里可能发生的一切,她们感到害怕。她们今天已经心惊胆战地向这个世界投了最初的一瞥。她们现在已经踏入的人生,使她们望而生畏。这个人生像座阴森森的树林,矗立在她们面前,昏暗、逼人,可是她们得去穿过这座森林。她们混乱的恐惧感越来越模糊,几乎像是梦幻,她们悲伤的抽泣声也越来越轻微了。她们的呼吸现在柔和地融成一起,就像刚才她们的眼泪流在一起。就这样,她们终于沉入了梦乡。

**作品评析:**

十二三岁的小姐妹俩是小说的主人翁,作品细腻地描写了她们的心理变化。当她们发现成人世界的秘密后便发生了意想不到的变化,从眼神到性格,目光深沉燃烧着炽烈的光芒,孩子的快活、无忧无虑已从她们身上脱落,她们对周围极端不信任,四处偷听窥探急于弄清事实的真相。她们机警伶俐、神经过敏、焦躁不安……

女教师在她们家里所遭受的欺骗与屈辱则是通过孩子们的视角去表现的，奥托的逃责、母亲凶狠无情的驱赶将女教师逼上绝路。温柔可爱的"小姐"的悲伤，深深的刺痛了孩子们的心灵，她俩同情"小姐"，相信"小姐"，想方设法抚慰她。小说先后五次响起孩子们的叹息："可怜的小姐！"这是发自幼小心灵的颤抖，伴着同情与关注的泪水。

虽然她们不尽理解成人间的事，但对女教师的真诚的爱与正义感让她们产生了一种叛逆心理，对父母感到一种类似愤懑的情诸，认为母亲的作为"真叫卑鄙"。最后当她们去献给她们的"小姐"花时，发现"小姐"已经不在了，她们用愤怒的目光，挑衅的口气去质问母亲；对奥托——背叛爱情的无耻的坏蛋，小姐妹一个厌恶地拒绝接近，一个直吐唾沫。她们不再信任大人，不再爱她们的父母。

女教师的自杀，这个残酷的现实，让孩子们完完全全的变了，仿佛是关在笼里的野兽般躁动不安，不停地在屋里乱蹿，面颊泛着热病似的红晕，目光凶狠激怒……顷刻间她们从欢乐安适的童年跌进了万丈深渊，痛苦深锁在幼稚的脆弱的心灵里，阻断了与大人们的交往，成了两个再也不会原谅别人的"敌人"。

当儿童的恐惧在心里觉醒时，小姐妹俩在寒冷的屋内搂在一起，对孤寂的恐惧，对死人的恐惧，对模糊的事物充满了预感的恐惧猛烈地震撼着孩子，两人哭作一团，直哭得气噎喉干、死去活来……

结尾作者剖析了小姐妹的恐惧心理、悲伤情绪，已不再是因为"小姐"的命运，也不是因为从此失去了对父母的信任与爱，而是为她们自己将踏上一个如阴森森的树林般的人生路，为她们自己的昏暗逼人的前途而害怕。作者真实地描写出青春萌动少女的骚动的心，正如前面提到的他们凭着日渐觉醒的女性的柔情、同情与敬爱"小姐"有了个孩子一样，它是少女正在走向成熟的心理特征。作者的笔融是细腻而准确的，诚如罗曼·罗兰所说："他手中的笔如一把手术刀一样，去解剖他的人物，如一架心电图仪一样去展现他们的心理活动……"

小说对儿童内心的开掘是深刻的，对儿童情感的表现恰到好处，同时小说还给人们展示了颇为深刻的哲理。作者将一个严肃的教育问题摆了出来：成年人该如何为自己的行为在孩子身上产生的影响负责？家庭，这个社会的缩影，它折射出来的是什么样的人生道路？儿童性格的锻造、心灵的雕塑，家庭与社会都负有神圣的职责。刻骨铭心的教育潜在于无言的行色中，潜在于日常生活中的每件细微的小事情里。